資本主義から価値主義へ

情報化の進展による新しいイズムの誕生

佐藤典司

新曜社

革新とは、単なる方法ではなくて、新しい世界観を意味する。

P・F・ドラッカー

はじめに

今まさに、資本主義が終わろうとしている。そして、その引き金を決定的に引くものは、他でもない情報化である。多くの読者にとって、情報化の進展はむしろ現代の資本主義をけん引し、新たな資本主義の地平を開くものとして積極的にとらえられているかもしれない。だが、それはまったくの誤解にすぎない。

資本主義は、十八世紀のイギリスに始まった産業革命以来、モノの生産とともに大発展をとげてきた。だが、資本主義と二人三脚を続けて来たモノが、今日、その主役を情報にゆずり渡そうとしていることは、誰の目にもはっきりとしてきた。

そうした中、本書ではまず第1章において、モノから情報へと価値の中心が移ったことで、これまでの資本主義の枠組みやシステムがもはや修復不可能なほどに歪んでしまった現状についてあらためて検証していく。たとえば、周知の事実となりつつある成長至上主義の限界や、極度に肥大化したデジタル巨大企業による自由競争市場の喪失、限りなく経済格差を助長する金融資本主義の弊害、無力さを露呈する各国政府による経済政策などである。そして、こうした資本主義の危機的状況の多くが、猛スピードで進展する今日の情報化によって引き起こされていると見るのが筆者の考えである。

ではなぜ、資本主義が情報化の進展とともに終わってしまうのだろうか。その点については第2章の本文で詳しく解説していくが、ここでは、そうしたモノと情報の違いについて、その重要なポイントをいくつか紹介しておくことにしよう。

モノと情報の特性は一八〇度違う。

違いのひとつは、モノの価値がエネルギーの量やその効率性から生まれるのに対して、情報の価値は、エネルギーの様相から生まれるという違いだ（エネルギーの様相については、第2章の「情報価値の生まれ方」の項参照）。そのため、モノの価値創造にはたくさんのエネルギーが必要だが、情報の価値創造の場合、わずかなエネルギー使用でこと足りる。その結果、経済のスケール成長を目標とする資本主義社会では、モノの持つ性格はたいへんつごうが良かったが、逆に、人々の求めるものが情報に移って、生産もそれに合わせる経済社会では、おのずと規模の発展は望めなくなる。

二つ目は、エネルギーの様相にすぎない情報は、コピーすればいくらでも同じ機能を発揮できるからだ。そのため、生産面では「限界費用ゼロ社会」が出現し、消費面では「消費コストゼロ社会」が広がっていく。つまり、ほとんどコストゼロで生産と消費が行われる社会が現実となるのだ。これは、毎日の私たちの生活をふり返ってみればすぐにわかることだろう（たとえば、食事一、二回分のお金で、ひと月間、世界中の映画や音楽を楽しめる時代がやってきた）。

三つ目の違いは、モノの価値は誰にでも同じような価値を与えるが、情報は、人によって、また環境や状況によってその価値が大きく変わる相対価値であるという点だ。このため、モノの時代にはふつうだった規格大量生産、大量消費はきわめてまれなケースとなって、国全体の経済運営やそれぞれの企業経営は、各段にむつかしくなった。

それだけではない。ＧＡＦＡに見られるような巨大デジタル企業によって自由競争市場は消滅し、また、ロボットやＡＩの急速な活用が進むことで起こる世界的な大量失業の問題など、資本主義の繁栄に急ブレーキがかかる現象が数限りなく見られ始めている。

そんな中、多くの人が感じているように、今日、生産の現場でも消費の現場でも、価値の中心はモノから情報へと急速に移りつつある。しかも、ミレニアム前後からのデジタル情報技術の急速な発展は、こうした大変化を確実なものにし、またその変化のスピードを日々加速しつつある。

２０１５年のポール・メイソンによる『ポストキャピタリズム』(邦訳２０１７年）は、いち早くこの点について論じた著作である。メイソンは、「情報技術は、資本主義と共存できない」と明言し[1]、その要因について、①限界費用ゼロ効果、②高度なオートメーション化と労働の定義の変化、③正のネットワーク効果、④情報の民主化、の四点を指摘している[2]。

こうしたメイソンの説はそれぞれもっともであり、かつ注目に値する。そんな中、ここ二十年来、「情報の価値」の研究に力を注いで来た筆者は、モノから情報へと急速に価値転換が進む今日、マクロ的にも今後、経済社会の様相が一変するはずだとの思いをいだいてきた。そして、情報化の進展と資本主義のメカニズムの不具合性についてはまだまだ語らなければいけないことがたくさんあり、情報社会の進展こそが、久しく続いた資本主義に最後の引導を渡すことになると確信するに至ったのである。

では、モノから情報への大変化が資本主義の終焉をせまりつつある状況について、より詳しく、消費者市場、生産・労働市場などに分けて書き出してみると次のようになる。

消費者市場の大変化（第4章）

- 情報消費の多くは無料でなされるため、価格に換算されたマクロ的な消費額は、劇的に縮小していく。
- シェアリングエコノミーの進展に見られるように、情報化の進展によって徹底的にムダがはぶかれ、結果として経済規模はシュリンクの方向に向かう。
- 情報消費には一日二十四時間という「時間の壁」が存在し、物理的にゼロサム経済にならざるをえない。
- 情報化の進展によって、価格のつかない消費機会が増大し、消費の選択基準が「価格志向」から「価値志向」へと向かう。

生産・労働市場の大変化（第5章）

- 生産資源の中心が情報や知識・アイディアなどに移ることで、投下資本はモノ中心の時代ほど必要でなくなる。
- 情報価値生産に独特の「限界費用ゼロ効果」で、一部の独占的企業に生産が集中し、新たなビジネスチャンスや多くの労働者の雇用機会が失われ、経済はシュリンクする。
- 生産消費者[3]の台頭で、市場を通さない生産が激増する（すでにそうなっている）。
- 知識社会の高度化やＡＩ・ロボット技術の進展で、多くの労働者が仕事をうばわれ、結果としてマクロ的な消費が大きく減退する。

政府、自治体の役割・金融市場の大変化（第5章・第8章）

- 生産財、消費財とも情報化、知識集約化が進展し、政府や自治体、中央銀行による経済コントロールがいっそう困難になる。
- 以上のような情報化による経済停滞、縮小に抵抗しようとして、金融資本主義の暴走がたびたびくり返され、ひいては経済のタービュランス化、公的債務のさらなる増加を引き起こし、資本主義経済はますます疲弊し、終焉への速度を加速する。

以上のように、資本主義は、価値の中心がモノから情報へと変化する中で、まさに自らの活動の進展ゆえに、自らの命脈を断ってしまうというジレンマに陥っていってしまう。それはちょうど、百五十年前、マルクスによって語られた、資本主義はその発展ゆえに終わりを告げるという論立てにもよく似た現象と言ってよい。

こうした資本主義だが、議論の正確性を深める意味で、第3章において、資本主義とは何か、また、資本主義のこれまでの歴史、さらには資本主義の発展とモノとの緊密な関係などについて語っておくことにした。加えて第3章では、現代のデジタル情報化が資本主義に及ぼすすさまじい破壊力や、それによる経済社会の急激な構造変化などについて、マクロ的な視点から言及することとした。

さて、こうして終わりを告げる資本主義のあとにやって来るものは何だろうか。私は、資本主義に代わる新しいイズムとして、「価値主義」[4]（第7章）という言葉を使うことにした。もともと資本主義であれ社会主義であれ、それは人々が何らかの価値の実現のために選択した手段にすぎない。手段は時がたつにつれ、それ自体が目的化するものだ。その意味からいえば、価値主義は、資本主義や社会主義の上位概念であり、また、資本主義から価値主義への転換とは、先祖返りの現象とも言ってよい。

価値主義の特徴のひとつは、資本主義の基盤となっている貨幣市場を通さない活動が中心になるということだ（第6章）。基本的に情報の価値は、多くの人にとってアプローチ可能で（非排除性）、また元の財が減ることもなく（非競合性）、それを入手するために、自分の手持ちの財と交換する必要がない。たとえば私たちは、ほぼ無料で情報の倉庫であるクラウドからさまざまな情報を入手している。また、それによってクラウドに収められた情報が減ることはないし、それどころか増大の一途だ。

つまり、最初にクラウドの仕組みを作ったり、各人がそれぞれパソコンやスマホを持つためには資金が必要だが、いったんその仕組みができてしまえば、膨大な情報の価値の恩恵を、私たちはほぼタダで入手できる。そして、そこにはお金の流れのない価値の世界だけが現れることになるのだ。

私たちはもはや、それがいくらのお金がかかったから価値がある、あるいは価値がない、といった判断を強いられることはない。端的にいえば、それが自分にとって価値があるかないかだけで判断を下せばよいのだ。私たちは、お金や市場の動きにとらわれることなく、まっすぐに自分が信じる価値に向かって進めばよい。それが価値主義の時代である。

そのため、資本主義と価値主義では、ベースとなる考え方や仕組みも根本的に違ってくる。主なものをいくつか書き出してみると、たとえば、国や人々の生活目標は「財貨の増大」から「価値の増大」へと、そして価値の基準は「客観的な市場価格」から「主観的、内面的な価値評価」へ、価値の中心は「モノ」から「コト（サービスや情報）」へと変化する。また、社会システムも効率を重視した「集中」からゆとり度を重視した「分散」へ、社会の評価軸も「文明度」から「文化度」へと大きく変わっていくことになる。つまり、これまで資本主義のもとでは当たり前だったことがそうでなくなり、どちらかといえば日陰ものとして扱われていたものが主役になるのだ。

ただその一方で、価値主義？　いったいそれで食べていけるのだろうか、といった疑問や不安が読者の頭をよぎるかもしれない。その答えは、第7章をくわしく読んでいただければわかることだが、たとえば広く社会を見渡すと、すでに資本主義に別れを告げ、「価値主義」時代の人生を送っている人たちが数多くいることに気づくはずだ。その意味でいえば、おそらくこれからは、「あなたは未だに資本主義のイズムで生きているのか or 新しい価値主義のイズムで生きているのか」が問われる時代がやってくると言ってよいだろう。

本書は、資本主義の終焉を予告し、やがて来るデストピアの世界を予言するものではない。むしろ、その逆である。モノの次に私たちが価値の柱としてとらえた情報は、これまでのように財貨を無限に拡大していくような仕組みを持たず、価値の増大こそあれ、財貨によって測られた経済規模は間違いなくシュリンクしていく。そこに残るのは価値そのものであり、それを価値として感じるかどうかは、私たち次第なのだ。

最後の章（第8章）では、そうした価値主義の時代にあって、国や企業、個人にとって必要なことがらをいくつか指摘することにした。経済社会の情報化がこのまま進むかぎり、資本主義から価値主義への転換は必然だと筆者は信じている。そのための準備の書としても、本書を読んでいただければ幸いである。

目次

はじめに　i

第1章　資本主義は終わった
――情報化による繁栄ではなく、情報化が資本主義を終わらせる――　1

情報化でシュリンクする先進国経済　1
デジタル情報技術の進化とＧＤＰ　3
少数の情報巨大企業に牛耳られる社会　6
政治ではコントロール不能の情報経済　9
金融資本主義は最後のアダ花　11
目指すべき価値とは　13
現実味をおび始めたベーシックインカム社会　15
「ディール（取引き）」の時代は終わった　18
競争から共創へ　20
語られてきた資本主義崩壊の理由　23

資本主義終焉の本当の理由 26

第2章 すべてのルールを変える情報化
――もはや情報は、生産や取引きのためのツールではなく、価値の本質である ―― 29

通用しなくなった資本主義の仕組み 29
デジタル化による資本主義破壊 31
限界費用ゼロ効果 33
ＡＩによる労働者不要論 36
資本主義はこうして終わる 39
情報とは何か 42
モノと情報の違い 44
情報価値の生まれ方 47
経済の仕組みと情報 49
避けられないモノから情報への動き 51
モノから分離されていく情報 53
モノに付加されていく情報 57
なぜ情報が必要なのか 59
情報は時空間を超越する 61

第3章 資本主義の構造変化 65
資本主義の歴史 65
モノと結びついた資本主義の発展 69
資本主義を支えるイズム 71
モノから離れていく投資 75
ハザードを次々とクリヤーする情報化 77
巨大インフラからプラットフォームへ 80
マスから個の経済へ 82
生産財は個人の手に 85
始まる経済社会の構造大変化 88
歴史は繰り返す 91
社会主義には向かわない 95

第4章 大変化する消費者市場 97
タダが当たり前になった情報消費 97
高度成長型消費の終焉 100
所有から共有型社会へ 102
市場支配力は消費者へ 105

進む消費の情報化 107
社会化する消費原理 110
なぜ、こんな違いが起こるのか 112
拡大しない消費ボリューム 113
多様化が進む情報消費 115
逆走する消費者 118
アルゴリズムの奴隷 121
消費者なのか生産者なのか 123
情報社会24時間の壁 126

第5章 激震する生産・労働市場 129

パンドラの箱を開けたデジタル化 129
限界費用ゼロ社会の到来 132
商品の情報化に振り回される生産現場 136
タテの競争、ヨコの競争 139
テクノロジー+クリエイティブ 141
未来は過去の中にある 144
生産消費者の台頭 147

格差社会の源泉 149
生産に参加できない労働者群 153
経済社会のゆくえ 156
適材適所しかない知識社会 158
制御不能のマクロ経済政策 161

第6章 非交換型社会の到来 165

さらに資本主義を揺るがすもの 165
関係性から生まれる価値 168
交換の必要がない情報価値 170
交換の必要がないもの、できないもの、すべきでないもの 173
交換できないものは価値がない？ 177
関係価値は相補的 180
深刻化する孤独問題 182
関係性は全体として存在する 185
関係性の世界は虚数界 187

第7章 資本主義から価値主義へ 191

アダムスミスの時代は終わった 191
企業の活動目的も価値創造に 194
ミレニアル・Z世代の価値観 197
価値主義とは何か 200
価値主義と資本主義の比較 202
「共有価値」は、価値主義時代の共通目標 206
価値主義時代の社会と個人 209
社会的価値に資金が向かう社会 212
資本主義の終焉と資本主義の仕組み 215
ＡＩは価値を決定できない 217
ＡＩと人間の逆転現象 221
価値命題がスタート 223
時間余りの価値主義社会 226
経済から文化の時代へ 228

第8章 価値主義時代の青写真《ブループリント》 233

価値主義時代の青写真《ブループリント》 233

政治が今すぐ行うべきこと　235
知識社会への対応　239
知識・情報の力　242
知識・情報はこちら側から取りに行くものに　244
評価者の育成　247
知財への対応　250
情報社会と自由　252
正しい問いを立てる　254
価値主義を支える教育　256
大学の未来　259
価値主義とイズム　261

おわりに　263
注記　267
参考文献　281

装幀＝新曜社デザイン室
カバーイラスト＝瀬川航岸

第1章 資本主義は終わった

――情報化による繁栄ではなく、情報化が資本主義を終わらせる

情報化でシュリンクする先進国経済

一般的に、情報化によって経済は発展し、国は豊かになるものと信じられている。しかし、仮に、デジタル技術による先進諸国での情報化の進展が２０００年前後から本格化したとして、以降、ほとんどの国において期待されたような経済的発展は見られない。それが経済の成熟化や人口の高齢化などの影響を受けているとしても、インターネットやスマホなどのモバイル機器の発達ぶりから言って、むしろ爆発的な経済発展効果をもたらしていてよさそうなものである。だが、社会や生活環境は著しく便利にはなったが、資本主義は逆に停滞の度をますます深めている。

しかも、日本を筆頭として、それぞれの国がかかえる政府債務は膨大なものがある。政府債務とは、その支出先にかかわらず、消費や投資の先食いに外ならない。毎年の政府の赤字によってＧＤＰに積算された金額は、未来における国民の消費支出を確実に減らすことになるからだ。そして、日本をは

じめとする多くの国々が、こうして先食いされた政府支出により、ＧＤＰをかろうじてプラス方向に持っていっているというのが現実である。

もちろん、先進諸国のこうした経済状態を情報化とすぐに結びつけるのは、短絡的にすぎるだろう。だが、数字に見るかぎり、モノの時代の経済牽引力と、情報の時代の経済牽引力には明らかな差がある。たとえば、「１９００年近くかけて11倍になった世界の国内総生産（ＧＤＰ）は、その後の１５０年弱で31倍に膨らんだ。産業革命以来、人類はモノを効率的につくることで経済を成長させた。しかし二十一世紀に入ると、デジタル技術の進歩にもかかわらず成長率がかえって鈍る矛盾が広がった」（日経新聞２０１９年12月24日朝刊）、という見方は、けっして的外れなものではない。

こうして書くと、まるで情報化が世界経済の発展にとって悪者のように聞こえるかもしれないが、それはまったくの誤解だ。なぜなら、情報化の進展そのものは、私たち人類の発展にとって欠くことのできないもので、それを避けたり、ストップしたりする必要はまったくない。

そうではなく、気づくべきは、情報化の進展とこれまでのようなマクロの経済数字の拡大をパラレルに考える間違いである。今や、情報という数字に表れない膨大な価値が人々によって生み出され、かつ消費されているのだ。

東大教授の渡辺努は、経済数字と享受されている価値の差についてこう語っている――「価格ゼロの経済の計測に踏み出すことだ。欧米では『タイムユース』といってネットの無料サービスを利用した時間から価値を測り直す取り組みも始まっている。日本でもスマートフォンの利用時間など検討できる分野はある。民間が持つビッグデータにアクセスする努力が必要になる[1]」。

これから詳しく説明することになるが、情報、あるいは情報の価値を、これまでのモノと同様にとらえて経済について考えるのは、明らかな間違いである。情報化によって、過去の数百年とまったく違う世界が、今、始まっているのだ。

デジタル情報技術の進化とＧＤＰ

誰もが、情報化の進展は経済成長にプラスだと信じて疑わない。だが、『ポストキャピタリズム』の著者、イギリスのジャーナリスト、ポール・メイソンは、「情報技術は、資本主義と共存できない」と明言する。

資本主義の誕生から今日まで、それはモノと歩みを共にしてきた歴史だと言ってよい。物財をよりたくさん作ること、物財をよりたくさん消費することで資本主義は発展をとげてきた。だが、今やモノの価値は、情報の価値の付随物にすぎない。

ある女子大学生が、自分たちがいつも使っているＬＩＮＥサービスがどのくらいの価値があるのか卒論にまとめた。千人を超えるサンプルを対象に、「いくらもらえたらＬＩＮＥを一年間やめますか」という問いに対する回答の平均は、指導した教授も目を疑う「三百万円」という金額だった。わが国だけでＬＩＮＥの利用者は７９００万人（２０１８年末）に達する。その数字を単純に掛け合わせれば、日本のＧＤＰのおよそ半分近くの２３７兆円もの額になる。[2] こうした見方は女子大生の論文だけではない。わが国の著名なシンクタンク（野村総合研究所）も、デジタルサービスから生まれる消費者余剰[3]総額を「年間160兆円」と試算している[4]。

2019年にノーベル賞を受賞した経済学者、エステル・デュフロもまた、GDP数値と人々が享受している価値との格差について疑問を投げかけている一人だ――「計測されたい生産性の伸びが鈍化した時期と、SNSが爆発的に浸透した時期がほぼ同じであることは、意味深長だ。GDPにカウントされたものと幸福度の上昇としてカウントすべきものとのギャップがこの時期に拡大したと考えることは十分に可能である。幸福を増やしたという意味では、真の意味の生産性が伸びたと言えるのではないだろうか[5]」（傍点著者）。

資本主義は財貨の無限拡大を目的とする。財貨を拡大するためには、商品市場であれ金融市場であれ、交換のための市場を通すことが大前提となる。一方で、市場を通さない価値のやりとりがあって、それがもはや膨大な量になっているとすれば、資本主義は有名無実だ。金額で把握できる量をはるかに超える価値が社会に存在するのに、毎年のGDPのコンマゼロ以下の成長率に一喜一憂する意味はまったくない。必要なのは、金額で表される数字に代わって、価値の拡大そのものを目標とする、資本主義に代わる新しいイズムである。

それだけではない。こうしたデジタル情報技術の進歩は、モノと私たちとの関係を根底から変えようとしている。今や当たり前となりつつある「シェアリングエコノミー」の台頭がそれだ。情報と違って、モノは占有が基本だ。ボールペンでもクルマでも、誰かが使っているモノを同時に使うことはできない。ただ、それらのモノを四六時中使っているわけではないから、使っていない時間と場所さえわかれば、共有は可能だ。

そして今や、デジタル情報技術のおかげで、多くの耐久消費財やモノが、「所有から利用」へと変わりつつある。クルマもマンションもインテリアも、洋服やバックも、都市近郊では農地や農機具のシェアリングも盛んだ。資本主義の拡大を後押ししてきた「占有と使い捨て社会」は遠い過去のものなりつつある。

実際には、消費者がどれほど価値を享受しているかわからず、また、測ることのできる消費自体もシュリンクしている中、GDP数値のもうひとつの柱である投資についても疑問が投げかけられている。わが国のGDPが2015年度から一気に数字が増えたことは記憶に新しい。算出基準改定の結果、それまでの500兆6000億円から31兆6000億円がかさ上げされ、2015年度の名目GDPの確報値は532兆2000億円となった。

大きな変更点は、それまでは「費用」と見なされ除外されていた「研究開発費」を「投資」と位置づけたことだ。結果として、研究開発費だけで19兆2000億円が、加えて、特許使用料など3兆1000億円が「投資」としてプラスされたのだ[6]。GDPの換算の仕方にソフト部分を採り入れるかどうかで、こんなにも数字が変わってしまうのだ。

ただ、こうした見直しでさえまだまだ不十分だという見方もある。米調査会社コンファレンス・ボードのキャロル・コラード氏らは2017年のアメリカのGDPで、無形資産への投資が12％を占めたのに、うち6割は公式統計が把握していないとみている[7]。

GDPはモノの豊かさを測るのには優れたモノサシだった。だが、モノから情報へと価値の中心が大きく変化する中にあって、古いモノサシだけを振り回すのはもはや限界にきていると言ってよい。

少数の情報巨大企業に牛耳られる社会

かつての日本の花形産業が、アメリカの巨大企業群によってビジネスの源を根こそぎ吸い取られている。新聞社や雑誌社の苦境が伝えられて久しいが、それを象徴するような例がある。日本を代表する月刊総合雑誌の2020年新春号を手に取ってみて、その薄さに驚かされた。総ページ数で言えば、かつての三分の二くらいのボリュームでしかない。

なぜ、こんなことになったのか。理由は、編集ページが減ったわけではなく、広告ページの激減にある。量だけではない。かつて日本の大手企業がこぞって出稿していた花形雑誌だが、もはや見る影もない。新聞も同様だ。最近ではカラーの全ページ広告を見ることはあまりない。高齢者向けの健康食品や薬品、介護用品、終活関係の地味な広告が多くを占める。7兆円に迫る日本の広告費は、ここ何年か全体としてゆるやかな伸びを示しているので（コロナ禍の2020年は除く）、新聞や雑誌のマスディアから逃げた広告はどこかに移ったことになる。

その行き先は、言うまでもなくネット広告だ。メディアの盛衰と言ってしまえばそれまでだが、新たな広告出稿先の多くは、グーグル、フェイスブック、インスタグラム、ユーチューブといったGAFAに名を連ねる企業群だ。世界のデジタル広告の売上高は、すでに五割以上をグーグルとフェイスブックの二社が占める[8]。

モノの世界と違って情報の世界には、ビジネスのネットワーク効果が強く働く。情報の価値はもともと相対価値だから（この点は第2章で詳しく説明する）、そのままほっておくと混乱するので、共通のルールづくりが必要となる。その場合、もっとも普及しているルールに従うのが、個人も組織も効率的だ。したがって世界の言語は英語だし、パソコンのＯＳもウィンドウズの優位は揺るがない。

デジタルネット時代の巨人ＧＡＦＡは、こうした集積効果によって、かつての企業には見られなかった膨大な余剰資金を手にした。加えて、情報ビジネスの特徴のひとつは、モノの時代のような収穫逓減の法則が働かないことだ。デジタル時代の情報はほとんどゼロに近いコストで再生産が可能だから（限界費用ゼロ効果現象）、生産量が増えれば増えるほど巨大な利益を手にすることになる。つまりが、モノから情報にその中心価値が移ったことで、資本主義の仕組みがすっかり変わってしまったのだ。

近い将来、デジタルトップ企業の売上高は大国のＧＤＰを上回ることになりそうだ。アップル社の売上高は、２０２４年には4兆５０００億ドルに達する（２０１５年までの過去十年間の成長率を維持した場合）。これは２０１５年フランスのＧＤＰの2倍以上、２０３０年のインドのＧＤＰの半分以上に相当する。また、２０２５年の『フォーチュン５００』の上位にランキングされるだろうＧＡＦＡの売上高は、各社とも1兆ドルを超えると予想されている[9]。

経済学者のジャック・アタリは、こうした企業群は、出身国を含め、次第に国から独立した存在になり、また、国同士を競争させることによって自分たちの企業活動に有利な条件を国に押し付けるようになるだろうと語る[10]。

もともと資本主義の発展にとって、いくらかの独占的な企業を欠くことはできない。経済学の教科書が教える完全競争市場のもとでは、すべての企業の利潤は限りなくゼロになってしまい、そこでは再投資のための資金すら得られなくなってしまうからだ[11]。

だが、今日の経済社会をおおう状況は度を越しすぎだ。英ケンブリッジ大の研究者は、巨大デジタル企業などの独占で新規参入が阻まれ、経済の長期的な生産性が0・6％押し下げられていると試算する。日米など先進国の5年ごとの年平均の労働生産性を見ても、2015年の伸びは2・6％と1975年の三分の一に満たない水準に鈍っている[12]。

それだけではない。知られているとおり、これらの巨大企業がSNSやネット通販を通じて得た消費情報のビッグデータが、また次のビジネスチャンスにつながるという相乗効果を生み、ますます他の追随を許さない状況が現出しているのだ。

これまでの経済学の常識では、投資量が大きくなればなるほど、収益性は低下していく「収穫逓減」の法則が常識だった。だが、情報価値の特徴はこうした常識を根底からひっくり返してしまった。限界費用ゼロ効果や、多くのユーザーによって利用されているシステムやルールが有利に働くロックイン効果やネットワーク効果、そしてビッグデータの集積効果など、これらはモノづくりを主体とした経済学ではまったく予想されなかったものばかりなのである。

そして、こうしたデジタル巨大企業による独占的企業活動が脅威なのは、彼らのビジネス領域が情報産業のみにとどまらず、その莫大な資金力にものを言わせ、次世代のあらゆる有望産業に進出し始めている点だ。

わずかな企業だけが生き残る生産の偏在は、富の偏在を意味する。また、その富の偏在を放置すれば、それは消費の偏在につながる。消費の偏在は、当然にマクロ的な消費額の減少につながっていく。デジタル情報化の急激な進展は、今まさに資本主義経済の息の根を止めようとしているのだ。

政治ではコントロール不能の情報経済

自由市場主義をとっている経済であれ、国家主導的な経済であれ、政治による経済コントロールがほとんど不可能になっている。

たとえば、近年のトランプ政権のもとで、原理主義的な自由市場経済政策をとり続けたアメリカだが、極端な自由主義経済ということ自体、政治による経済コントロールを放棄しているということに等しい。結果として、全体に占める中間層の所得シェアは減り続け[13]、国家財政と貿易収支は膨大な赤字に陥っている。おしなべての国民にとっての豊かな国づくりや、健全な国家財政と貿易収支の均衡が、通常の経済目標であることを考え合わせると、ほとんど失政に近い状態と言える。これが許されたのは、常識的な感覚を失った多くの共和党支持者の存在と、自国通貨ドルが、世界の基軸通貨となっていることを最大限に利用できているからに外ならない。

お隣の国、中国も状況は同じようなものだ。ただ、国家資本主義といわれる国主導の経済政策を建前としているだけに、「神の見えざる手」をフルに使えない分、アメリカに比べて状況はいっそう厳しい。1970年代末の経済の自由化以来、中国の奇跡的な発展を支えて来たのは、モノ主導の経済である。それまでほとんど未整備だった鉄道や道路、港湾、空港、住宅などのインフラ整備と、世界の工場としてのモノづくりを経済発展の起爆剤としてきた。

一方、現在の中国は先端技術において、アメリカを追い越すほどの情報技術先進国でもある。また、知られているように、一般の人々のふだんの生活にもふんだんにICTの技術が取り込まれている。けれど、国の経済指標であるGDP数値は、ひところの二けた成長時代に遠く及ばない。世界でも有数の情報技術先進性を見せる生活ぶりと、マクロの経済数字がまったく逆行した状態なのである。そうした中、数字のつじつま合わせに、中央や地方政府、国営企業などは相変わらず巨額の投資を続けているのだが、実体経済は回復せず、これまで積み上げられてきたムダな投資と債務が、逆に経済全体を危機的状況にまで追いつめている。

ひるがえって日本はどうか。ある意味、ひと昔、ふた昔前の経済指標であるGDPにいまだに振り回されている状況は、アメリカや中国とほとんど変わるところはない。また何といってもいちばんの欠陥は、価値創造の中心が、モノから情報へと劇的に切り替わっていることを、いまだ国全体として認識できていないことだ。その弊害は、企業経営、労働政策、教育、地方自治など、国のありとあらゆる領域に及ぶ。

価値がモノ中心で動いている時代は、国の経済指針や助成のための施策は立てやすい。一方、情報は相対価値だから、ひとことで言えば複雑系である。事前には何が答えか誰にも予測がつかない。そのため、モノから情報へと価値の中心が移れば、政府の仕事は、生産から分配へと重心を移さなければいけない。

そこに理解がいかないため、経済も社会全体もほとんど希望を失っている。試験で言えば、むずかしい問題にばかり手を出して、一方で手をつけるべき問題はそのままで、今や時間切れといった状況にある。その結果が、国家財政や年金制度の破綻、社会の経済格差拡大、情報先端技術領域での遅れ、高等教育の失敗、将来に向けての社会不安などにつながっているのだ。

金融資本主義は最後のアダ花

金融資本主義の誤りは、「金額を増やせば価値が増える」と錯覚しているところにある。生産や消費金額の大きさが社会の価値の増減とパラレルだったのは、モノの時代であればこそだった。生産や消費された価値が、数字として現れるのは、具体的な商品やサービスが市場で交換されてはじめてわかることだからだ。

一方、情報の生産には初期投資を除いて、再生産のためにはほとんどコストがかからない。また、デジタル時代を迎えて、情報を入手するのにも市場を通す必要はほとんどなくなった。つまり、生産のためにも消費のためにも、市場での交換を必要としない情報という価値が日々生まれては消費されているのだ。

そのため、市場金利が極限まで下げられ、使い道のない資金が市場に大量に供給されても、実体経済は少しも反応しなくなった。当局が考えるほど実物市場に資金需要がないからだ。敏感に反応するのは、市場にあふれたお金と低金利資金を元手に世界中で投機を行う金融市場だけになった。その意味では、金融資本主義とは、モノの時代が終わりを告げて、情報の時代へと代替わりが始まったその端境期《はざかい》に生まれた最後の資本主義と言ってよい。
そうした資本主義の最後のアダ花である金融資本主義が、最新のデジタル情報技術を駆使している点は、皮肉な現象という外はない。もともとデジタル技術と金融の世界は相性がよい。情報は時間と空間を超越する存在だからだ。お金のやりとりは数字のやりとりだけで済む。モノと違って、世界中のすみずみまで光の速度で瞬時にビジネスが成立するのだから、一見、それはグローバル時代の先端ビジネスに見えた。

だが、本来の金融の役割は、実物経済を補完するためにある。お金に限らず、手持ちのものと必要なものがうまくバランスすることはまれだ。たとえば、商品であれば作りすぎが起こる。また逆に、何かが足らないこともしばしば起こる。お金も同様で、お金が余っている人や組織と、逆に足らないところが出てくる。これをうまくマッチングさせるのが本来の金融の役割に外ならない[14]。

つまり、金融は価値づくりの手伝いをするところにこそ存在理由があるのであって、自らが新たな価値を創造することはほとんどない。そのため、市場にいくらお金を増やしても、また世の中のお金を右から左に動かしても、それによって社会の価値が増えることはない。しかも、モノから情報へと価値の中心が動いてきた今日、マクロ的なお金の必要量は確実に減っている。

金融資本主義を正当化するために過去語られてきたことは、「資産効果」と「トリクルダウン理論」だ。後者の理論は、お金持ちをよりお金持ちにすれば、彼らの使うお金で消費が進み、やがて貧しい人たちにもお金が行き渡るというものだが、現実はそうはならず、富んだ者の間だけでたくさんのお金が回ったにすぎなかった。「資産効果」とは、金融緩和で市場にお金をばらまいて株や不動産などの資産価格を上げれば、人々はお金持ちになったと錯覚し、より多くのお金を使って景気が上向くだろうという理屈だ。結果は、もともと資産を持たなかった人がいっそう貧しくなっただけで、むしろ、社会全体としては、バブルの後遺症の方がさらに恐ろしい結果を招くことになってしまった。

元来、お金で表すことのできる価値、数字で表すことが可能な価値は、広大な人間の価値社会の中で、ごくわずかな領域を占めるにすぎない。しかも、社会でやりとりされる価値の中心が、情報の価値へと移るにつれて、それらの多くが市場を通さなくなったのである。

目指すべき価値とは

経済学は、価値がどうやって生まれるのかについての議論に終始してきた。商品やサービスの価値は、労働によって生み出されるのか、先進的な機械設備のおかげなのか、はたまた、それを使用したときの人々の効用に由来するものなのか、それらはさておき、市場の需給効果によって最終的に決定づけられた価格を価値と見なすのか、などさまざまな考え方がある。

こうして、価値誕生の仕組み探しまでが経済学の研究対象で、人々にとって本来的に何が必要な価値なのかは、個人に任されるか、あるいは社会学や哲学、文学などの学問領域の行うべき問題とされる。

こう書くと、そうした経済学の役割分担はごく当たり前のことで、むしろ、何を価値とすべきか経済学に口出しして欲しくない気さえする。ただ、問題はそれほど単純ではない。事実は、経済学、および経済学者が意識しているかどうかにかかわらず、現実問題として、「経済」が、私たちが生きているこの社会全体の価値づけを行っているということなのだ。

人類学的な視点から経済史を論じた経済学者カール・ポランニー（1886～1964）は、第二次世界大戦中、当時の社会経済状況についてこう語っている。

市場メカニズムが社会階級を直接決定する間に、他の諸制度は市場メカニズムによって間接的に決定された。国家も政府も、結婚も育児も、科学や教育や宗教の組織も芸術も、職業の選択も、住宅様式も、居住地区の形態も、私生活の美的部分さえも、何もかにもすべてが功利主義のパターンにしたがわざるをえず、少なくとも市場メカニズムの働きを防げてはならなかった。[15]

こうしたポランニーの分析は、七十数年を経た今日でもなお、十分すぎるくらい、現在の社会状況を説明している。

ただ一方で、そうした間違いを正すため、目標とすべき経済指標のあり方を考え直す試みも、これまで幾度となく行われてきた。

2009年のスティグリッツ報告書は、人々の健康、教育、個人的活動、環境など、生活の質にかかわる価値についての評価の見直しを提言し世界の注目を集めた。同様の指摘は、経済協力開発機構（OECD）による「Better Life Index」（2011年5月）や、広く知られているブータンのGNH（国民総幸福度）、またわが国でも、内閣府幸福度研究会が2011年12月に公表した「幸福度に関する研究会報告」などでたびたび指摘されてきた。

このような動きに共通する考え方は、「われわれ人類にとって、本来、目指すべき価値とは何か」というしごく当たり前の問いかけである。

私たちがすべきことは、結局のところ、私たちが求めるべき価値は何なのか、そのことについて問い直すことであって、それはけっして混乱でも後退でもなく、人間が本来、手にすべき価値を取り戻す試みに外ならない。

経済学者エステル・デュフロによる次のようなつぶやきは、今、私たちがかかえる課題を正直に物語っているようだ――もしコルカタで人力車の車夫が仕事を休んで恋人とひとときを過ごしたら、GDPは減る。だが幸福の合計はどうして増えないのか。[16]

ここで起こっている問題は、経済価値にあまりに長く、またあまりに大きな比重を置きすぎたために起こった、人類や地球にとっての耐えがたい歪《ひず》みである。この歪みを修正するには、経済の視点から距離をおいた新しい価値基準、新しい原則、新しいイズムを選択することだ。

現実味をおび始めたベーシックインカム社会

すべての人々に分けへだてなくお金を支給し、必要最低限の生活を保障するシステム――ベーシックインカム制度が次第に現実味をおび始めている。わが国でも、コロナ感染の影響を受けての臨時的措置だが、国民一人あたり10万円の給付が行われた。

世界各国でも、実験的な試みやベーシックインカムに似た制度の導入が始まっている。たとえばフィンランドでは2017～18年に、実験的に失業者2000人を対象として、収入の有無にかかわらず月額560ユーロ（約7万円）が給付された。また、ドイツでは2021年春から120人を対象に、月額1200ユーロ（約18万円）を三年間、無条件で給付する実験を開始する。アメリカでも2020年6月、ロサンゼルスなど十一都市の市長らが実証実験をすると宣言している。[17]

さらにスペインでは、新型コロナで生活に行き詰まる人々への措置として、単身なら月額462ユーロ（約5万7000円）、5人以上の世帯なら月額1015ユーロ（約12万8000円）という所得保障水準を設定し、水準に届かない差額を支払う制度が始まった。[18]

こうしてその検討が世界的な広がりを見せ始めたベーシックインカム制度だが、これまでの社会福祉の延長や拡大版とは異なる点があることに注意すべきである。たとえばこれまでの制度は、最低生活保障的な意味合いもあったが、結果として所得格差の解消にもつながっていた。お金の足らない人にだけ手当するからだ。それに対して、ベーシックインカム制度では、所得格差はそのまま残る。全員が底上げされるのだから、差はそのままなのだ。

また、導入にあたって危惧されているのは、ベーシックインカムによって、人々が働かずに生活費を得ることができるようになった場合、それによって起こるさまざまな問題である。そのひとつが、働くこととは何か、仕事とは何かという点だ。労働は生活の糧を得るためにだけあるのではない。労働は、さらに価値のあるものを手に入れる手段でもあって、たとえばそれらは、プライドであり自信であり、仲間であり、情熱を注ぐ対象であり、健全な価値観であり、地位や尊厳でもある。[19]

格差は変わらず、労働そのものの意味も問いかねない。そうしたベーシックインカム制度になぜこれほどの注目が集まるのか。

つまり、注目すべき点は、こうしたさまざまな危惧を考慮した上でもなお、それらを上回るベーシックインカムの必要性が、世界中、今、いたるところで見受けられ始めたということだ。今回のコロナ禍のような突発的要因もあるが、根底には、知識社会の浸透や急速なデジタル情報化の進展がもたらした、修復不可能なほどの資本主義メカニズムの破綻があるのだ。わかりやすく言えば、「このままでは国がもたない、資本主義がもたない」からである。

資本主義は自由競争が基本だ。当然ながら競争は勝者と敗者をもたらす。つまり資本主義とは、勝者と敗者による格差が前提の社会なのである。むしろ、勝者になろうとする意欲、敗者になりたくはないという気持ちが、資本主義発展のエンジンなのだとも言ってよい。だが、そのエンジンも過熱しすぎた。とくに1980年代から続いた新自由主義経済、そして金融資本主義、さらには、ミレニアムに入ってからのデジタル情報社会の到来によって、資本主義のシステムは、もはや回復不可能なほどの制度疲労状態にある。

米バード大教授のウォルター・ラッセル・ミードは言う――「情報革命により、国家、企業、家庭のあり方が変わった。西側国家の秩序は、安定した中間層がいることを前提に成り立っていた。中間層には、工場労働者や事務職の人たちが含まれていた。しかし、情報革命がこうした仕事を急速に減らしてしまった[20]」。

それは、先進国でさえ、政府が一律にお金をばらまかなければ人々の不満を抑えきれないほど、ほとんどの人たちが暮らしていけない社会になってしまったということでもある。これこそがベーシックインカム社会到来の真の理由だと言ってよい。

「ディール（取引き）」の時代は終わった

かの国の大統領をつとめた人物はディールが大好きだった。実業界出身の経歴がそうさせていたのだろうが、モノから情報へと価値の中心が移った現代には、そうした考え方はもはや過去のものでしかない。

何か価値あるものを手にするには、お金でも何でも、自分の手持ちの何かと交換しなければいけないと誰しもが思っている。しかも、相手にとっても自分にとっても、自らの方が得したと思わせることが賢いディールの成立条件でもある。ただ、連綿と続いて来たこうしたディールの習慣も、今の情報の時代には必要ないし、また通用もしない。ほとんどの情報は最初からそこかしこにあふれているし、また、あなたがそれにこっそり手を出したとしても、物理的にそれを妨げるものはほとんどない（当然ながら法的、制度的、倫理的には問題があることも少なくない）。本来的に、情報にはディールが必要ないのだ。

では、必要とされるものは何か。その答えは、「評価」ということになる。もちろん、最終的な評価に至るまではいくつかの段階がある。ただ、その情報をあなた自身にとって価値あるものにできるかどうか、逆に、ゴミくずのようなものにしてしまうかは、まさにあなた自身の評価次第なのだ。

この点について、多くの人々がいまだに勘違いをしている。価値を手に入れるためには、休みなく働くことによって得られる交換のための手段――何がしかの財貨を手にすること――が欠かせないと信じ込んでいる。情報の時代の価値は、どこからか運んできたり、何かを加工して新しく作り上げるものではなく、基本的に、そこにあるものに「価値を見出せるかどうか」なのだ。

たとえばこんな例で考えてみよう。日本の女性の社会進出が足踏みを続けている。2020年12月に、世界経済フォーラム（WEF）が発表した、世界各国の男女平等度を示すジェンダー・ギャップ指数で、日本は153ヵ国中121位にランクされた。とくに「経済的参加度および機会」と「政治的エンパワーメント」の項目でポイントが低かったことが要因として指摘されている。

こうした背景のひとつには、私たちが仕事を進める中で、何かを「作り上げる」ことに重きを置きすぎている点がある。得意先と交渉を進め、トラブルに立ち向かい、大勢の人と組織を動かして、ひとつのものを作り上げるのは確かに力仕事だ。だが、情報の価値が中心となる社会では、何に焦点をあてて、何をもって課題とし、何をビジネスや仕事の価値として見出すかがカギとなる。

そのことを考えれば、生活者の半分が女性である以上、組織の中で女性による価値評価の目が欠かせないことは明白である。たとえば次のような、経営コンサルタントのフランシス・マキナニーの言葉が、その事実をよく説明してくれるだろう――「しっかりと確立された男性だけの母集団に女性を一人加えることは、同じ座標軸にもう一人の従業員を加えるという足し算ではない。2番目の異なる座標軸を加えることであり、問題解決能力を掛け算レベルで増加させる。どちらが勝つかは瞬時に理解できるはずだ。男性ばかりの単一文化では常に負けるだろう[21]」。

情報が価値の中心となる時代は、社会に無数に存在している情報を価値あるものにできるかどうかがカギとなる。自分の手持ちのモノは何もなくても、見方、考え方、とらえ方次第で価値が誕生する時代なのである。

競争から共創へ

世界的な競争がますます激しくなっている。そして、誰もが競争こそが現代社会を発展させる原動力だと信じて疑わない。しかし、モノから情報へという価値の大変化は、長らく人類を支配してきたこうした常識を根底からひっくり返そうとしている。

競争は本当に必要なのか、競争は善なのか。競争によって誰もが全力を尽くし、より良いものが出来上がり、資源やエネルギーのムダ使いも減り、全員がその価値を享受できるというのがこれまでの常識だった。

たとえば今日の教育は、小学校から大学まで競争社会を前提とした教育を行っている。一人ひとりの生徒の机を切り離し、答えがわかった生徒が手をあげ、テストでは同じ問いに対して個別に解答し、その中で優れた成績を上げた者だけが称賛される。つまりが、「知」の独占方法を十数年かけてたたき込んでいるのだ。

これは明らかにモノの時代の発想に外ならない。モノは共有できないから、誰のモノかはっきりさせるためには、競争してその所有者を決めるしかない。経済学ではこれを資源の最適配分と言う。世界中でいちばん効率の良い使い方をあみ出した企業や人物が、そのモノを占有する権利を得るのだ。そして、こうした自由競争原理こそが、資本主義の発展を支えてきた。個人的利益を追求すれば社会全体も良くなるという、アダム・スミスの語ったいわゆる「神の見えざる手」だ[22]。

一方、情報は、モノのように競合財ではない。誰がどれだけ使っても少しも減らない。資源のムダ使いどころか、放っておけば情報は増える一方の「非競合財」だ。必要なのは効率的な使用ではなく、むしろ整理の方である。

つまり、モノの時代と情報の時代とでは、発想を逆にしなければいけない。限られたモノを節約しながら効率よく使うのか、あふれ返っている情報のどこに焦点をあてて評価し利用するのかの違いである。情報も占有すればトクをすることもあるが、それ以上の広がりはない。たとえば、世界で一枚しかない名画を自分の家に飾って独り占めして鑑賞するのと、美術館に貸し出して世界中の人々に鑑賞してもらうかの違いである。独り占めして見ても、大勢の人で見ても、どちらにしても名画の価値は減ることはない。

さらに情報の価値は、何かと何かの関係性から生まれるから（第2章「情報価値の生まれ方」の項参照）、独り占めせず、さまざまな情報と組み合わせた方が、別の価値が生まれるチャンスが飛躍的に増えることになる。たとえば、一人の患者データから何かを考えるよりも、千人のデータを集めて考える方が、より良い医療サービスを提供できる[23]。

また、競争はつねにトーナメント方式による勝ち残りで、敗者の活躍場所は限られたものになる。そして、少数の優れものを選び出すために膨大なエネルギーが費やされる。大いなるムダという外はない。資本主義が大切にしてきた「自由競争市場」とは、そうした勝者と敗者を決める巨大なリングであったわけだ。

つまり、これまでのモノ社会経済とは、誰かが使えば減るものを前提にして組み立てられた社会であり、これからの情報が主役となる社会では、勝者も敗者もなく、どうやってみんなでうまく使っていくかが重要となる。競争社会ではなくて「共創」社会なのだ。

そのために必要なことは、これまでのようにモノをめぐって「自由に闘え」ではなくて、情報に対して「自由なアクセス」を認める仕組みづくりがポイントとなる。当然ながら、国家や一部の巨大企業だけが独占することは危険でもあるが、同時にそれは、情報社会の発展を阻害するもっともしてはならないことだと言ってよい。

たとえば、近年よく耳にするようになった「オープンガバナンス」の発想は、こうした情報原理が根底にあることを知っている人は少ない。総務省が２０１８年４月に発表した「自治体戦略２０４０構想」の中で、これからの自治体は、「サービス・プロバイダー」から、公・共・私が協力しあう場を設定する「プラットフォーム・ビルダー」への転換が求められている[24]。

自治体のこれまでの仕事は、モノやサービスの占有者を誰にするかという調整作業が主だった。いわばピザパイを公平に切り分けるのが仕事だったのだ。ところが、情報が価値の中心になる現代では、データにしろ、種々のアイディアやノウハウにしろ、ピザパイのように切り分ける必要はまったくない。みんなで共有して、そこから新たな価値を産み出せば良いのだ。つまり、これからの自治体の仕事は、プラットフォームづくりということになるわけである。

語られてきた資本主義崩壊の理由

「資本主義が終わる」とは刺激的すぎるタイトルかもしれないし、判断が早計にすぎるのではという意見もあるかもしれない。問題は、本当に資本主義は終わるのかどうかだが、資本主義が終焉に近づいているという事実は、これまでも多くの識者によって語られてきたことでもある。

そのいくつかについて列挙してみると、たとえば、資本主義のメカニズムの寿命はともかく、さまざまな理由によって、成長のためのパイの大きさ自体が限界を迎えているという見方がある。近年で言えば、地球温暖化の原因であるCO_2の排出量を抑えないと、温暖化に歯止めがきかなくなり、世界の経済発展どころではないという議論がある。また、過去をさかのぼれば、マルサスは十八世紀末の「人口論」の中で、食糧増産に限界があることが制約となって成長にブレーキがかかると予測した[25]。二十世紀の高度成長時代には、発展のエネルギー源となった石油の埋蔵量との関係から、幾度となく限界説が唱えられてきた経緯がある。

また、これもよく知られている、水野和夫による地理的限界説[26]がある。十六世紀の大航海時代以来、二十世紀初頭の帝国主義の拡大まで、資本主義の発展は、地理的市場の拡大によって支えられてきたという考え方だ。そうした植民地支配に限らず、ここ数十年来、中国やロシア、東欧諸国が、経済的にかなりの部分、自由主義陣営の市場に組み込まれてきたということも含まれるだろう。だが、そのような地理的な市場拡大も、ついには限界を迎えつつあるというのだ。

なかでも、資本主義限界説の代表格と言えば、マルクスが『資本論』の中で語ったものがある。マルクスは、あらゆる価値創造の源泉を人的労働に求め、資本家による工場や機械設備への投資は、結果的に利潤率を低下させることになり、そのため、資本の投下がより多くの新たな資本の増大を生むという好循環が絶たれ、やがて資本主義は限界を迎えると予見した。

一方、限界説ではないが、資本主義を支える生産要素の変化から、それを従来の資本主義の終焉ととらえた見方もある。経営学者のP・F・ドラッカーによる『ポスト資本主義社会』はその代表と言ってよい[27]。

ドラッカーの言う資本に代わる新たな生産要素とは、「知識」である。彼はすでに1950年代の末に、それまで近代の経済発展の原動力となってきた資本やモノを凌駕する新たな生産要素として人間の「知識」を指摘した――「経済的発展において最大の資源となるものは人間である。経済を発展させるものは人間であって、資源や原料ではない[28]」というものだ。

さらに付け加えれば、投資機会がいくらあっても、またイノベーションが進んでいっそう生産性が増したとしても、消費者の欲望そのものがすでに限界に達しているという見方もある。かねてより先進諸国で見られる経済の成熟化現象がそれだ。

このように、これまでさまざまな「資本主義限界説、終焉論」が唱えられてきたわけだが、資本主義は、たくみにそれらの壁を乗り越えてきたことも事実である。たとえば、マルサスの食糧生産の限界は、農業の機械化や大規模化、化学肥料の利用などによって飛躍的な増産が実現された。石油の枯渇説も、新たな油田開発や代替エネルギーへの転換、また、エネルギー効率そのものを改善することでクリヤーされてきた。

マルクスの資本主義限界説は、労働力を唯一の価値源泉と見たところから、自ら破綻してしまった。地理的フロンティアの消滅も、知識社会の到来も、いまだ決定的に資本主義の終わりの引き金を引く様子は見えない。

本書では、サブタイトルに見られるように、資本主義終焉への引導の渡し役として、外ならぬ「情報化」をあげている。資本主義の新たな地平をひらくようにも見える情報化が、そうした役まわりになるとは意外な読者もいるかもしれない。

だが、見逃してならないのは、身のまわりに多くの情報機器があふれ、それによって利便性や娯楽性が増したということだけではなく、私たちが求め、生産する価値そのものが、モノから情報へと大きく転換したという事実である。

そしてこの大変化こそが、生産の仕組みを変え、価値の流通の仕方を変え、労働の質を変え、消費の中身を変え、ひいては私たちのものの考え方や精神を変え、そして、社会全体を大きく変えようとしているのだ。

それはちょうど、四つん這いで動き回っていたサルが、突如、二本足での歩行を始めたのと同じくらいの変わり様だと言ってよい。直立歩行を始めた人類がまったく新しい世界に向かって歩き始めたように、情報の価値という新しい価値に転換した人類は、今、資本主義という過去の遺物に別れを告げ、新しいイズムの時代へと踏み出し始めたのだ。

資本主義終焉の本当の理由

数百年の長きにわたって続いてきた資本主義だが、その長さゆえに永遠に続くかのように思われてきた。だが今、その資本主義は外部環境の変化でもなく、また、それがいっとき社会主義にとって代わられようとしたときのように、強力なライバルが現れたからでもなく、自身の体内から生まれた「情報化」という進化の鬼っ子によって、消え去ろうとしている。

モノを離れて情報が経済社会の価値の中心になり始めたことによって、貨幣で測った価値の増殖を発展の起爆剤とする資本主義は、その重要なメカニズム要素を次々と失うことになってしまった。

これまで、お金で測った価値の全体と、人々が真に感じている価値の全体は、ほぼ一致してきた。だからこそ人々は、資本主義を社会の発展のための基本的な経済システムとして支持してきたのだった。GDPの数値は一国の発展の度合いを示し、個々の企業の売上げや利益の額が、人々の幸福感を左右してきたのである。

だが、もしも今、この本を手にしているあなたが、手元のスマートフォンと、自身のガレージに置かれているクルマのどちらかを手放す必要に迫られたとしたら、いったいあなたは、どちらを選択するだろうか。購入価格だけなら、クルマの価格はスマートフォンの百倍を超えるかもしれないのだが。

こうした謎かけは、経済学の世界ではしばしば行われてきたことでもある。水とダイヤモンドのたとえ話のように、人間にとって欠くことのできないという意味での水の大切さは、ダイヤモンドのそれをはるかにしのぐ。このことについて経済学は、「限界効用逓減」という法則をもってこの種の疑問を整理した。かいつまんで言えば、商品でも自然物であっても、その数量が増えるにつれて人々は価値を感じなくなるという法則だ。はたして、スマートフォンは水なのだろうか。

こうした価値と価格の乖離は、今やスマートフォンだけに限らない。もちろん、スマートフォンの価値を高からしめているのは、そこから得られる膨大な情報量にある。おそらくネットにつながっていない時代の携帯であれば、クルマの方に価値ありとした人も多くいたことだろう。

つまり、スマートフォン全体が「水化」してしまったのには理由がある。それは、限界効用逓減の法則が教えるように、需要量をはるかに上回るスマートフォンの供給量があるからではなく、情報という価値そのものの特性から来る「水化」現象なのだ。そして、その中核となる特性とは、情報は、ほとんどコストをかけずにその機能を無限に複製できるというものだ。そうしたモノの世界にはなかった根本原理をもとに、スマートフォンからは、情報という膨大な価値がタダ同然であふれ出ているのである。

このように、ほとんどコストをかけずに、その機能やそこから生まれる価値をいくらでも複製できてしまうという情報の特性は、今や、資本主義のメカニズムを根底から崩し始めている。

つまり、生産量が増えるに従って売上げ増加の勢いが鈍り、利潤の増加も抑えられるという、モノの世界ではごく当たり前だったこうした経済原理がまったく通用しなくなっている。そして、世界でいちばん優れたソフトや利便性の高いシステムだけが世界中の市場を席巻する。さらには、そこから得られたユーザーのビッグデータが、いっそう強靭な競争力をもたらす。その結果、先進国と言われるような国々のＧＤＰに匹敵するような売上げを誇る独占的巨大企業が誕生する。それは、資本主義の重要な発展要素とも言える自由競争市場の崩壊である。

さらに資本主義の発展にとって致命的なことは、資本そのものの行き先がないことだ。先進国ではすでに、モノの世界の巨大インフラや巨大ビジネス構築のさらなる余地はほとんどなくなってしまった。鉄道、港湾、高速道路、ダム、発電所、都市建設、製鉄や化学コンビナート等、ひとつのプロジェクトで数千億から数兆円に及ぶかつてのようなモノの時代の投資需要は今後とも望むべくもない。そうした需要は、アフリカのような発展途上国ではまだまだ健在だが、それらの国々の資金力からして、政府援助ベースでしか成り立たないのが現実だ。

こうして、その主なものをあげただけでも、情報化の急速な発展によって、資本主義はその発展に欠かせない重要な要素をほとんど失いつつある。

では、いまだ世界の人々がほとんど気づいていない、モノとはまったく異質な情報の特性とは、いったいどのようなものなのか、次章で詳しく見ていくことにしよう。

第2章 すべてのルールを変える情報化
——もはや情報は、生産や取引きのためのツールではなく、価値の本質である

通用しなくなった資本主義の仕組み

物質から生み出されていた価値が、情報から生み出されるようになった。こうしたモノから情報への大変化が、資本主義の仕組みを根底からひっくり返している。資本主義の発展を支える基盤として「自由競争市場」の存在があることは言うまでもない。それは、誰もが参加できる制約のない市場である。こうした自由競争市場の保障があるからこそ、人々が自己の最大利益の実現を目指して活発な経済活動が行われ、結果として永続的な経済の発展がはかられてきたのだ。

モノの世界は、以下に述べるような理由から、こうした自由競争市場にぴったりだった。けれど、モノとはまったく性格の異なる情報世界は、ことごとくこの自由競争市場の仕組みを破壊してしまうことが、徐々に明らかとなってきたのである。

まず、モノの機能を発揮させるためには、基本的にそれを占有しなければならない。モノの場合、

一つのモノを占有して使用するしか、その機能を発揮させる方法がないからだ。そしてここにこそ価値の拡大発展の源泉があった。たとえば、あなたがビルを建てたとする。そのためには、セメントが必要となる。だが、そこで使ったセメントはもう他のビルを建てるためには使えない。別のビルを建てるためには、別のセメントを用意しなければいけない。ここで経済が発展する。さらに、もっと多くのビルを建てるためには、もっと多くのセメントが必要となる。ますます経済は発展する。これが資本主義発展の根本となる仕組みだった。

一方、情報はそのような必要がない。私がこうして書いている日本語の仕組みは、私が占有する必要はない。私が一時間日本語を使えば、他の人がその一時間がまんをする必要などない。日本語にかぎらず、英語、フランス語、中国語を、それぞれの国の人々がそれぞれの国の言語を同時に使える。情報はもともと経済学で言う「非競合財」なのである。

どうしてこんな違いが起きるのか。情報はエネルギーの「様相」によって、その機能を発揮するからだ。そして、そのエネルギーの様相は、ごくわずかな別のエネルギーによって複製すれば、その機能発揮のために用が足りるからで、たとえば、漢字の一字一字の形状をデジタル信号に置き換えて、再び液晶画面上に再生するだけで十分だからである。私たちの脳の仕組みも基本的にこれと同じで、脳の中にある神経細胞が、日本語の読み書きの仕組みを、互いの神経細胞同士の関係性の網目に記憶させているからで、それをわずかなエネルギーで再生させれば、日本人なら誰でもいつでも日本語機能を使い放題なのである。

ただ、こうした情報の非競合財としての性格を野放しにしているかぎり、ビジネスは成立しない。

何しろ、コピーし放題なのだから、わざわざお金を出して市場でそれを買ってくる必要などないし、またそうなれば、オリジナルの創造に力を注ぐ人などいなくなるからだ。そこで考えられたのが「知財」という社会的制約制度である。一定期間、最初の情報価値の創造者を保護するという誰もが知っている制度である。そして、その知財を使用したければ、その使用代価を払わなければならないという仕組みだ。

つまり、情報が持つ性格ゆえに、資本主義はやむをえず一定期間とはいえ、自由競争を制限して「独占」を認める制度を導入せざるをえなくなったのだ。情報は、モノと違って占有する必要がないがゆえに、逆に、公に「独占」を認める仕組みをその根本原理とすることが、情報ビジネス世界のテーゼとなったのである。[1] 自由競争を基本とする資本主義社会崩壊の第一ステージがここに始まったと言ってよい。

デジタル化による資本主義破壊

こうした「知財」の考え方は、自由競争を妨げるとはいえ、まだまだ資本主義の継続にとってそれほどダメージを与えることはなかった。だが、情報と資本主義の蜜月はそんなに長くは続かなかった。やがて情報による資本主義崩壊の第二ステージが始まったのだ。本格的なデジタル化社会の到来がそれである。それまでの情報ビジネスは、モノの生産との関係を完全に断ち切ることができないでいたのだが、デジタルの仕組みは、情報の性格そのものをむき出しにしたのである。

デジタル化による自由競争市場を破壊する火の手は、まず消費者側から上がった。「知財」の制度は、あくまでも社会制度による制限であって、コピーし放題という、情報が本来的に持つ性格が消滅したわけではないからである。今から思えば、なつかしい時代とも言ってよいが、１９９９年5月に起こったナップスター事件、いわゆるスワッピングソフトの登場は世界を震撼させた。利用者はナップスターから音楽ファイル交換のためのソフトを手に入れ、あとは曲名か歌手名を入力して、好きな曲をダウンロードするだけで、文字どおり欲しい音楽が何でも無料で手に入るという仕組みだった。

利用者は一年後には三千万人に達し、それに対して、全米レコード業界がサービス中止を求めて提訴し、２０００年の7月には連邦地裁がナップスターのサービス停止を命じる仮処分が出て、事件は終息に向かった。しかし、ネット上ではその後も著作権利者たちにとって脅威となるソフトがあとを絶たず、取締り当局とのイタチごっこが続いたのである。[2]

こうした状況が、２００１年にスタートしたアップルのiTuneの登場によって、再びビジネス化の方向に向かい、今日に至っていることは知られているとおりである。ただ、それによって違法コピーがおさまったわけではなく、音楽ソフトに加えて、映画などの動画ソフトを含めれば、著作権侵害の金額は、２０１３年全世界で約２１３０億ドル（日本円で約23兆４０００億円）、さらに２０２２年予測は、最大約８５６０億ドル（日本円で約94兆１０００億円）規模にまで膨れ上がると言われる。[3]

それだけではない。今や、ユーチューブに見られるように、かつてなら著作権で囲われたであろう多くの動画や画像が二次放映され、しかもそこから新たな広告ビジネスの世界が誕生するようにまでなっている。

こうして、本来の考え方にもとづく「知財」情報市場の秩序は、アミューズメント情報に関するかぎり、ほとんどその姿を消しつつあるとさえ言ってよい。
アメリカの経済学者ロバート・ゴードンは、次のように語る。

我々はかつても無料サービスを手にしていた。テレビの発明で娯楽番組が無料で放映され、人々は映画館に行かずに済むようになった。ただ無料で得られる情報量が昔と比べ今ははるかに多く、かつ価値があるということだ。スマホから消費者が大きな恩恵を受けていることは疑いようがない。だがそれはビジネスによる生産物とは異なる。消費者は、ビジネスの生産や生産性と無関係のところで利益を受けている。[4]

ゴードンが言うように、かつての資本主義の常識から言えば、想像を絶するような事態が、今、起こり始めているのである。

限界費用ゼロ効果

ここで話を再び生産者側に戻そう。消費者側からの火の手によって「知財」情報市場が有名無実化しつつある中、デジタル化情報による生産者側からの自由競争市場破壊の第二ステージが始まった。いわゆる、限界費用ゼロ効果による価格破壊がそれだ。

近代経済学の世界ではこれまで、生産者の「収穫逓減」と言われる法則が当たり前として信じられてきた。企業がある商品の生産量を増やしていくにつれて、そこから得られる利潤はやがて減少に向かう、これが収穫逓減だ。その理由は、市場規模はやがて限界を迎え、一方で競合他社も増え、そのための価格低下や営業費用、プロモーション費用などの販促コストもかさんでいくからだ。

だが、こうして常識と思われていた収穫逓減の法則も、情報の時代では、まったく逆のことが起こり始めた。生産を増やせば増やすほど利潤額は拡大していく「収穫逓増」がむしろ当たり前になりつつあるのだ。

理由は、さきほどの限界費用ゼロ効果にある。情報の再生産には、モノの場合のような原材料費、多大なエネルギー、巨大な生産設備をほとんど必要としないので、基本的には再生産費用はゼロに近くなる。必要とされるのは、いわゆる初期投資費用で、最初の情報価値創造にかかわる技術研究やアイディア作成、システム構築などのために必要な費用、設備や人件費、市場開拓のための費用などである。あとは「知財」保護の法律に守られ、コストゼロの生産活動が始まる。そのため、成功すれば膨大な利潤を得ることが可能となり、モノの時代には起こりえなかったような巨大独占企業が誕生するようになったのだ。

それだけにとどまらない。情報ビジネスの独占化の決定打となったのは、むしろ予想外のことであった。情報ビジネスのネットワーク効果がそれだ。情報は相対価値である（本章「モノと情報の違い」の項参照）。そのため、一定のルールに従った方が効率がよい。日本語には日本語のルールがあり、英語には英語のルールがある。日本語のルールで英語を話すことはできない。同じルールを覚えるならば、多くの人が使っている英語のルールを覚えた方が、仲間がたくさんいて効率的だ。

そのため、一定以上の使用者を集めた情報ビジネスは、雪崩現象的に顧客が拡大する。ウィンドウズのOSに慣れれば、なかなかアップルのパソコンに移りづらい（ロックイン効果とも言う）。そういう人たちが増えれば、ウィンドウズ対応の機器やソフトがますます充実する。これが相乗効果となって、ウィンドウズのOS市場でのシェアは揺るがなくなる。今、SNSの世界で起こっているユーザーの集中化現象も、こうしたネットワーク効果現象がその大きな理由だ。

一方、一般の生活者も、情報が持つ限界費用ゼロ効果を十二分に発揮し始めた。SNSへの参加者、投稿者たちは、SNS本体へのコンテンツをほぼ無料で提供している。誰からも強制されていないのに、自主的に文章や写真、動画をアップロードしている。コンテンツの内容によっては多少費用がかさむこともあるかもしれないが、アップロード自体は無料でできる。SNS側は、それを人気順やカテゴリー別に整理するだけだ。これもコンピューターのアルゴリズムが自動的に行うからコストはほとんどかからない。ユーザーが無料でコンテンツを提供する巨大メディアの誕生、これがSNSの正体だ。

未来学者のアルビン・トフラー（1928～2016）は、こうしたSNS投稿者たちのような存在を「生産消費者」と呼んだ[5]。彼らは無償で、モノづくりを行ったり、サービスの提供を行う。それは、手作りのクッキーや家庭菜園でできた野菜を近所の人や知り合いに配ったりする人たちである。こうした人々は昔からいたし、そして今でもたくさんいる。ただ、SNSの登場によって、今やほとんどの一般生活者たちが、情報の限界費用ゼロ効果を使って「生産消費者」と化した。

気づいてみれば、世界中の人々が日々、膨大な時間を使って、市場を通さないこうした無償の生産活動に従事しているのだ。情報の限界費用ゼロ効果は、プロフェッショナルな生産者たちだけを巻き込んでいるのではない。私たち一般生活者自身の手によっても、資本主義の中心的存在である「自由競争市場」は、どんどんと隅の方へと追いやられているのだ。

ＡＩによる労働者不要論

そして、とどまるところを知らない情報技術の進歩は、資本主義の終焉に向けて、今まさに強烈な一撃を放とうとしている。ＡＩ（人工知能）の進化がそれだ。ただ、ＡＩによって切り開かれる未来については、今のところ、悲観論、楽観論の両方が入り混じっているのが現状だ。

悲観論に最初に火をつけたのは、２０１３年、オックスフォード大学のカール・Ｂ・フレイ博士とマイケル・Ａ・オズボーン准教授によって発表された「雇用の未来」だった。論文によれば、今後十～二十年で、アメリカの総雇用者の約47％の仕事が、機械（コンピューター、ＡＩ、ロボット）によって自動化されるリスクが高いとされた。またその二年後には、日本の野村総合研究所がオズボーン准教授らとの共同研究で、同様の内容の推計を発表した。それによれば、日本国内の６０１の職業に関するデータをもとに分析を行った結果、十～二十年後には、日本の労働人口の約49％が人工知能やロボットなどにより代替される可能性が高いとされたのだった。

こうした研究報告に対しては反論も多い。たとえば、職業と業務の区別である。新しいＯＡ機器の導入や機械化によって、業務の一部が合理化されることは少なくないが、職業自体が失われてしまうことはむしろまれだからだ。また、導入にあたっては、それによるコストパフォーマンスが問題となるだろうし、人手の足りない業界と、そうでない業界とでは導入のスピードにも違いが出てくるはずだという意見もある。

また、人類の過去の歴史を振り返っても、新しい道具や機械の導入があったとしても、一時的な摩擦時期を乗り越えれば、むしろ、新たな産業や仕事が生み出されてきたことも事実だ。機械力やエネルギー革命による生産性の増大は、顧客の増大をうながし、原材料の調達から出来上がった商品の流通販売にいたるまで、さまざまな新しい仕事を生み出した。そうした進化によって、生産性の向上→価格の低下→需要量の増大→生産のさらなる増加と新たな産業の創出→さらに多くの労働機会の提供という好循環がもたらされることで、資本主義はたゆまない発展をとげてきたのである。

ただ、こうした悲観論、楽観論が入り混じった中にあって、今回のAI進化のケースは、これまでとはまったく異なる様相を見せていることも事実だ。

ひとつは、AIの能力進化の驚異的なスピードである。機械学習の発展型であるディープラーニングの特徴は、コンピューター自らが試行錯誤を経て正解にたどり着く点だが、2017年に発表された「Alpha Zero」の場合、将棋はたったの2時間弱、囲碁でも8時間で人間を超えるレベルへ到達した。ルール以外はほとんど知らない状態から、一日かからずに人間を超えてしまったことになる。[6]

また、AIに仕事を譲った人類にとって、はたして残された仕事はあるのだろうかという深刻な問題もある。東京大学大学院教授の柳川範之は、人工知能が社会のさまざまなところで使われるようになると、より必要性が高まる仕事として、次のような四つの項目を指摘している。[7]

- 人工知能やロボットそのものを扱う仕事
- 接客や営業などの対人間のコミュニケーションの仕事
- 人間としての感覚や創造性にかかわる仕事
- 目的の設定、価値判断、責任主体としての仕事

それぞれ納得がいくものだが、二番目の対人間コミュニケーションの仕事を除くと、残りの仕事は、ＡＩによって仕事を失った多くの労働者にとって、大きな受け皿となれるような感じはない。しかも、接客や営業職種にしても、今の若い人たちがもっとも苦手な仕事の部類だと言ってよい。

歴史学者のユヴァル・ノア・ハラリは、悲観論者の中でも代表的存在だが、その見方はかなり辛辣である――「たとえ新たな仕事が出現しても、以前の仕事を失った人が適応できるかはわかりません。今、トラックの運転手の仕事は減り、３ＤやＶＲでデザインするコンピューター・グラフィックスの仕事が増えています。でも、五十歳のトラック運転手が、自己変革し、３ＤやＶＲのコンピューターグラフィックス・デザイナーとして再出発できるでしょうか。ですから、新たな仕事ができたとしても、何十億という人の仕事がなくなり、経済的価値がなくなり、それゆえに政治力もなくなるでしょう」[8]。

実際、アメリカでは中間層で失われた雇用は、すでに存在する低賃金の仕事に流れている。失われた雇用が経済学で想定するような新たな職種に流れるのではなく、古い職種に流れているのだ[9]。そして、残された単純労働に多くの人々が殺到すれば、たとえ仕事にありつけたとしても、需給の関係によって賃金はさらに低下する。

そんな中、ＡＩの導入によって生産性が上がれば、働かなくても食べていける時代がやってくるという超楽観論もある。だが、残念ながらその可能性は皆無だ。かつての王侯貴族の時代か、莫大な親の資産でも譲り受ければ別だが、一般人のほとんどは、労働によって消費の権利を手にする以外に方法はない。いくら生産性が高まっても、低賃金と失業で需要がなくなれば宝の持ち腐れである。それによって、資本主義はたちどころに行き詰まってしまうことになるだろう。

資本主義はこうして終わる

以上、モノから情報へと経済社会の価値の中心が移ってきたことで、資本主義が危うくなってきた状況をまとめると次のようになる。

①モノと違って、情報の価値は占有の必要がないので（非競合財）、これまでのような貨幣数値として現れる経済発展は望めず、また、大規模な投資も望めない。

②情報の再生産にはほとんどコストがかからない限界費用ゼロ効果や、ロックイン効果、ネットワーク効果などによって産業の寡占が進み、新たな企業や新ビジネスの参入が損なわれる。

③デジタル情報技術の進展でモノのシェアリングが進み、マクロの生産額は縮小する。

④情報消費の多くは無料でなされるため、価格に換算されたマクロ的な消費額は、劇的に縮小していく。

⑤情報の生産には、モノと比べてコストがかからないので、ＳＮＳに見られるような膨大な数の生産消費者が現れ、市場を通さない生産消費活動が活発化し、マクロの価値の中でそれらが次第に大きな部分を占めるようになる。

⑥ＡＩやロボット技術の進化で、人間の労働領域が狭まり、大規模な失業の増加や低賃金化が予想され、結果としてマクロ的な消費は大幅な減少が見込まれる。

⑦以上のような情報化による経済停滞、縮小に抗しようとして、金融資本主義の暴走が幾度となく繰り返され、ひいては経済のタービュランス化、公的債務のさらなる増加を引き起こし、資本主義経済はますます疲弊し、終焉への速度を加速する。

また、次項以降で説明することになるが、その他、資本主義のブレーキを踏むことになるだろう、情報の価値ならではのいくつかの理由もあげられ、それらを含めて図示すると図1のようになる。

このように、現状を眺めただけでも、経済社会の価値の中心がモノから情報へ大変化したことで、これまで資本主義を支えてきた主要な柱が音を立てて崩れ始めていることがわかるはずだ。つまり、情報化社会は資本主義社会ではなくなる、ということだ。そこでは、新しい別のイズムが登場し、別の新しいイズムで人々が暮らし始めるということである。

情報化の進展による経済社会のさらに詳しい内容については、第4章（大変化する消費者市場）、および第5章（激震する生産・労働市場）で解説していくこととし、次項以降、そもそも情報の価値とは、モノと違ってどんな性格や特徴を持っているのか、またそれが経済や経営全般にどのような大きな影

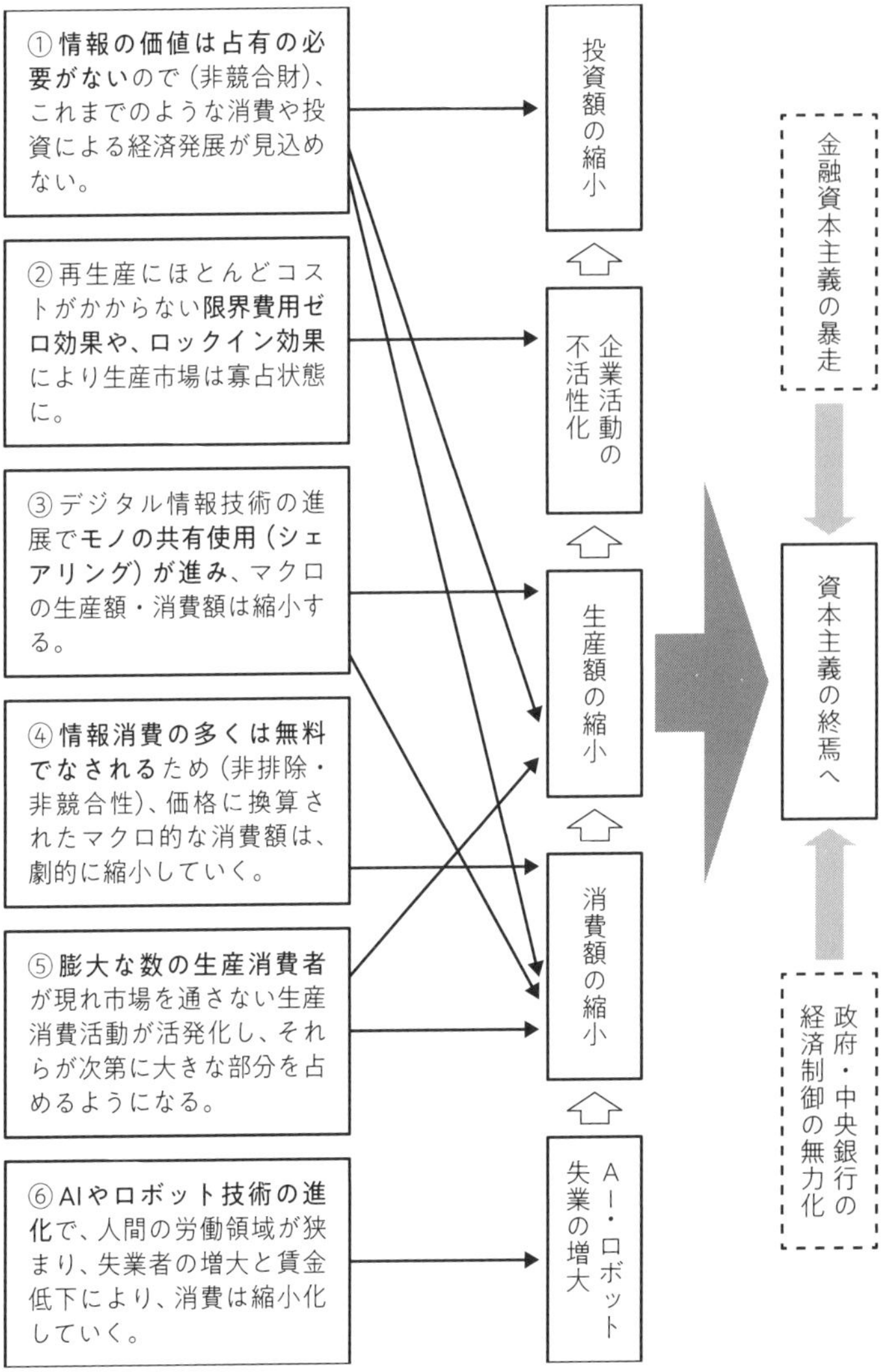
①情報の価値は占有の必要がないので（非競合財）、これまでのような消費や投資による経済発展が見込めない。
②再生産にほとんどコストがかからない限界費用ゼロ効果や、ロックイン効果により生産市場は寡占状態に。
③デジタル情報技術の進展でモノの共有使用（シェアリング）が進み、マクロの生産額・消費額は縮小する。
④情報消費の多くは無料でなされるため（非排除・非競合性）、価格に換算されたマクロ的な消費額は、劇的に縮小していく。
⑤膨大な数の生産消費者が現れ市場を通さない生産消費活動が活発化し、それらが次第に大きな部分を占めるようになる。
⑥AIやロボット技術の進化で、人間の労働領域が狭まり、失業者の増大と賃金低下により、消費は縮小化していく。
投資額の縮小
企業活動の不活性化
生産額の縮小
消費額の縮小
AI・ロボット失業の増大
金融資本主義の暴走
資本主義の終焉へ
政府・中央銀行の経済制御の無力化

図1　資本主義の終焉

響を及ぼすのかについて見ていくことにしたい。

情報とは何か

こうして数百年以上もの間続いてきた資本主義に、今まさにピリオドを打とうとしている「情報」だが、それはいったいどんな性格、特徴を持っているのか、さらには、情報とモノとではどれほど決定的な違いがあるのか、あらためて見ていくことにしよう。

ただその前に、本書なりの「情報」の定義をしておかなければならない。情報とは何か——このことについては、情報学や社会学の世界などで、これまでもさまざまな定義や説明がなされてきた。その中で、よく知られている定義、また、私たちのいわゆる情報観に沿ったものについていくつかあげれば、次のようなものがある。

まず、情報を何かを行うための手段として考える定義だ。たとえば、社会学者の藤竹暁による「情報とは、人間の環境適応行動にとって、ある事象に判断を下すための材料となる刺激としてのメッセージ[10]」という定義がある。また、世界にさきがけて情報化社会の到来を予見した未来学者の林雄二郎による「情報とは、可能性の選択指定作用をともなうことがらの知らせ[11]」といった定義もある。

また別に、情報の持つ性格からそれを定義したものもある。たとえば、経済学者の野口悠紀雄は情報経済理論に関する著作の中で、情報について「（微少のエネルギーで）複製が可能であり、かつ、複製されたのちも元と同じ状態を保つようなものについて、その複製された内容である[12]」と定義している。

さらに、情報の定義をかなり広くとらえたものもある。わが国の情報理論研究のさきがけ的存在とも言える梅棹忠夫による「情報とは、人間と人間の間で伝達されるいっさいの記号系列[13]」や、さらに広く情報定義を行ったものとして、加藤秀俊の「環境からの刺激である[14]」をあげることができる。

あるいは、自然科学の領域で言えば、シャノンに代表される情報・通信理論の世界で言う情報定義――「情報とは、特定のメッセージを一意に指定するのに必要な最小の通信量の尺度[15]」といったものもある。ここでは、その内容についての詳しい説明ははぶくが、こうしたシャノンの情報理論によって、現代の通信システムの基礎が築かれたと言ってよい。ただ、シャノンによるこのような定義は、情報通信の世界に特化したもので、本書の内容にはあまりそぐわないものと考える。

そうした中、これまで筆者なりの情報定義として、人類学・社会学・言語学など多領域にわたって活躍したグレゴリー・ベイトソン（１９０４～１９８０）による次のような定義をよりどころとしてきた――「差異が生まれるためには少なくとも二つの何かを要するということである。差異のしらせ――これをわれわれは『情報』と呼ぶ[16]」。つまり、「情報とは、何かと何かの間の差異から生まれるしらせ」ということになる。

ただ、ここでさらに疑問として浮かぶのは、ではいったい「差異」とは何かという問題である。この点については、次項で扱う「モノと情報の違い」にも少なからず関係してくるので、整理しておくと、私たち人間は、身のまわりのものすべてに、何らかの「価値」を感じる。その場合、価値は、エネルギーの量だけは固定できない。私たちにとっての万物の価値は、エネルギーの量と、その様相から決定される。その意味で言えば、エネルギーの様相から生まれる差異によって生じる関係性の価値――それを私たちは「情報」と呼ぶ、これが筆者なりの「情報」に関する定義、あるいは整理だ。

モノと情報の違い

以上、「情報とは差異の知らせ」というベイトソンの情報定義から敷衍して、本書では情報を、何かと何かの間の「差異による関係性から生まれる価値」と定義して前に進むことにするが、重要なことは、その情報がどのような特性を持っているか、また、情報とモノとはどのような違いがあるのか、という点である。

第一に情報は、モノと違って相対価値である、ということだ。情報は差異から生まれる。差異である以上、相手方次第で、価値が違ってくるということを意味する。デジタルの仕組みはその代表例だろう。電流の流れている状態（1）と、流れていない状態（0）があってはじめて情報として成立する。（1）の状態ばかりだと意味がないし、（0）だけが続いても情報として成立しない。つまり、（1）にも、（0）にも固有の価値はなく、（1）と（0）が互いに存在してはじめて価値が出てくる。一方、物理的なモノの価値は絶対価値である。電気が流れればパソコンが作動するし、流れてなければ作動しない。（1）と（0）の両方にそれぞれの価値がある、絶対価値なのだ。

加えて、情報を相対価値化している原因には、もうひとつ私たち人間の存在がある。情報は人間の感覚器を通し、さらに脳で感じられてはじめて存在する。情報はそれを認知、解釈する別の主体があってはじめて情報と言えるのだ。この主体とはとくに人間に限らない。ヒダルゴが言うように、「DNAに付随するたんぱく質や細胞小器官のネットワークが始原細胞内になければ何の役にも立たない。一本のDNAを地面に蒔いても、木を植えることにはならない」ということだ[17]。同じような考え方だが、情報学が専門の西垣通は、「情報を外部に実在するモノのようにとらえるのは誤りである。情報は、むしろ刺激に応じて生命システムのなかに『発生する何か』ととらえるほうが精確だろう。情報は、物質やエネルギーと違って、生物とともに地球上に出現した」のだと言う[18]。

こうした生物と情報との根源的な関係を別にしても、日常、私たちが情報に接する場合、人によって感じ方、評価の度合いが違うことはよく経験することでもある。音楽にしても映画にしても、あるいは好んで読む本のジャンルにしても、人の好みはさまざまだ。そのため、一冊の本の価値は人によってその評価が違ってくる相対価値だが、一方で、その本の重さを量れば、誰が量っても同じ重さになる。また、本のページ数もその大きさも、モノとしての価値は万人にとって変わらない絶対価値だ。モノとしてのエネルギーの量は不変だが、エネルギーの様相である情報は、人それぞれの脳の感じ方によって微妙な違いを生むのだ。

二番目は、情報の複製（再生産）には、ほとんどエネルギーや新たな原材料を必要としないという点だ。これはもともと情報の性格として備わっているものだが、これをより現実的なものとしたのは、言うまでもなく今日のデジタル技術の急激な進歩に外ならない。ただ、デジタル技術はもちろんのこと、近代的な印刷技術が発明される以前にさかのぼれば、手書きによる複写はもちろんのこと、私たちの脳自身がそれを行っていたわけで、今日でもそうした脳の働きに変わりはないが、より大量に、より正確に、パソコンのハードディスクがそれを代替し始めたにすぎない。

また、デジタル技術の発達によって、コストがほとんどゼロで情報の再生産が行われるようになったという事実は、今や資本主義を土台から揺るがすような事態をもたらし始めている。前述したように、複製がかんたんでないモノは占有しなければ使えない。それがボールペンでも、街中のオフィスビルであっても、誰かが使用していたら、別の誰かは使えない。そのため、みんなが同時に使えるようにするには、よりたくさんの生産に励むしかなかった。このことを知ってか知らずか、資本家はこうしたモノの特性を最大限に利用し、モノの拡大再生産によって利潤を生み出し、その利潤をもってまた次のモノを生産することに邁進した。また、労働者もそうしたモノの有用性を十分に理解していたから、自分たちがモノの拡大再生産に参画していることを誇りに感じた。だが、二十世紀から二十一世紀へというミレニアムの転換を境に事態は一変した。モノの時代に必然だった占有は、共有が当たり前の社会へと大変化したのだ。もう後には戻れない。資本主義は、占有が欠かせないモノ社会という最大のよりどころを失ったのである。

情報の三番目の特徴は、モノと比べて、情報は時間と空間の制限をほとんど受けないという点である。情報は差異から生まれるため、差異の組み合わせをどこに刻み込むかで、空間の大きさが左右されるにすぎない。これまでのように、印刷された紙を束ねた本で読むのか、タブレットを使って電子化された文字を読むのかで、情報の収まる空間はまるきり変わってくる。

物理学者のマックス・テグマークは、情報がモノから独立して存在する点について、次のような事例を引いて説明している——「友人にEメールを送って印刷してもらうとき、その情報は、ハードディスクの磁化状態からパソコンのメモリ内の電荷へ、さらに、ワイヤレスネットワークの電波、ルーター内の電圧、光ファイバー内のレーザーパルス、そして最後に、紙の上の分子へ次々にコピーされていく。つまり、情報は物理的物質とは関係なしに独自に振る舞うことができるのだ」と（傍点は著者による）[19]。

また、情報の移動時間は、その刺激の内容をどのような手段で伝えるかによる。文字情報を手紙にして郵便で送れば、鉄道やクルマ、飛行機の速さがその限界だが、一方、電子メールで送れば、光の速さで伝えることができる。モノも鉄道やクルマで運ぶことはできるが、情報のように電子信号に変換することはできない。光の速さで移動することが常識になったデジタル情報社会は、実質的に、時間を超越した社会になったのだ。

情報価値の生まれ方

情報は差異から生まれるが、見方を変えれば、前述したように、「組み合わせ」やその「関係性」によって別の新しい価値が誕生するとも言える。身近な例で言えば、服のコーディネイトがその良い例である。外に出かけるのに、その度ごとに新しい洋服や装飾品を購入する人はいないはずで、すでにクローゼットに収まっているスーツやネクタイ、アクセサリーなどの色やデザイン、素材などをうまくコーディネイトすることによって、自身をひき立たせる価値が誕生することになる。

知識、知恵、アイディア、ノウハウ、ソフト、技術などと呼ばれている価値創造も、すべてこうした情報の価値の創造原則にのっとっている。もちろん、そうして生まれる情報価値には、有用なもの、それほどでもないものなどさまざまだが、根本原理はすべて、ある情報要素と別の情報要素との組み合わせによってなされる。

一方、モノの世界においても組み合わせから生まれる価値はいくつもあるが、その幅広さは情報のそれに比べれば格段に狭い。むしろ、多くの場合、一対一の対応関係に限られる。ちょうど、家にある電気コンセントの差し込み口とプラグの先端形状のように、ぴったり合うものは一対きりだ。

「組み合わせを変える——それがどうした？」と思う人もあるかもしれないが、注目すべきは、先の服のコーディネイトの例を見ればわかるとおり、価値の創造のためにそこで使われる新たなエネルギーはほぼゼロだという点である。すでにそこにある情報の組み合わせ、すなわち「エネルギーの様相」を変えるだけだから、新しいものは何もいらない。

これに対して、モノから価値を生み出すためには、必ず何らかの別のモノやエネルギーを持ってこなければいけない。カタチを変え、重さや厚さを変え、材質を変え、仕組みを変え、そのためには電気や石油などのエネルギーを必要とする。情報のように、たんに並べ変えたり、置き換えたりするだけでは無理なのだ。

最先端の情報価値の生まれ方もすべてこの原則に従う。今やバーチャル上では「無名モデル」が大量生産されている。あるベンチャー企業は、ＡＩで実在しない人物の顔を1秒で1人、一日に8万人作製する技術を開発した。「敵対的生成ネットワーク（ＧＡＮ）」の技術を使ったもので、片方のＡＩが顔のパーツの形や位置を変えた画像を作ると、もう一方で膨大な人間の顔のデータを参考に、画像

が不自然でないかどうかを判断して作り上げる[20]

私たちが日ごろ慣れ親しんでいるSNSの友人の増え方も実はそうだ。昔なら予想もつかなかったような友人がいつの間にかできる。そして、また別の友人ができる。年齢も仕事も、趣味や考え方まで違った、友人関係という情報の組み合わせ――新しい価値が誕生するのだ。しかも、そこまで到達するのに大仕掛けの仕組みや多大なエネルギーを費やしているわけではない。やったことと言えば、たんに「いいね」や「承認」ボタンをクリックしただけなのだ。

SNSで価値創造なんてと思うかもしれないが、あなたが友人の写真にコメントしたほめ言葉も、よく知らない人からすれば、その友人の価値を大いに高めた可能性だってある。アマゾンの読者やウーバーの利用者の評価コメントは、すでに公認された巨大な社会的価値となっている。

経済の仕組みと情報

これまで情報化は、経済発展にとってつねにプラスの影響を与えるものとしてとらえられてきた。一面そうであることは確かだが、情報化が進むにつれてむしろマイナスの影響が色濃く表れ始めたのが近年である。

そこで、まずは情報がどのような仕組みで経済とかかわっているのか、マクロな視点から見てみることにしよう。

情報が価値として現れる場合、それは大きく、「生産財」として現れる場合と、「消費財」として現れる場合の二面がある。前者の生産財として現れる場合とは、たとえば、パソコンの表計算ソフトのような例だ。それを使うことで、私たちは事務作業や資料作成を効率よく行うことができる。また、情報が生産財として使われるのは、そうしたビジネスの局面だけではない。ふだんの私たちの暮らしの中にもその種の情報はあふれている。たとえば、街に出れば、店の看板や広告が、そして信号機や道路標識など、そこには、人々の日々の円滑な活動に欠かせない情報が至るところに見られるはずだ。もちろん、行き先や道順を教えてくれるスマホのＧＰＳ情報などもこの種の情報だ。

一方、こうした生産財としての情報とは別の性格を持つ、消費財としての情報がある。それに触れて楽しんだり、感動したり、場合によっては興奮したり、まさにそれを享受し消費するための情報だ。それらは娯楽情報としてくくってもよいかもしれない。たとえば、音楽、小説、映画、演劇、テレビ番組、ゲーム、イベント、観光などの諸情報があげられる。もちろん、今日、ネット上にあふれるユーチューブ動画やインスタグラムの写真画像、その他のＳＮＳ情報などもこちらに属する情報だと言ってよい。

そして、こうした区別の基準となっている考え方は、前者の生産財としての情報は、何かを行うための手段として使われる情報であり、一方、後者の消費財情報は、接する情報そのものが目的となっている情報だということだ。

ただ、中にはその中間に位置するものもある。たとえば、時刻表マニアの人たちに見られるように、普通の人々にとってそれは手段である生産財としての情報だが、彼らにとっては、時刻表を眺めること自体が目的化した消費財としての情報となる場合もある。いずれにせよ、生産財としての情報も、消費財としての情報も、近年のデジタルネットワーク技術の急速な進展で、私たちの経済や暮らしぶりに多大な影響を及ぼし始めたことは、知られているとおりだ。

まとめれば、生産財として使われる情報は主に手段として用いられ、消費財として用いられる情報は、それ自体が目的となる情報ということになるが、また別の視点から区分けすることもできる。たとえば、生産財としての情報は、一般的に時間節約的に用いられ、逆に消費財としての情報は、時間消費的に使われる。たとえば、多くの学生たちは、大学のオンディマンド講義は1・5倍速の早飛ばしで見る。一方で、そうして節約した時間を自分の大好きなゲームにたっぷりと費やす。

以上、情報と経済のかかわりについて語る場合、どちらかと言えば、とくに効率を上げるための情報が注目されやすい。だが、情報はマクロ経済のインプット（生産財）側と、成果としてのアウトプット（消費財）側の両面から眺めることが大切である。

避けられないモノから情報への動き

情報化とは、あらゆるものの価値比重が、モノから情報へと移っていくことを言う。一般的に情報と言えば、本などの文章や、新聞や雑誌、テレビやインターネットなどから流れる情報、コンピューターソフト、あるいは音楽や動画、ゲームなどの情報を思い浮かべるかと思うが、実はそれだけではない。

一見、モノに違いないと思われる商品やサービスにも情報の価値は含まれている。ファッション製

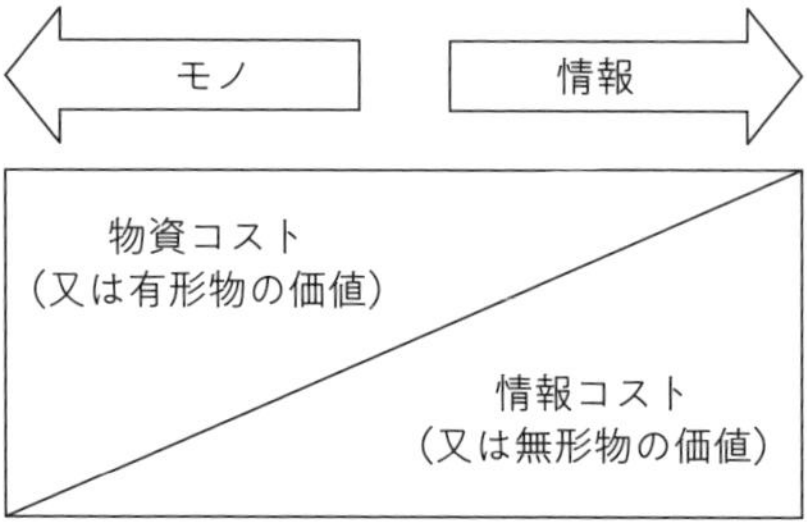

図２　商品の価値の構成要素

（林雄二郎『情報化社会』講談社 1969年, 65頁「商品の構成要素」図から筆者作成）

品などは、その最たるものだと言ってよい。たとえば服には、それをカタチ作っている素材としての布や糸、ボタンやファスナーなどモノの部分がある。ただ、それだけではファッション製品として成立しない。見た目の服の色や材質、カタチなど、いわゆるデザインの良しあしこそが、ファッション製品として肝心かなめの部分だ。

さらには、その服のメーカーが持つブランド力、広告などで作られたイメージ、最近ならＳＮＳ上での評判など、モノの部分以外のさまざまな価値要素が加わる。そして、それらの価値は、モノの価値ではなく、情報の価値だと言ってよい。

１９６９年という早い段階で、当時、東京工業大学の教授だった林雄二郎（１９１６～２０１１）は、その著書『情報化社会』の中で、世の中の商品はどんなものでも、情報から成り立っている価値部分とモノから成り立っている価値部分があることを指摘している[21]。

このような考え方に立つと、私たちの身のまわりのほとんどのものに情報の価値が含まれていることがわかる。たとえば、一見、モノのかたまりのように見える自動車などもファッション製品と同じで、ブランドやデザインという情報価値を持つ。そのためのコストもさることながら、クルマの購入者側からすれば、クルマの外観デザインやメーカーや車種のブランドは、かなりの価値比重を持つに違いない。あるいは、広告によって作られたクルマのイメージなども情報価値として大きな意味を持つことだろう（図2で言えば、たとえばクルマは、物質コストと情報コストが、およそ相半ばするあたりに位置するものと思われる）。

さらにこれから、自動運転車の時代がやってくれば、一台のクルマの中に占める情報価値比重は飛躍的に高まることになる。トヨタ自動車が、オンデマンド交通や次世代の交通予約・決済のサービスなどによって、これまでの自動車メーカーから、さまざまな移動を支援する「モビリティーカンパニー」へ変身しようとしているのも、うなずける話だ。[22]

加えて、林が時代を見通していたのは、同じ著書の中で、時代が進むに従って、商品の中心は必ず図の左から右へと推移していくと語っている点である。[23]どうだろうか、まさに氏の予測どおり、二十世紀末あたりから、商品世界は、急速に右方向へのスピードを速めているといってよいのではないだろうか。

モノから分離されていく情報

林が図2で指摘したように、もともと、モノだけ、情報だけという存在はない。一見、モノの典型のように見えても、そこには何らかの情報が付加されているし、情報だけの存在に見えても、モノなくしては情報として成り立ちえない。服やイスにも、色や形、材質――デザインという情報があるし、ブランドという情報も付加されている。一方、本という情報も、インクや紙というモノなくして存在しえない。つまり、モノも情報も混じり方の程度の差であって、どちらかが明らかに多いものをモノとして、あるいは情報として区別しているにすぎないのだ。

ただ、デジタル技術の急激な進展によって、これまでモノとしても情報としても見られていたものが、モノの部分をすっかり剥ぎ取られて、まさに電子情報としてだけ存在するようになってしまったのが今日だ。本や雑誌、新聞などの紙媒体などはその代表例だが、それらの情報の多くがオンライン上へと移りつつある。

音楽メディアと再生ツールの進化を見れば、そのことが一目瞭然だ。レコード盤とステレオの時代から、ミュージックテープとラジカセ、CDプレイヤー、そして現在のネットからのダウンロード、ストリーミング再生に至る過程は、モノから情報だけをどんどんと剥ぎ取っていく過程に外ならない。私たちが慣れ親しんでいるお金もそうだ。現在の現金取引社会を維持するだけでも、年間に8兆円のコストがかかっていて、キャッシュレス化が進めば、そのうちの4兆円が削減されると言う。

こうしてモノから分離していくビジネス現象は見た目にわかりやすいが、ビジネスの世界では目に見えないカタチで、モノから情報の分離化が急速に進んでいる。

ある健康医療のウェアラブルメーカーは、独自の技術によって銀糸を布に織り込んでいる。銀糸は伝導率も良いし、また肌にもやさしい。布に銀糸が縫い込まれているので、身体にフィットしやすくデータも正確にとれる。ただ、製品化された肌着は安くはない。そこが一般向けの普及にあたってての悩みの種なのだが、社長の話では将来的には、肌着はタダで配ってもよいと考えていると言う。というのも、たしかに今は健康医療のウェアラブルメーカーだが、将来的なビジネスは、健康医療のための身体情報収集サービス会社を目指しているからだ。その方がビジネスとしてより発展性が見込めるからで、この時点で、銀糸を折り込んだ肌着は、情報提供サービスのツールにすぎなくなる。われわれからは見えないところで、ビジネス上のモノと情報との逆転現象が起こっているのだ。

こうした現象は、携帯電話の普及時にも見られたことだが、それは近々家電や自動車の領域へと広がる可能性が高い。たとえば、クルマはいかにも頑丈な鋼板でおおわれたモノに見える。だが、そうした自動車も、高層ビルの最上階から見下ろしてみると、地上を這う豆粒にしか見えない。今後、自動運転の豆粒がクラウドと大量のデータを高速でやりとりしながら動くようになれば、もはやそれは液晶画面上に映し出された動画映像となんら変わりないはずだ。

さらにモノから情報だけを剥ぎ取っていく動きは、もっと大きなモノ、不動産領域へと広がり始めた。知られているように、今回のコロナ禍で、オフィス空間というモノから、仕事という情報部分だけが剥ぎ取られていく動きが加速している。とくにデジタル関係の仕事が多いスタートアップ企業ではそうした動きが顕著で、社員自体が日ごろからテレワークになじんでいることや、業務内容もソフト開発やデザイン系だったりで、会議や打ち合わせも含めて仕事はほとんどネット上のやりとりで済んでしまうためだ。２００８年のリーマンショック時には、こうした企業によるオフィス縮小が目立ったが、今回は解約の動きが目立っているのが特徴でもある。[24]

こうしてオフィスというハコモノから仕事という情報が剥ぎ取られていくと、これまでオフィスに付随していた他のモノまで次々と剥ぎ取られていく。

コロナ禍でのコンビニの大苦戦は、在宅勤務でオフィス周辺の店舗の売上げが減少したためだ。コンビニでの売上げが三割程度ある伊藤園の２０２０年５～７月期の連結決算は、純利益が前年同期比46％減の19億円と大きく落ち込んだ。外出自粛が広がって店頭や自販機での販売が減ったせいもあるが、オフィス周辺需要の減少が響いたと言う[25]。また、紳士服量販店のコナカは、在宅勤務の広がりによるスーツ販売の落ち込みもあって、２０２０年９月決算は減収となった[26]。

こうした動きは、コロナ禍が契機となったことは事実だが、むしろわが国の場合、遅きに失したと言うべきかもしれない。今から四十年前にアメリカで出版された未来予測の本にはすでにこう書かれている――「はっきりした数字は不明だが、今日すでに多くの仕事が家庭で行われている。男女販売員が、ときどきオフィスに連絡に立ち寄るだけで、電話や訪問で販売している。建築家、デザイナー、企業コンサルタントも急増している。精神治療家、心理学者のように、人間を対象に仕事をする人たちも多数いる。音楽教師、語学教師、美術商、投資コンサルタント、保険外交員、弁護士……、言語処理装置、ファクシミリ、コンピュータ操作台、テレビ会議装置などを設備した仕事場が低いコストで住宅内に置けるようになれば、家庭における労働の可能性は猛烈な勢いで広がるだろう[27]」。

これを書いたトフラー（１９２８～２０１６）が今もし生きていたら、これから四十年後の世界をどう予見しただろうか興味深いところだ。

モノに付加されていく情報

以上は、モノからそこに含まれている情報が剥ぎ取られ、独立していく現象についての説明だが、逆に、モノだと思っていたのに、そこにどんどんと情報が付加されていく現象も顕著になってきている。

経営学やマーケティングの世界で、ブランドの価値が一般に認識され始めたのは1990年代のことだ。それまでは、たんに商品の名前やマークにすぎないと考えられていたブランドが、企業経営を左右する重要な資産として認知され始めたのだ。

そうしたブランドの価値は、商品やサービスの持つ実用的な機能に加えて、情報によっても作られていく。たとえば、ペットボトルの緑茶を例に見てみると、目隠しテストで、緑茶の味をブランド別に正確に区別できる人はほとんどいない。ある老舗メーカーは「鮮度にこだわった製法」を売りにし、また別のメーカーはそれぞれ「生茶葉のフレッシュなうまみと鮮烈な緑茶の香り」や「急須でいれた緑茶のような味わい」などをアピールしている。言葉の上だけでも微妙な違いしか感じられないのに、されにそれを実際の味と付け合わせるのは至難の業に違いない。

そんな中、お茶ならどれでもよいという人もいるかもしれないが、一方でそれぞれのブランドにこだわりを持っている人も少なくないはずである。価格も同じで中身の味の違いはわかりにくいのに、それぞれがブランド価値を持っている――その理由はとなると、よく言われるように、商品イメージの違いということにならざるをえない。では、その商品イメージはどうやって作られるのか。それこそが、それぞれの商品に付加されている情報の価値だ。たとえば、ボトルやラベルのデザイン、広告で植え付けられたイメージ、今ならSNSなどで入手された商品評価、評判などだ。もちろんこうした現象はペットボトルの緑茶飲料にかぎられたことではない。コンビニやスーパー、デパートに並ぶ商品の多くが、そしてファッション製品から雑貨、クルマに至るまで、それぞれの商品価値やブランド価値は、実用機能的な価値に加えて、デザインや広告、ネット上の評判などが積み重なった「情報価値」で作られているのである。

もちろんこうした事実は、今日では企業側も十二分に知っている。それは商品に直接投入される付加価値だけではなく、企業活動のさらに広い領域にまで及んでいる。たとえば、よく知られるCSR（企業の社会的責任）活動などはその良い例だろう。その対象は、顧客にかぎらず、社員や取引先から、投資家、地域の人々、そして社会全体にまで及び、その活動内容も、コンプライアンスから始まって、地域貢献やメセナ活動、環境保全、人権尊重など多岐にわたる。

近年では、こうした企業活動も、CSRからさらに一歩進んだCSV（共有価値の創造）としていっそうの広がりを見せ始めている。従来のCSRとCSVの違いは、前者がどちらかといえば企業利潤を使って付加的に活動を行っていたのに対して、後者の場合は、活動の中身は同様でも、そうした活動自体が企業の競争力獲得と両立するという考え方にもとづく。いずれにせよ、このような幅広い領域の企業活動が、商品や企業自体の情報価値創造に大きな影響を与えていることは間違いない。

ただこの場合、注意すべきは、そうした情報価値が、生産者側から見たコスト換算された価値ではなく、消費者の視点から見た交換価値で測るのが正解だという点だ。つまり、いくらくらい広告費やデザイン費をかけたかとか、メセナ活動にいくら使ったかという話ではなく、あくまでも消費者がそれらをどう感じているのか、受け止めているのか、いわゆる知覚品質であるという点だ。なぜなら、情報の価値は主観による相対価値だから、モノの場合と違って、かけた費用と価値が比例することはむしろまれだからである。

こうして見てきたように、モノから情報が次々とはく奪されていく一方で、これまでモノだとばかり思っていた商品が、実は情報のかたまりだったということがわかることだろう。そして、前者の場合、モノはすっかりその役割を失い、後者の場合は、モノは脇役に追いやられていると言ってもよい。いずれにしても主役は情報であり、それによって、情報の価値の特性が社会全体をおおい始めたのが今日なのである。

なぜ情報が必要なのか

ここで根本的な問題に立ち戻るが、なぜ情報が必要なのだろうか。大胆に言えば、情報などなくても済むのではないか、という疑問だ。

生命科学が専門の清水博は、情報とは何かについて、「エネルギーだけでは決定できないシステムの状態を決定するもの」と説明する。[28]

熱力学や情報理論で使われる用語だが、読者の中にも、「エントロピー」という言葉をどこかで聞いたことがあるかもしれない。それは、乱雑さや不規則性の度合いを表す言葉で、自然界では、ほっておくとエントロピーは必ず増大の方向に向かう。万物はすべてこのエントロピー増大の法則に忠実で、もちろんのこと人間もそこから逃れることはできない。たとえば何も食べず、水も飲まずという状態が長く続けば、私たちはやがて死に至り、腐乱し、乱雑さの極致に至る。

生産財として使われる場合の情報は、主にこのエントロピー増大を食い止める、あるいは減少させるために使われる。赤信号を無視して道路を渡れば、クルマにはねられて大ケガをしたり死んでしまったりで、私たちの身体のエントロピー（乱雑さの度合い）は極度に増大してしまう。そうならないために信号機の情報はある。

一方、消費財として情報が使われるときは、しばしばこの逆のこともある。私たちが消費財としての情報から得る価値は、精神的満足、もしくは神経的刺激である。とくに後者の神経的刺激は、乱雑さの度合いが増せば増すほど多くなる、というケースもしばしばだ。音楽なら激しいロックミュージックや、絵画であれば現代抽象絵画などがそれにあたるだろう。

つまり、情報は、生産的な側面から言えば、究極的には私たちの生命維持のために、また、消費的な側面から言えば、ある種の精神的満足、神経的刺激を受けることでの快感や快楽を得ることを目的にしているのだと言えるだろう。

情報は時空間を超越する

情報は時間と空間を超越する。そもそも時間とは何か、空間とは何か。それは人間行動にとっての基本的な制約条件と言うことができる。

空間で言えば、私たちはタテ、ヨコ、奥行き以外に行きようがない。時間も、過去から未来へ向かっていく一本道でしかない。量子力学の世界では、時間と空間をあわせて十一次元という理論もあるが、量子力学のような超ミクロの世界ではない原寸大の世界でふだん生きている私たちにとっては、体感可能な四次元の制約条件で議論は十分だろう。

情報はこの四次元の制約を受けない。物理的にまったく受けないわけではないが、少なくとも、人間にとって無視できる存在にしてしまう。情報はエネルギーの様相によってその機能を発揮するから、際限なく極小の存在にまで縮めることが可能となる。それは、「集積回路上のトランジスタ数は18ケ月ごとに倍になる」というムーアの法則が語られるゆえんでもある。

明治の文豪、夏目漱石は、小説『三四郎』の中で、主人公が汽車の中で出会った男に「熊本より東京は広い。東京より日本は広い。日本より・・・、日本より頭の中の方が広いでしょう」と語らせた[29]。脳の記憶容量はおよそ150テラバイト（150兆バイト）とも言われるから[30]、明治時代くらいの世界の情報量なら、おそらく三四郎の頭でも収容可能だったに違いない。

そのため情報は、今まで生活やビジネスの上で必要だと思われていた空間を、次々と不要なものにしていく。

ブレット・キングは『拡張の世紀』の中で、国際宇宙ステーションの宇宙飛行士が、特別設計の3Dプリンターを使って、『レンチ』をダウンロードしてプリントしたことを紹介している[31]。モノと情報を分離してしまえば、レンチにまとわりついていた空間プラス時間の四次元の桎梏が一挙に解決してしまうのだ。コストゼロどころではない。少し前の時代の人たちから見れば、いわば魔法のようなものだろう。また、ヨーロッパのある宇宙旅行社は、2030年に月面で3Dプリンターを使い、月の表土から宇宙基地を作ろうと計画している[32]。

アメリカで広がっているギグエコノミーは、情報が空間と時間の制約から労働者を解放した好事例と言ってよい。これまでの仕事は、人々に対して、どこかで決まった場所で決まった時間、働くことを求めた。モノづくりのためには、モノのそばにいることが前提だったからだ。だが、もはやそうした労働者は少数派になろうとしている。

アルビン・トフラーは、今から四十年前すでに、「『第三の波』が社会全般を襲いはじめると、・・・『コンピューターのまわりに人間が群がっているにすぎない会社』が、ますます増えるだろう。コンピューターを家庭に移せば、そのような状態はなくなる[33]」と、今日、当たり前となりつつあるテレワーク時代を正確に予見していた。

一方、時間は、空間での移動距離や変化の度合いを速度で割り戻したものだ。そのため、速度が無限に速くなれば、時間の感覚はなくなる。一般的に人間の感じられる時間差は千分の一秒くらいまでが限界で、それ以上わずかな時間は人間にとって無いに等しい。デジタルの世界は、光の速度（秒速

30万キロメートル）で移動するから、空間移動にほとんど時間は必要なくなる。また、変化の度合いも、デジタル処理速度の向上で、複雑な計算も作業もどんどん短縮されている。ここでも時間の存在は無視されつつある。

近いうちに実用化のめども立ってきた量子コンピューターは、私たち人間の通常の概念を超えてしまった世界で作動する。量子世界は、われわれの住む四次元世界の常識が通用しない世界だ。そこでは、モノは消え去り、すべてがコト、むしろ情報だけの世界が現出する。空間というべきものも、時間というべきものも存在しない世界での出来事が、私たちの四次元世界できちんとコントロールされ機能する。驚くべきことだが、この間をつなぐのは、情報という両世界で生きることのできる摩訶不思議な存在があればこそかもしれない。

第3章　資本主義の構造変化

資本主義の歴史

この本の趣旨のひとつは、これまで発展をとげてきた資本主義が、情報化の進展によって終止符を打たれるメカニズムについて語ることにある。だとすれば、資本主義の終わりについて語る以上、その始まりについても触れておく必要があるだろう。

何かの始まりについて述べる場合、資本主義に限らず、そのものの定義について語ることが欠かせない。なぜなら、始まりをここだとする意見と、そうではないとする意見がある場合、そもそも定義そのものが違っているというケースがあるからだ。つまり、定義と始まりは複雑にからみ合っていると言ってよい。

そのため、さしあたってここでは、話のスタートを資本主義の定義から始めることにしよう。

社会学者のイマニュエル・ウォーラーステインは、資本主義システムの決定的な特徴について、

「『無限』の資本蓄積の永続的な追求――より多くの資本を蓄積するための資本の蓄積」と指摘している。[1]ウォーラーステインは、「世界システム論」の提唱者として知られている学者である。本書では、こうしたウォーラーステインの定義を参考に、ひとまず資本主義を「市場を通じた財貨の永続的な増殖活動」とすることにしておきたい（理由については次項で詳しく説明する）。

さて、肝心の資本主義の歴史だが、一般的には、十八世紀後半のイギリスに始まった産業革命をその始まりとする考え方がある。それによって、蒸気力というそれまでなかった巨大な動力が生産活動に取り入れられ、生産は一気に巨大化し、効率化、合理化された。加えて、今日の諸工業生産の隆盛ぶりと、産業革命によるそれまでにない大規模な工業生産の開始は、それをもって資本主義の始まりとするのにふさわしいようにも思える。

ただ、財貨の永続的な増大を目指すのが資本主義だとすれば、それは、産業革命以前にも見られた現象でもある。産業革命前の工場制手工業時代や絶対王政期の重商主義時代、さらにさかのぼって地中海貿易が盛んだった時代やイスラム商人たちの全盛期にも、地主や大商人、王族らによって財貨の増大がはかられた。また、地域的にも、ヨーロッパや中東地域だけでなく、たとえば、中国では唐や宋の時代からキャラバン隊がユーラシア大陸を行き来し、大商人たちの船団は中国の港から遠く離れたインド洋まで航海した。

そうした事実からすると、産業革命をもって資本主義が新たな段階を迎えたことは確かだとしても、資本主義の本質部分は、商業や農業という別産業の形態をとって、すでに産業革命以前にも手広く行われていたと見てもよいことになる。

一方で、「市場を通じた財貨の永続的な増殖活動」が、今日の資本主義に見られるように、大規模なかたちで行われるためには、そのための意思や情熱だけでなく、それに必要な条件整備についても考える必要があるだろう。そのひとつが金融システムの整備である。次々と大きな投資が行われるためには、個人の余った財産が繰り返し投資されるだけでなく、資金を社会から手広く集め、それを新たな投資家に分配する仕組みが必要となる。

歴史家のユルゲン・コッカは、有価証券の取引きを行う証券取引所は、アントウェルペンでは１５３１年に、アムステルダムでは１６１１／１６１２年に、そしてロンドンでは１６９８年以来存在していることを指摘している。[2]また、投資に必要な資金を貸し付けるためには、その見返りとしての将来の利子保障も必要となるが、１２１５年の第四回ラテラノ公会議でローマ教会が金利（利子）をつけることを認めたことをもって（あわせて所有権が認められた合資会社、銀行ができた）、実質的な資本主義の成立とする考え方もある。[3]

こうしてみると、資本主義の本質は、商業や農業、工業など産業の種類にかかわらず、資本の投下（インプット）によって、最初に投下された資本より多くの財貨（アウトプット）が再び生み出され、それが次々と拡大していくダイナミズムに集約され、さらには、それを手助けする金融（銀行や証券取引所など）の仕組みや、必要な市場の整備などがその拡大発展の条件だと言ってよい。

つまり、「市場を通じた財貨の永続的な増殖活動」が、歴史上スタートした場所や時を特定することはむずかしく、そのための必要条件の成立（利子の公認や銀行の誕生であれば十三世紀、証券取引所の成立であれば十六、七世紀のヨーロッパ）や、そのダイナミズムの規模の大きさ（大航海時代の幕開けとともに十六世紀の南ヨーロッパで始まった王室資本主義や十八世紀後半の産業革命）などによって違ってくるということになる。

そうした中、本書なりに、本格的な資本主義のスタートをあえてどこかに置くとすれば、十八世紀のイギリスで始まった産業革命をもってということにしたい。理由のひとつは、産業革命をきっかけとして、資本主義の拡大規模が飛躍的に増大したことと、加えて、そこから資本主義とモノの生産拡大の結びつきがいっそう強まったからである。

現代を何資本主義時代と呼ぶべきか、意見の分かれるところかもしれない。ただ、それ以前が工業資本主義であったことについてはおそらく異論はなく、また、その時代がもっとも資本主義が発展をみたことも、意見の一致するところだろう。たとえば、１９６０～８０年代のわが国でも、近年の中国においても、また、以前の欧米諸国においても、十八世紀末の産業革命以来の工業資本主義は、ほぼ例外なく、それぞれの国々の経済を大きく発展させてきた。

そして、今日、起こっていることは、投入される価値がモノから情報へと移り、さらに生み出される価値もまた、モノから情報へと変化しているという事実である。

財貨を増やせば価値が増える。これこそが資本主義――キャピタリズム――の根本思想でもあるが、モノから情報へと価値の中心が移ったことで、財貨の増大と価値の増大との間に大きな乖離が起こり始めた。これこそが、十八世紀後半に起こった産業革命以来、モノの生産と二人三脚で大発展をとげてきた資本主義にとって「衝撃的出来事」となったのである。

モノと結びついた資本主義の発展

ここで、前項で宿題となっていた、本書での資本主義の定義を「市場を通じた財貨の永続的な増殖活動」とした理由について説明しておかなければならない。

まず、「市場を通じた財貨」についてだが、私たちの日々の暮らしは、自身一人の働きで成り立つものではなく、他の誰かの手によって生産されたものと、自身が生産したものを交換することによって成り立っている。その交換の場が市場だ。さらに、その交換にあたってお金を媒介とすることで、需要者と供給者の市場でのすり合わせが飛躍的にうまくいくようになった。また、お金を用いた人気投票の場ともいうべき貨幣市場の働きで、それまで曖昧模糊としていた商品の価値が、目に見える価格として表されるようになった（逆に言えば、市場を通すことなく、価格づけもなされないまま取引きされる財は、資本主義活動とは言えないということでもある。なお、ここで言う「財」とは、経済学において物質的・精神的に何らかの効用を持っているもののことを指す）。

それだけではない。貨幣経済は、蓄積された利潤、すなわち富を生み出した。そしてこの富は、二つのことから資本主義に欠かせない存在となった。ひとつは、富が新たな富の獲得へと向けられる元手、すなわち資本となったことだ。もうひとつは、数値によって富が表されることで、その金額の増大が資本家の活動目的そのものとなったことだ。言いかえれば、活動の中身そのものよりも、富の値の増大自体が、まるでゲームの得点を増やすように目的化されるようになったのだ。そうして財貨の増大そのものが目的になれば、もはや際限はなくなる。「市場を通じた財貨の永続的な増殖活動」である資本主義は、こうして大発展をとげていくことになったのである。

そして、前項で触れたように、そうした資本主義の発展が本格化したのは、それがモノの生産と結びついた十八世紀後半のイギリスで起こった産業革命以来ということになる。

そこでここでもう一度、資本主義とモノの生産の結びつきについて見ておくことにしよう。工業資本主義が、それ以前の、たとえば商人資本主義や農業資本主義などと比べ、爆発的発展を見せた理由はいくつかあげられる。

ひとつは、産業革命時代の石炭火力をもとにした蒸気エネルギーの利用、さらには二十世紀に入ってからの石油、電気エネルギーなどの利用によって、飛躍的に生産性が高まったことだ。それに加えて、動力を生産につなげる近代的な機械生産システムの導入もあいまって、その二つが車の両輪のようにして、生産を高めていったのだった。

ただ、そうした資本主義発展の過程と合わせて見逃してならないのは、工業生産の生産財である資源やエネルギーにせよ、またそこから生み出される生産物にせよ、それらのほとんどがモノであり、その性格上、「占有」を逃れることができなかったという事実だ。モノを生産するためには、資源やエネルギーというモノを必要とし、必ず一対一の対応を強いられる。たとえば製鉄業について言えば、初期の頃から今日まで、世界の年間粗鋼生産量はおよそ十万倍に増加したが、原料の鉄鉱石や加熱のためのコークスが不要になったわけではない。また、生産された鋼材や鋼板は、それぞれのビルの建設や自動車工場に向けられ、それらが共有され、重複して使われることはない。

こうしたモノとモノとの一対一の対応性の仕組みを見事に表したものが、広く知られているレオンチェフによる産業連関表だ。製鉄業によって生産された鉄は、農業から建設業、自動車産業、サービス産業、そして消費者による最終需要までくまなく配分される。どれひとつをとっても、それらが重複して配分消費されるということはない。そのため、消費者がより多くの自動車を欲しがれば鉄の需要は増し、また、より多くのマンションが建てられれば、さらに鉄の需要が増す。それだけではない。そうして製鉄業が盛んになれば、運搬のためのより多くの自動車を必要とするだろうから、製鉄業もまた自動車産業からの分配をより多く受けることになる。ここでもまた、製鉄業の使うクルマは、サービス業のそれと共有されることはないから、自動車産業はますます発展する。

このような工業資本主義の発展の仕組みは、一見、資本主義そのものが持つ発展の仕組みのように見られてきたが、実はそうではない。むしろ、産業革命によって成し遂げられたエネルギー革命と近代機械生産の導入とが合わさった、モノそのものが持つ「占有性」を逃れられないという仕組みの上に、資本主義が乗ってきたと言う方が正しいのだ。

資本主義を支えるイズム

こうしてモノの生産と密接に結びついた「市場を通じた財貨の永続的な増殖活動」である資本主義は、その絶大な成果によって、経済発展の根本的仕組みそのものとしての地位を与えられることになった。一方で、資本主義はまた、いくつかの下部的なイズムによっても支えられている。その主なものについて書き出してみると次のようになる。

第一は、利益主義だ。あらゆる資本の源は事業から得られた利潤によって得られる。そのため、資本主義の推進者たちにとって、事業から何らかの利益をあげることは至上命題となる。ただ、このことはまた、彼らを利益の獲得以外に目をくれない盲目的な状態へと誘いがちとなる。ひどい場合には、利益のためには何をしてもかまわないという状態にすら陥る。今日の金融資本主義はその典型例だと言ってよい。

たとえばアメリカのカジノ化した金融業界をテーマにしたスーザン・ストレンジの『マッド・マネー』の冒頭には、１９９７年末の情景についてこんな描写がある。


ウォール街の株式ブローカーが、大納会の大商いでもらったばかりのボーナスを前にシャンパン・ボトルとグラスを手に、狂気の高笑いで顔をくしゃくしゃにしている写真が新聞に載っている。株式市場から手厚い報酬を得たのは彼らだけではない。投資銀行家やファンド・マネージャーの手にしたボーナスは想像を絶して、えげつないほどの巨額である。一方、アジアではお祝いどころではなかった。きわめて多くの人が失業に直面した。[4]

もちろんのこと、ここに書かれているアジアには、金融危機後の不景気で失業した大量の日本人労働者も含まれる（わが国の完全失業率は、アジア金融危機後の２０００年前後から５％前後で高止まりを続けることになる）。

第二は、合理主義だ。資本主義は合理的判断を重んじる。合理主義とは文字どおり、理にかなったという意味だが、かのマックス・ウェーバーによれば、これこそが近代資本主義を成立させた立役者だということになる。ウェーバーの合理主義は、自己利益だけを求める「合理」に限られていないが[5]、近代経済学の「合理」は、個人的な損得を考えてのみ行動する「合理的経済人」が基本となっている。そのため、経済学の合理主義は、広い意味での「合理」、――理性や論理に従う態度――とは離れて、まさに利益第一の「合利主義」に陥ってしまった。ただ、その方が資本主義を支えるためには好都合で、結果として、経済の世界での合理主義は、資本主義を支える主要なイズムとなっている。

第三は、物質主義だ。資本主義が物質にこだわる理由のひとつは、これまで説明してきたように、物質、モノの特性が、資本主義の発展にとってうまく適合していたからだ。そしてもうひとつの理由は、その歴史的経緯からでもある。

人類の長い歴史の中で、人々は自らの欲望を満たしきれないモノ不足に悩まされてきた。道徳や倫理、宗教的な教義、昔からの言い伝えやさまざまな教訓などは、むしろこうした抑えきれない人々の物欲を封じ込めておくために存在したとさえ言ってよい。それをいちどきに解放したのが産業革命だった。技術とエネルギーとを結びつけたこの科学技術革命は、モノの生産量を飛躍的に増大させた。人々をしてそれまでの抑圧的な精神世界から解放したこの頼りがいのある教義――資本主義――は、以後、世界中で熱狂的に支持されることになったのである。

第四は、現実主義だ。「市場を通じた財貨の永続的な増殖活動」である資本主義は、市場に供出される財貨だけを価値の対象とする。そのため、市場で交換の必要のない、また交換のしようのないものは、「現実的」価値の対象として無視されるか大幅に軽んじられることになった。たとえば愛や友情、夢、理想といったものは、夢想家やロマンチストたちのもてあそぶ非現実とされ、資本主義の現場では今なお相手にされずにいる（ただし、それらがビジネスに結びつく場合はこのかぎりではない）。同じように、自然もまた市場での取引きになじまないため、長い間、資本主義的現実の仲間に入れられることはなかった。その意味から言えば、資本主義社会では「市場」空間こそが現実のすべてであり、そして、「市場」にかかわることがらだけに執着することが、現実主義だと言える。

第五は競争主義だ。モノは原則、共有できない。誰かが使用すれば、それが空くまで待たなければならない。まして、あなたの家の大黒柱を、隣の家の人たちと共有するわけにはいかない。そのためには、そのモノとしての財を使いたがっている人々の間で、誰がそれにいちばんふさわしい人物か組織か、競争しなければいけなくなる。そのため、モノを中心とする資本主義社会では、企業活動にかぎらず、ありとあらゆる領域において競争原理が取り入れられることになる。

第六は、拡大主義だ。この点は、第一の利益主義と並んで資本主義の根幹をなす。また、拡大は利益の拡大のみにとどまらない。企業活動で言えば、売上高や市場シェア、国家で言えばＧＤＰ、何しろ、それらは大きければ大きいほどよい。また、資本主義は「財貨の永続的な増殖活動」を目指すため、それは際限のない拡大となる。言いかえれば、拡大そのものが目的化してしまうことだ。それはまたゲーム化とも言ってよい。どのようなゲームにせよ、そこには何か高尚な目的があるわけではない。スロットマシンのコインを増やすように、際限なく財貨を増やすこと自体が目的なのだ。

第七は、自由主義だ。ここで言う自由主義は、言論の自由や学問の自由、信仰の自由といった人間の根源的な精神活動にかかわるものではなく、「財貨の永続的な増殖活動」を追求する経済活動上の自由である。そのため、民主主義とは異なる国家であっても、その政治体制をおびやかさないかぎり、この種の自由は保障される。逆に言えば、それが長続きするかどうか別として、非民主主義的な国家であっても、資本主義は十分成立するのである。

モノから離れていく投資

企業による投資の減少が進んでいる。それはわが国だけでなく、先進国に共通の現象でもある。その結果、日本企業の内部留保は2018年度で、総額463兆1308億円に達した。企業がお金を貯め込んでいるのは、将来に備えて蓄財に励むという面もあるが、現実に多額の投資案件がそれほどなくなったというのも一因だ。

京都大学の諸富徹教授は、こうした現象の原因を「資本主義の非物質化が進んだ結果」と語っている[6]。

諸富が言う「非物質化」とは「物質的なものに非物質的要素が付加されたり、製造業がサービス業と融合したりすることで、『物質的なもの』が『非物質的なもの』によって新たな価値を与えられ、資本主義が新しい発展段階へと進化をとげることである。こうした移行で非物質的要素の重要性が、機能面でも経済的価値の面でも格段に大きくなる」[7]というものだ。

諸富によるこうした「非物質化」現象は、本書でも紹介した、かつて林雄二郎が描いた「情報化社会の進展図」（図2、52頁参照）で表されたものとほぼ同じ考え方だと言ってよい。物質（モノ）が消えてなくなるのではなく、物質としての価値機能が、情報やサービスの価値部分へと比重が置き換えられていく現象だ。

そうなると、企業が生産や設備投資などに使うお金はどうなるのだろうか。ここではスマホを例に考えてみよう。

ひとつのスマホに備えられている機能は数えきれないほどある。たとえば、家電製品や光学精密機器、情報通信機器、事務機器、文具などを代替している機能をざっとあげただけでも、電話、パソコン、テレビ、ラジオ、音声や画像や動画のレコーダー兼再生プレイヤー、カメラ、ゲーム機、電卓、時計、翻訳機、財布、手帳、地図、辞書、雑誌や書籍、その他さまざまなアプリをダウンロードすれば、代替機能は限りなく増えることだろう。

ただ、話はそこでは終わらない。すでに行われているように、スマホやパソコンを通じての会議や打ち合わせ、教育や医療までがある程度済まされるようになれば、間接的にはもっと大きな生産・投資対象が影響を受ける。たとえば鉄道や道路、空港設備、あるいは都市のインフラや企業のオフィス、デパートや小売店舗の数々、役所、大学のキャンパス、病院や診療所などなど、これまで投資の主役をつとめてきたありとあらゆるインフラや建物、設備などが負の影響を受けることになる。それらはまったくなくなりはしないだろうが、今ほどのスペースや規模は必要なくなり、現在それらが果たしている機能の少なからずの部分が、スマホの小さな液晶画面上に代替されていくことになる。

建設や重厚長大産業がこれまで発展してきたのは、モノそれ自体の機能を作り上げるのに必要だった面もあるが、むしろそれらを利用して行われる、事務作業や知的作業、あるいは人と人とのコミュニケーションの方にニーズの中心はあったのだ。そして、それらがネットを通じた音声や動画で代替されれば、それを支えてきた外側のハード部分は不要になってしまう。

そして、こうしたモノから情報価値部分だけを抽出し、それを残らず剥ぎ取っていく動きは、とくに生産活動面においては、急激に、しかもとめどなく進んでいく。それは、建設、製造、運輸などの重厚長大産業にとどまらず、金融、医療・健康、教育、そして農林・漁業にいたるまで、ありとあらゆる分野に例外なく及ぶことになる。

ハザードを次々とクリヤーする情報化

資本主義の目的は、絶えざる財貨の増殖にある。それは、たんなる価値増殖ではなく、市場を通じた上での貨幣換算した価値という点にその特徴がある。その意味で言えば、資金がたくさん必要な経済活動を通じてこそ、資本主義の真骨頂が発揮できるというわけだ。つまり資本主義のビジネスチャンスとは、できるだけ多くの人々がそれを欲して、しかもそれらのニーズを満たすためには、できるだけたくさんの資金（資本）が必要となる課題が横たわっていることが、その必要条件とも言ってよい。

こうした条件はむしろ、逆のようにも聞こえるかもしれない。たくさんのニーズが必要なことはともかく、ビジネスを妨げるハザードはなるべく少ない方がよいように思えるからだ。

たとえば、私たちのカラダをどこかに移送するには、かなりの労力を必要とする。徒歩から自転車、そしてクルマ、さらには列車や飛行機までの発展の歴史はそのまま、人の体重約70キログラムのハザードをクリヤーするためのものだ。

おそらく、こうした輸送手段の進歩が行き着く先は、最終的にはテレポーテーション（遠隔地への瞬間移動）ということになるのだろうが、人類のような複雑な仕組みの生物は別として、先に紹介したような宇宙ステーションで使う「レンチ」レベルならすでに実現済みだ。カリフォルニアのデザインスタジオでは、3Dプリンターの技術を使って、一棟60万円ほどの価格で住宅を供給するプロジェクトが開始されている。しかも、施工にかかる時間はわずか24時間だという[8]。住宅の購入は私たちの人生の一大イベントだったが、モノとそれを構成する情報が分離されて独り歩きを始めると、それまで巨大な資本をかけてクリヤーしていたハザードが一気に吹き飛んでしまうことになる。

無機的なモノだけではない。3Dバイオプリンティング技術は、エンジニアリング、バイオマテリアル科学、細胞生物学、物理学、医学などさまざまなテクノロジーを融合させることで、すでに、複数層の皮膚、骨、血管グラフト、気管支、心臓組織、軟骨質構造といった組織の生成や移植にも使われている[9]。

こうして何かを作るために、何かを運ぶために、また、それらのハザードをクリヤーするために欠かせないのがエネルギーだ。そして、今後、多くのエネルギーが電力に置き変わる。クルマはもちろんのこと、すでに航空機も将来的な電化を視野に入れ始めている。石油やガスの化石燃料から動力や照明のためのエネルギーを得るには、CO_2の排出を伴う。それを極力減らすためには、太陽光や風力から発電した電気を蓄電して使用するスタイルが主流とならざるをえない。

だが、自然エネルギー供給は不安定さが大きな課題で、それを解決するためには細かい需給対応と効率化が欠かせない。それを担うのが情報テクノロジーだ。その仕組みはちょうどシェアリングエコノミーと似たところがあって、電力を必要としているパートと余っているパートをリアルタイムで結びつけることがポイントだ。

すでに世界のモードは、いついかなるときも地球環境保全に照準を合わせなければいけない時代に入っている。これまでは、いくつかのハザードをクリヤーするには、採算性だけを考えれば済んだ。いくらコストがかかろうとも、どれほどたくさんの資源・エネルギーを消費しようとも、それに見合ったニーズが存在し、利益が出ればビジネスとして成立した。だが、これからの「良い製品・良いサービス」とは、地球環境への負荷の少なさを意味する。利幅が少なくなろうとも売上げが減ろうとも、CO_2の排出や海洋・土壌・大気への影響、生態系の破壊、資源の枯渇などへの課題が優先されなければならない。そして、そうしたハザードのクリヤーに向けてのカギとなる技術がデジタル情報技術なのだ。

モノ主体の時代には、個々の産業機器や家庭の電化製品などの省エネ化や高効率化が進められてきた。ただ、それだけでは限界がある。すでに各国がかかげている具体的な環境保全の目標は達成できない。需給全体のグリッドのスマート化やAIの利用などによるさらなる効率化が求められるのだ。

モノ自体の生産や移動に関するハザードをクリヤーしてきた情報化は、次なるハザードのクリヤーに向けての挑戦を開始している。そして、その挑戦とはこれまでのような生産の数的拡大に向けた闘いではなく、地球を守るための闘いである。

巨大インフラからプラットフォームへ

巨大なプラットフォーム企業が世界経済を席巻している。そして、この破壊力は世界のすみずみまでに及ぶ。アマゾンのネット通販は、すでに日本の小売業を軒並み廃業に追い込み、ウーバーやＤｉＤｉのライドシェアビジネスは、やがて自動運転タクシーが街を走り始めるようになると、全国のタクシー会社を消滅させることだろう。

とはいえ、アマゾンもウーバーも、かつての高度成長時代のように、瀬戸内や千葉の海岸に見られた巨大コンビナート工場群をかかえているわけではない。そこで行われているのは、知識や情報、アイディア、新たな発想やシステム、プログラム開発など、いわゆるインタンジブルなものへの投資だ。

従来の巨大インフラもプラットフォームも、そこから何らかの価値が生み出される点では変わりはない。だが、そこにはハードとソフトといった違いだけでなく、目に見えないいくつかの違いがある。

第一に、これまでのビジネスの手法とはまったく発想が逆だという点だ。一般的にビジネスは人の集まっているところで行われる。今までなら、銀座の街角や大阪なら梅田駅界隈に店を出す。寺社参詣の人出に便乗する門前市方式だ。

一方、プラットフォームの場合、まず始めるのは人集めの方からだ。そのためには、生活者にとって何らかの魅力的な核となるものを設定し、そこに彼らが自ら進んでコンテンツを供出させるような仕組みを作り上げる。たとえば、必要とされる知識（グーグル）、他人の動静（フェイスブック）、人のつぶやき（ツイッター）、写真（インスタグラム）、動画（ユーチューブ）などだ。いわばこちらはガマの油売り方式で、まず、口上たくみに人集めから始めるのである。

こうして多くの人が集まるようになると、やがて付いてくるのが広告だ。広告はつねに人だかりを探している。そして、その背後では無数の企業が出番を待っている。その意味では、SNSでなくとも、もともとテレビも新聞も雑誌も、オリンピックも万博も、そこに何十万、何百万というたくさんの人が集まってくるから、企業が広告を出すのだ。

第二の違いは、巨大プラットフォームの多くが、人集めのコンテンツそのものを、サイトを訪れる人たち自身に供出させていることだ。グーグルは、あの膨大な検索情報をグーグル自身で作成しているわけではない。フェイスブック、インスタグラム、ユーチューブ、ツイッター、ライン、みんな同じだ。一見、単純なようだが、ここで現出している現象はこれまでの経営学の常識を根底からひっくり返すような出来事でもある。原材料の仕入れから製造までコストゼロでビジネスをしているようなものだからだ。

つまり、グーグルもその他のSNS企業も、自身でコンテンツを作り上げてきた従来のメディアとは似ても似つかない、人々が集まるステージだけを提供する、文字どおりプラットフォーム企業なのである。そこでは、経済学でいうフルコスト原理（価格＝コスト＋利潤）がまったく成り立たない。コストゼロが言い過ぎだとしても、少なくとも価格とコストは紐づけされていない。こんなビジネスが世界中を席巻するとは誰が想像しただろうか。

そしてさらに、無料コンテンツの収集で巨大利益をあげたプラットフォーム企業が有利なポジションを築いているのは、彼らのサイトを回遊する人たちの膨大なデータだ。広告を出すクライアント企業にとって、テレビやオリンピックスタジアムに集まった一般客と違って、年齢、性別、住んでいる場所、趣味やライフスタイルまでセグメントされた潜在顧客にアプローチできるとなれば、夢のような話なのだ。グーグルがアメリカの五大テレビ・ネットワーク（CBS、NBC、ABC、FOX、CW）の合計を大きく上回る金額、約282億3600万ドルの広告収入をあげたのは、十年ほど前の2010年のことだ（2018年、グーグルはデジタル広告から1160億ドルの収益を、フェイスブックは550億ドルの収益をあげている）。

マスから個の経済へ

カナダの北東部ノバスコシア州サックヴィルで活動を続けたアレックス・コルヴィル（1920〜2013）は、大自然をモチーフにした幻想的な作品で知られる画家だ。そのコルヴィルの展覧会に足を運んだときのことである。壁に並んだ一枚の絵に添えられた説明書きの中の、「独立ゆえの依存」という言葉に目がとまった。

ノバスコシア州は、冬になれば日中でも零下を超えることの少ない酷寒の地だ。大自然の中で創作活動を続ける画家にとって、独りで生きていくのか、誰か頼るべき仲間を求めるのか、それは、いや応なしに問い続けなければならない問題だった。「独立ゆえの依存」という短い言葉には、孤独な闘いを続けた画家が最終的に出した答えとしての深い思いが感じられた。

個と集団、私たちが真に望むのはどちらなのか。モノから情報へという価値の大変化は、徐々にだがその答えを出しつつある。

情報は差異から生まれる。違っていることそのものが価値だ。しかも、情報の価値は、人それぞれで価値評価が違う相対価値だから、消費行動の個性化、多様化はとめどなく進む。たとえば、デパートのファッション売り場に並べられている洋服は、違った種類のデザインがあればあるほど客は喜ぶ。クツも時計も文具もみな同様だ。機能はそれほど変わらずほとんど同じなのに、色やカタチのデザインは千差万別、多種ますます歓迎というのが原則だ。

かつて、大衆の時代から少衆、分衆の時代へと世間の話題をまいたことがあったが、[10]それはまさに商品価値の情報化のはしりだったと言ってよい。そして、その頃から企業の設定するターゲットは急速にセグメントされていき、商品は個性化、多様化していった。しかも、こうした傾向は、以来、止むことなく続いている。

一般の商品からしてこうなのだから、純粋な情報商品はますます細分化されていく。Apple MusicもAmazon Musicも総楽曲数は、今現在で7000万曲に上る（2021年）。若者を中心に急速に普及しつつある動画配信サービスは、各社それぞれ数千の作品を視聴可能にしている。

生産面から見る個性化、多様化もそのカギを握っているのは「情報」だ。生産は長らくマスを基本としてきた。その理由はいくつかある。そのひとつは、一人ひとりの消費者が何を欲しがっているのか、正確にわからなかったからだ。消費は今行われる現在のことだが、生産は事前に行われなければならない。予測がうまくいかなければ、在庫が積み上がり倒産の危機にみまわれる。マーケティングとは、こうしたリスクを可能なかぎり軽減する手法のひとつだ。そして、過去の膨大な消費データを基盤とする近年のデジタルマーケティングは、リスク軽減のための精度をより強力にした。個人が見えてきたのだ。

二番目は、潜在顧客へのアプローチの問題だ。自社にとっての顧客がいくらはっきりと見えていても、彼や彼女たちにアプローチできなければ意味がない。市場とは、そこにアプローチが可能になってはじめて意味を持つ。今日の流通システムの進歩はそれを劇的に変えた。アマゾンが実現したことは、消費者が喜ぶような新製品の開発でもなく、クロネコヤマトのような宅配便ビジネスでもなかった。やったことは、すでにある商品と自宅にいる消費者を結んだことだ。自宅の居間でくつろいでいる消費者が、自分が何を欲しいのかを発見し、翌日にはその商品を手元に届けるシステムを作り上げたことだ。消費者のニーズまでは、多くの企業が知りえていた。だが、採算の合う値段で、地球の裏側のユーザーに、ユーザー自身が驚くような短い時間で商品が届けられるシステムの実現など、誰ひとりとして実現可能だとは思わなかっただけのことだ。そして、このような魔法を現実にしたのが、アマゾンの取り入れた情報流通システムだ。

情報化はまず人々の消費スタイルを個性化し、多様化した。そして、そうした消費者のニーズに合わせるべく生産の側も、マスから転じて個々の消費者に照準を合わせるようになった。そして今、生産財としての情報デジタル技術の進化が、そうした企業の生産スタイルを本格化し始めている。

生産財は個人の手に

そして知識社会の到来は、労働者と資本家の関係を劇的に変化させることになった。資本主義が本格的に始まって以来、生産財、つまり工場や機械設備、原材料や部品、そして必要とされるエネルギーなどは、つねに資本家の手にあった。

けれど、知識が重要な生産要素である知識社会では、「知識は、昔から、人間の中にある」[11]の言葉どおり、働き手、つまり労働者自身が生産財を所有することになる。マルクスは、労働者の生み出した価値が資本家の手によって搾取されるのは、資本家が工場や機械設備などの生産財を所有しているからだとした。

労働者自身がもっとも重要な生産財を手にすることになる知識社会は、これまでの資本家の立場をどう変えるのだろうか。

ブレット・キングによれば、現在のラゴスやムンバイの大卒の若者は、二十年前のアメリカ大統領よりも多くの情報にスマートフォン上でアクセス可能だと言う[12]。二十年前の大統領と言えば、クリントン大統領の二期目（1997〜2001）にあたる。今や情報こそが生産のためのエネルギーとされる時代だ。その意味から言えば、かつての時代の生産財に替わるもののほとんどが、資本家の手から労働者の手へと移ったと言っても言い過ぎではない。

本書では、資本主義の定義を「市場を通じた財貨の永続的な増殖活動」とした。そうした永続的活動の主役は、かつての資本家から労働者へと移らざるをえないことになる。「市場を通じた価値の永続的な増殖活動」の主語は、労働者自身なのだ。

もちろん、優れた生産財たりうる頭脳を持ち、また、世界中の情報にアクセス可能なデジタルディバイスをいくら持っていたとしても、必要な元手資金と運営資金がなければ企業経営者にはなれない。そこを握られているかぎり、出資者たる資本家にはやはり頭が上がらず、利潤の多くを持っていかれることになる。

だが、重厚長大産業中心の時代に比べて、人々が自立して新たなビジネスを始めることが、比較的たやすくなったことだけは確かだ。そうした変化について、いくつか書き出してみよう。

ひとつは、人々の意識の変化だ。大企業よりもスタートアップという考え方が、市民権を持ち始めてきたのだ。これはシリコンバレーや国内事例を含めて、大企業だけがイケているという文化から、近年では、かなり風向きが変わってきたと言ってよい。

二つ目は、副業・転職・起業のハードルがずいぶんと下がってきたことだ。たとえば、まず副業的にビジネスをスタートして、軌道に乗ってきたら正式にジョインするという形が一般的になってきた。二年ほど前にサイト上で「自分磨き」のコーチングサービスを展開し始めたあるスタートアップ企業がある。ユーザーは、オンラインでコーチとのやりとりを続けていくことで、自らの悩みや感情、思考などを整理していく。そこのコーチングスタッフのメンバーたちは、さまざまな経歴の人たちだ。この会社の場合、まず、十数名のメンバー全員が副業で事業をスタートし、その二年後に現社長と新卒だけを正社員化してゆるやかに起業したと言う。つまり、ひと昔のような、すべてをかけた一か八かの起業ではなくなってきているということだ。

三つ目は、スタートアップを支えるまわりのサポート体制が、日本でも徐々に整い始めたという点だ。長らく終身雇用が続いたわが国では、国の制度の上でも、企業の方にも、独立して仕事を始めようという人たちを手助けしようという意識もなければ、そうした仕組みもほとんどなかった。むしろ、企業を辞めていく人たちは、残った人たちからは「裏切り者」的な目でさえ見られたものだった。

だが、近年、そうした環境が変わりつつある。企業にとっても、独立して社を去って行く人たちは、将来的につながりを保っておきたい存在に変わりつつあるのだ。すでに企業の中には、定年で辞めた人たちも含めたアラムナイ制度（企業の離職・退職した人の集まり）を設け始めたところがいくつか見られるようになった。それは、もともとあったＯＢらの集まりである社友制度と違って、もっと積極的な意味合いを持つものだ。たとえば、優秀な人材の将来的な再雇用を目指すものだったり、社を離れた人たちに新たなビジネスパートナーとしての可能性を見出すものだったりさまざまだ。

ここで言えることは、働き手の武器、すなわち知識が重要な生産財となった知識社会では、労働者もまた、企業による占有の対象から、社会による共有の対象となったということである。

もはや知識や技術のある人間が、資本に縛られる必然性はほとんどなくなった。自身がいちばん重要な生産財——頭脳——を所有しているのだから、自らをより高く評価してくれる企業や、自分にとってもっともやりがいのあると思うステージで働くことになるのだ。

始まる経済社会の構造大変化

こうしてモノから情報へと価値の中心が移っていくにつれ、これまでとは一八〇度違った経済社会が現れる。いや、そうした「メガチェンジ」はもうすでに始まっている。

『限界費用ゼロ社会』の著者ジェレミー・リフキンは、大転換の特徴として、資本「マーケット」から資本「ネットワーク」へ、「売り手と買い手」から「プロバイダーとユーザー」へ、そして「大量消費」から「持続可能性」への三つをあげている。[13]

リフキンの「限界費用ゼロ社会」到来説の背景は二本立てになっている。ひとつは、この本の趣旨と同じように、情報の再生産にほとんどコストがかからないという点からだ。もうひとつは、太陽光や風力などの自然エネルギーの利用効率を上げていくと、大きなコストがかかるのは最初の投資だけで、あとはほとんどエネルギー調達コストゼロの社会がやってくるというものだ。ただ、自然エネルギーの利用効率を上げることと、供給の安定性を保つためには、デジタル情報技術が欠かせないことも事実で、その意味で、情報社会の進展は、「大量消費」から「持続可能性」への転換にも大きくかかわっている。

そして、リフキンの指摘する資本「マーケット」から資本「ネットワーク」へ、「売り手と買い手」から「プロバイダーとユーザー」への大転換は、情報化の進展による貨幣市場の後退がその背景にある。

これまであらゆる企業間や人々との間をつないでいたのは、市場（マーケット）だった。たとえば、ビルのオーナーは、電力会社から電気を買い入れ、冷暖房設備やエレベーター設備を空調機器メーカーやエレベーター会社から調達し、さらにそのメンテナンスを任せる。また、オフィスの使用者は賃料をビルのオーナーに支払い、フロアーの一画を借り受ける。そのオフィスに通う人々は、地下鉄を利用して運賃を鉄道会社に支払う。そして、仕事ではリース会社からリースされた営業車を使って営業活動に励む。これらの活動には、それぞれの市場が介在し、そこでの激しい企業間の競争を経た後、製品やサービス、そしてお金のやりとりが行われる。これが資本「マーケット」の世界だ。

一方で、これからの資本「ネットワーク」の世界には、ひとつだけ新たな別の要素が加わる。それが、市場関係者の間をつなぐインターネット網とその中を流れる「情報」だ。リフキンは、これまでの市場「マーケット」が完全に消え去ってしまうとまでは言っていない。そうではなく、資本「ネットワーク」との主役の交代である。

ネットワークでつなげられた情報は、それがオフィスの使用電力量にせよ、営業のリース車の使用状況にせよ、社員のAさんが昼休みに隣のビルの地下にあるレストランでどのくらいのカロリーの食事をとったかまで、フローとストックの需給をすべて把握する。そして、それによってあらゆる需給のムダがはぶかれていく。Aさんが昼食時にいつもよりボリュームのあるメニューを選んだとき、Aさんの営業車の使用時間は確実に減り、逆に電車の利用が増える。その理由は、もしもAさんのウェアラブルが常時チェックしている健康数値と付け合わせることができたなら、よりはっきりすることだろう。

しかも、こうした膨大な情報蓄積と分析がほぼ「限界費用ゼロ」でなされていく。それだけではない。これまでの市場（マーケット）への参加者は、ほぼ限られた固定メンバーだけで行われた。電力の売買市場には電力会社とそのユーザーだけが、また、レストランの市場には、ビルの近所のレストラン経営者たちと、そこへ食事にやってくるサラリーマンやＯＬたちだけが参加者だった。

だが、新しい時代は違う。そのビルの建っているあたり一帯だけをとってもみても、電気通信、電力、不動産、建設などにかかわる各企業、オフィスやテナントショップにさまざまな機器を提供しているメーカーやサービス会社、公共交通機関、輸送機器会社、そしてそこで働く人々、出入りする人々など、あげればきりがないほどの参加者たちが、ひとつの資本「ネットワーク」でつながれることになる。そして、そこで変化するモノ、人、エネルギーの情報が逐次記録され、分析され、次なる効率化へ向けて利用されることになるのだ。

もはやこうした世界では、これまでの貨幣市場への参加者たちのように、「売り手と買い手」としての影は薄いものとなる。なぜなら、そこで交換される主役が、モノやサービスと貨幣ではなくなってしまうからだ。そこでの主役は、明らかに「情報」に移る。そして、もちろんそこでは、貨幣の出番はほとんどない。

こうしてかつての「売り手と買い手」は、「プロバイダーとユーザー」の関係へと変化する。その関係はより水平的で、また、どちらがプロバイダーでユーザーか、時と場合によって入れ替わることさえ珍しくない。

交換を必然としたモノ社会は、貨幣を媒介とした壮大なヒエラルキー社会をかたち作ってきた。持てる者、持たざる者、支配する者、支配される者、命令する者、従う者、一方、交換を必要としない情報は、今、新たな仕組みの社会をもたらそうとしている。それを歓迎すべき社会にするのか、逆の社会にしてしまうのか、今こそがまさにその起点としてもっとも重要な時期だと言ってよい。

歴史は繰り返す

モノから情報へという情報価値中心の時代が、人類史上初めてやってきたというわけではない。十八世紀後半に起こったイギリスの産業革命の前は、モノは希少な存在で、むしろ、情報こそが人間の暮らす大部分の世界を担っていた。もちろん、今日のようなデジタル情報社会のような膨大な情報があふれていたわけではないが、聖書の内容や教会での説教、古くからの言い伝え、迷信、うわさ話などのいわばアナログ情報で、中世世界は満ちていたのである。

たとえば、歴史学者のオットー・ボルストの記述によれば、教会の壁や祭壇に描かれた絵やレリーフは、当時の人々にとって、荘厳なメディアとして存在していたのだった。

視覚産業全盛の現代から見て、中世人が無形象の時代に生きていたはずであると考える者でも、教会の祭壇に「思想を形成する」大きな機能を認めないわけにはいかないであろう。素朴な農民は、いや貴族でも自分の城での切りつめた孤独な生活から出て、教会へ来て祭壇の前に立つと、ことばを語りかけてくるような絵に心をとらえられたにちがいない。・・・祭壇は司祭や教会の布教用の道具であり、じつにさまざまな操作が可能な宣伝用具であった[14]。ヨーロッパの教会建築、そしてその内部の豪華な装飾や絵画や彫刻の類は、現代の私たちが訪れても圧倒される情報量だ。そのことを考えれば、おそらく当時の人々にとっては、今の映画やテレビを総動員したような感じを与えたに違いない。

その一方で、モノに関して言えば、想像がつくとおり、現代に比べればまったくのモノ不足社会だった。同じく、ボルストによる農民の生活について書かれたくだりにはこんなふうに記述されている。

質素で原始的な世界である。農民のエネルギー源は、農民自身の動物のような力のほかにはない。粘土とわらを使った小さな小屋。踏み固められた土の床。用便は外で足す。飲み水はない。男、女、子供を問わず、そろって息苦しい陰気な一部屋で眠る。夫婦の営みは、寝ている子供の傍で行なわれる。その隣には家畜がいる。冬になると暖をとるために、ごく貧しい農家では、家畜と同居する。人々は家畜の世話をする必要から、あたりが白みはじめると起きるが、いずれにせよ夏の間は四時から五時の間である。九時から十時の間にきちんとした食事をとり、午後四時から五時の間に二度目の食事をとる。暗くなると寝る。そもそも照明がないのだからそうせざるをえないのだ[15]。

今日の私たちの生活と比べれば、まさに想像を絶する世界だが、もちろんのこと西洋だけでなく、当時の日本においても状況は同じだった。こうしたモノ不足が多少なりとも改善していったのは、西洋においても日本においても、中世の後期頃から、都市間あるいは海外との交易が盛んになってからのことだ。当然のことながら、必要とされるモノをそれぞれの地域で生産する力はなかったから、商人たちを介して、穀物や材木、海産物、毛織物、塩などの必需品を交換した。また、王侯貴族や大商人など権力と財力のある人々は、胡椒、各種香料、絹、じゅうたん、宝石などの奢侈品としてのモノを手にすることもできた。

とはいえ、そうした当時の支配階級の人々の暮らしでさえ、現代の先進諸国の平均的な人々が享受している利便性、たとえば、さまざまな家電製品や情報機器、輸送手段などと比べれば、格段に劣るモノ生活を強いられていたことだろう。

ただ、そのレベルこそ違え、「情報 ＞ モノ」という状況は当時と今とで変わらないわけで、お互いによく似た現象も見られるのである。それを時間と空間の概念で見てみると、どちらもモノ優位の時代にはない、情報世界特有の、時間と空間を超越した現象を見ることができる。

たとえば、時間の領域で言えば、モノの場合、時間は不可逆的で、過去から未来に向かってまっすぐに伸びる。いわば未来志向の時間の流れだ。テレビ受像機は、モノクロテレビからカラーテレビへ、さらにはハイビジョン、4K、8Kへと進む。これに対して、情報世界の時間は未来一辺倒ではない。現在もあれば過去もある。テレビ番組を見ればわかるように、未来を描いたアニメもあれば、現在を伝えるニュース、そして過去の時代劇もある。

同様にして、情報の方が過多だった中世世界は、モノ不足による厳しく苦しい現在の時間よりもむしろ、何代も前の先祖たちが暮らした過去の時間を引きずり、また、そう遠くない将来に自分たちが向かうであろう死後の世界に強い思いをはせた。

空間世界で言えば、今日のデジタル情報技術は、空間のバリヤーを完全に取り去ってしまった。グーグルアースは地球の裏側をまるで近所の街並みのように映し出し、インスタグラムは、世界の珍しい風景や美しい自然、さまざまに暮らす人々の生活などを、これでもかというほどたくさん見せてくれる。フェイスブックは、昔なら一生会えなかったかもしれない学生時代の仲間の日々の様子を詳しく伝えてくれる。

そして、中世世界も空間の飛躍ぶりでは負けていない。彼らの空想世界は、科学技術の手段を持たず検証不可能であるがゆえに、いっそう大きく羽ばたいた。たとえば、日本の絵巻物の世界は、ほとんど空間のへだたりを無視して物語を伝える。多くの場合、まったく違った空間のしきり役を果たすのは、かすんだ自然の山並みや漂う雲だ。

なかでも、よく知られる「信貴山縁起《しぎさんえんぎ》絵巻（国宝）」の一場面には、驚きの空間世界が描かれている。平安時代の昔、絵巻物の主人公である命蓮上人は、強欲な長者に自らが托鉢に使っていた鉢を奪われてしまう。法力たくましい上人は、その鉢を取り返すべく、なんと、米倉もろとも鉢に乗せて奪い返すのだ。絵巻物には、命蓮上人のいる信貴山へ向かって宙を飛ぶ鉢と米倉、そして倉を追いかけてあわてふためく人々の様子が克明に描かれている。その様子はまるで、現代のＣＧ技術をこらした映画やゲームの世界のワンシーンを彷彿とさせるものだ。

一千年近くも前の時代と今では、モノも情報も、その質・量とも各段の違いがある。ただ、そうした違いこそあれ、モノと情報のバランスの逆転は、けっこう興味深い類似点も持つのである。

社会主義には向かわない

資本主義が終わるとどうなるのか——まさか社会主義に向かうのでは、と心配する向きもあるかもしれない。だが、その可能性はまずない。なぜなら、社会主義は情報化とまったく相容れないからだ。

社会主義の特徴として、国家による生産手段の所有、計画経済、その成果としてのより均等な所得分配などがあげられる。たとえば、生産手段の所有について言えば、ドラッカーが指摘したとおり、情報化社会のもっとも重要な生産資源は、今や、土地でも資本でも機械設備でもなく、知識である。そして、土地、資本、機械設備なら国家所有は可能だが、人間の知識を占有することは不可能だ。知識労働者を強制的に国家に従属するように仕向けることは可能かもしれないが、それは古代の奴隷制に等しく、社会主義国家ならぬ奴隷国家と言うべきだろう。

計画経済も情報化社会ではまったく機能しない。前章で述べたように、情報の価値は、基本的に相対価値であり、人によって価値評価が異なる社会だ。そのため、商品はいっそう多様性に富んで、それを国家が予測し計画生産をすることはほとんど不可能だからだ。三十年前、まだ情報化社会が本格化する前でさえ、国民が欲しがる消費財を予測生産することに失敗してソヴィエトは滅んだ。基本的な機能を満たすだけの初期段階の消費財やインフラ設備、あるいは宇宙開発や軍需生産など、目標がはっきりしているモノの生産にしか、計画経済はその強みを発揮することができなかった。

今日、百貨店の靴売り場がそろえる女性向けの靴はおよそ一千種類を超え、２０２０年のお正月用のおせち料理の予約に向けて、東京のあるデパートは千百種類のメニューを用意した。これだけの品揃えが可能な計画経済国家があるはずがない。

社会主義のかかげる成果としての均等な所得分配についてはどうだろうか。知られているとおり、社会主義体制のもとでは、労働に応じて所得分配がなされる。ここで言う労働とは労働時間のことだ。つまり、労働者それぞれの生産性の違いは考慮されていない。マルクスの時代のように肉体労働が主流の時代ならまだしも、情報化の進んだ高度知識社会では、労働者間の生産性の違いは十倍や百倍どころか、場合によっては千倍、一万倍にも及ぶ。事後に所得補正をすることは当然としても、すべての企業、組織が労働時間に応じて賃金を払うことなどまずありえないのが情報社会の常識である。

第4章　大変化する消費者市場

タダが当たり前になった情報消費

日々の生活の中で、情報を手に入れるのにお金がかかることは少なくない。毎月の新聞料金も、駅のスタンド売りの週刊誌も、ＮＨＫの受信料もみんな有料だ。大学の講義も、年間の学費を90分ひと講義あたりに換算すれば、三千円くらいになるらしい。

だが、図書館の新聞ならタダで読めるし、雑誌も本屋で気になる記事だけ立ち読みすることも可能だ。大学の講義にしても、誰かそれらしき若者が紛れ込んでいてもまったくわからないし、その分、他の学生が聴く講義内容に不都合が生じるわけではない。それらの中には規則違反だったり、厳密に言えば違法なことも少なくないが、もともと情報が持つ特性が、モノのそれと大きく違うことを示していることだけは明らかだ。

そうしたモノと情報の特性の違いが、デジタル技術の進歩のおかげで、私たちの情報消費生活を大変化させてしまった。まったくのタダではないが、ほとんどの情報消費をタダ同然にしてしまったのだ。どこかのマガジン会員になれば、月額数百円程度で人気の雑誌が読み放題だし、月額千円台のさまざまな動画配信サービスには、見切れないほどの世界中の映画やアニメ、ドラマがあふれている。今やGOOGLEの検索も、テキストコンテンツを見るよりは、画像や動画コンテンツに飛んだ方がずっと理解が早い。それぞれの専門家が自作の動画コンテンツを公開していたり、テーマに沿った座談会の収録動画がアップロードされていて、大学の講義などを聴くよりも、多くのことがずっとわかりやすく楽しく学べる。

けれど私たちは、こうした情報の価値の特性を十二分に理解しているとは言いがたい。情報の価値機能が、現代のデジタル社会では、タダもしくはタダに近い価格で複製可能で、かつ使用可能ということは、たとえばこんなふうに考えればよいのかもしれない。ある晩、あなたが夕食の準備にどうしても必要だとして、何のことわりもなく隣の家に入り込み、台所に置いてある電子オーブンを無料で使えるとしたら、という感覚だ。またオーブンだけでなく、ガスコンロも鍋もお皿も、さらには材料として必要な肉も野菜も、勝手に他人の冷蔵庫から拝借できるとしたら、といった具合である。

どうしてこんなことになってしまったのか。もちろんのこと、情報の一部には定められた知的所有権が存在する。その意味では何もかもがタダなわけではない。知的所有権の考え方の根底には、創作者の創作意欲保持の観点がある。せっかく苦労してこしらえたコンテンツなのに、タダで持っていかれたのでは身もフタもなく、次への創作意欲を失くしてしまうからだ。だが、現実には、そうしたヤル気をそがれるはずの創作者たる個人や組織が、実におおらかに情報を無料で公開している。

その理由のいくつかをあげると、まず情報配信コストの劇的な低下がある。コンテンツの制作費を除いても、情報の配信にはこれまで多大なコストがかかった。新聞や雑誌のような印刷媒体なら紙代、印刷代、製本代、さらには配送料、在庫の管理にかかる費用などだ。テレビの場合はどうか。制作された番組コンテンツは、電波でキー局から地方の基地局まで飛ばすだけだが、テレビ局は番組スポンサー企業に対して多大な電波料金を請求する。スポンサー企業はその分コスト負担を強いられるから、巡り巡ってそのツケは商品価格として消費者に回ってくる。間接的に民放のテレビ情報は、消費者にとってけっこうな負担を強いているのだ。

それがインターネットの普及によって、一気に情報の配信コストがほとんどゼロになってしまった。実質的な情報コストはコンテンツ制作費だけになってしまったのだ。そのため、最近の動画配信サービスのように、世界中の会員がその負担を分かち合えば、一人あたりにならすとわずかな金額になってしまうのである。

二つ目の理由は、情報発信コストがゼロになってしまったことに加えて、それが動画にせよテキストにせよ、コンテンツ制作のために必要なデジタル機器やクリエイティブソフトの進歩と価格低下などで、才能とヤル気さえあればかんたんにコンテンツが制作できるようになったことである。

三つ目は、受発信コストがゼロということは、コンテンツの質が良かったりおもしろかったりすれば、劇的にクリック数や再生回数が伸びて、自らの名誉欲を大いに満たすことができるからだ。たとえ無報酬であっても、たくさんの人に知られるということが、人間にこれほどの喜びをもたらすとは、これまで誰も思いもよらなかったことでもある。

一方で、情報発信で食べていかなければいけないプロフェッショナルや半プロの人にとっては、すべての情報をタダで配信するわけにはいかない。実はこうした人たちは、無料の情報発信と有料のケースとをきちんと切り分けているのだ。彼らにとって、ユーチューブ上の番組制作や自前のサイトづくりは、有料の場でのビジネスに向けたプロモーション機会という位置づけにすぎない。顔と名前が売れれば、講演会やコンサルタントの引き合いもあるかもしれない。たとえば、最近では本を出すには、オンライン上でどれくらい熱烈なファン層を有しているかが、条件のひとつになっているくらいだ。つまり、彼らにとってユーチューブは「収入源」ではなく「集客源」ということである。

高度成長型消費の終焉

使い捨て社会という言葉に象徴されるように、モノ社会の高度成長を牽引してきたのは、古くなったものは捨てて、次々と出てくる新しい商品を購入することだった。たとえば商品づくりの世界には、「新製品」というマジック用語がある。「新製品」と銘打てば、必ず消費者の目を引くという意味だ。理由は、実用機能の世界は日進月歩なので、後から出てくる「新製品」は、以前の製品に比べて必ず優れているという消費者の思い込みからである。

デジタル情報社会は、こうした環境を劇的に変えた。「新製品」神話は、これまでほど必要なくなったのだ。

日本における「不用品」と言われているものの年間推定価値は、約7・6兆円とも言われる。衣料品に関して言えば、年間約94万トンが廃棄されているという[1]。そんな中、現代の中古品交換市場をリードしているのは、メルカリ、ラクマなどのフリマアプリ企業だ。こうしたフリマアプリを含むいわゆるＣｔｏＣ（個人間取引き）ビジネスの市場規模は、２０１９年には約１兆１８００億円に上っている（矢野経済研究所調査）。

そうした企業の中のひとつ、（株）ジモティーのビジネスはさらに出色だ。サイトを訪れると、価格のついた出品もあるが、「無料」でゆずりますというものもいくつかある。地域の人同士が不用品をゆずり合ったり、ペットの里親探しをしたり、昔、銀行の掲示板にあった連絡ボードのオンライン版といった感じだ。ビジネスとして成立させているのは、バナー広告からの収入のようだが、大手のフリマアプリとは一線を画した「無料で商品をゆずります」というキーコンセプトが人気を呼んでいる。

人々が何らかの価値を享受するのは、もの（サービスを含む）を生産したときではない。ものを消費したときだ。ＧＤＰ（国内総生産）は、文字どおり国内での生産数値を算出したものだが、そこには、おおよそ作っただけ価値の享受があったはずだという微妙なすり替えがある。だが、ジモティーサイトのように、新たに作らなくても、誰かにとって不要なものや余っているものをゆずってもらっても、人々の間で価値は誕生する。また、メルカリやラクマは有料だが、誰かにとって不要なものが安く手に入るのだから、おそらくＧＤＰに取り込まれる数字よりもずっと多くの消費者余剰が発生しているはずである。

新たに作るのではなくて、今あるものをみんなで「使いまわす」、こうしたエコな思想はかねてよりあったが、それを現実にしたのは外ならぬデジタル情報技術である。どこかに眠っている潜在的な価値が、現実の価値として実現されるためには、その潜在的価値にアプローチ可能かどうかがカギになる。また逆に、潜在的な価値を持っている人にとっても、誰がそれを欲しているかがわかれば、価値実現の可能性は高くなる。

これまでの生産－廃棄－生産というムダ極まりないサイクルは、モノ独特の占有原則に従ってきたからに外ならない。みんなが一つずつ他人とほぼ同じ製品を所有し、飽きるか壊れるまで使って廃棄する。そしてまた、新しい製品をそれぞれが個別に買う。ＧＤＰとは、このムダのサイクルをいかに高速に回すかで数字を増やしてきたのだ。数字は増えたかもしれないが、世界中、廃棄物のゴミの山で埋まってしまったのが今の地球である。

情報デジタル技術の進展は、何百年と続いたこのムダのサイクルに終止符を打とうとしている。

所有から共有型社会へ

シェアリングエコノミーという言葉もすっかり定着してきた。その背景にあるのが、オンラインフリーマーケットと同様、デジタル情報技術であることは言うまでもない。

もともと情報は、ほとんどコストをかけずに共有可能な価値である。それに対して、モノの価値は原則、占有が基本だ。たとえば、誰かがドライヤーを使っていれば、他の誰かが同じドライヤーを使うことはできない。旅先なら、ホテル備え付けのドライヤーをみんなで使いまわせるが、個々の家で使うには、それぞれがドライヤーを一台ずつ購入して自分の家に置いておく他ない。

だが、デジタル情報の世界が、こうした固定概念をすっかり変えた。モノですら共有が可能になったのだ。これまでモノの共有がむずかしかったのは、欲しいモノが、いつどこで空いているかがわからなかったからだ。また、それがわかったとしても、持ち主である他人とどうやって交渉するのか。さらには、品質の保証はあるのか、使用価格はどうなるのか、それくらいなら、自分で使うドライヤーくらいは買ってきて家に置いておこう、そうするしかなかった。

そんなモノの世界が激変した。今や売上げ3000億円のグローバル企業、Airbnb（エアービーアンドビー）のネーミングの由来は、元をたどればかなりプアーなものだ。ヨーロッパで簡易な宿泊施設のことをベッドと朝食（Bed & Breakfast）と言う。当時、共同創業者だったブライアンとジョーが貸し出せたのは、空気ベッド（Air Bed）きりだったので、Air Bed and Breakfastという名前になり、それがAirbnbとなった。今では、およそ600万件の登録物件（これは、世界の六大ホテルチェーンの部屋数を合算した数字より多い）と、2008年の創業からの累計で、約5億人の利用客をかかえる巨大ビジネスへと発展した（2019年第一四半期現在）。

こうしたシェアリングエコノミーの決定版が、やがて来る自動運転車であることは間違いない。すでにカーシェアリングも珍しくなくなっているが、それでもまだ多くの人たちがマイカーを所有しているのは、さきほどのドライヤーとまったく同じ理屈だ。必要な時にいつでもどこでも、必要なクルマが借りられるかどうか、そこが問題だったのだ。レジャーくらいならレンタカーで済まされるが、毎日の通勤や子供の送り迎えにそのつどレンタカーでは面倒である。

自動運転車はこうした問題を解決してしまう。必要な時に必要な場所にクルマの方からやって来るからだ。はたして、そんなにうまくいくのか。心配な人は、今、家のガレージや会社の駐車スペース、駅前の広大な駐車場などにとめ置かれているクルマがすべて動き出すことを想像すればよい。日本では自家用車の平均稼働率は、４・２％程度とされている。[2] 実に95％以上がクルマにとって用のない駐車場待機時間なのだ。それらのクルマが無人で動き始めるのだから、いつでも使用可能状態ということになる。もしも、自動運転車によるカーシェアリングが一般的になった場合、必要なクルマの台数は、計算上、今の七分の一程度で済むとも言われている。

こうしてみると、デジタル情報技術がこれまで常識だったモノの占有特性というものを破壊し尽くすことがわかるはずだ。

そして、家やクルマがそうなるのだから、残っているモノの代表と言えば、私たち人間ということになる。人間をモノと同様に扱うのも気がひけるが、モノの時代の労働者もまたドライヤーと同様に、誰かの占有状態に置かれていた。なぜなら、工場労働者もオフィスワーカーも、ある日、ある時刻に同時に二つの仕事場で働くことは不可能だったからだ。

A企業につとめていれば、A企業の経営者や上司の言うままに、そこの仕事場で働くしかない。A企業に身をおきながら、同時にB企業の仕事を片付けることは不可能だった。かつての終身雇用労働は、モノの時代にあっては当然だったのである。

だが、情報は空間と時間の制約からありとあらゆるものを解き放ち、労働者としての人間もこの法則に従うことになる。もちろん、モノとしての人間がなくなるのではなく、情報価値創造を行う労働者としての人間が、情報の法則に従うのだ。

たしかに、人間もモノだから、瞬間、瞬間はどこかに身をおいて仕事をするしかない。ただ、創り出すのは情報価値だから、その成果は瞬時にストックされるかどこかに運ばれて、時間と空間の制約を受けなくなる。ベルトコンベヤーの前にすわる組み立て作業員のように、作業の終わった製品を次の担当者に送り、また次の半製品が流れてくるのをじっと待っている必要などないのだ。地球の裏側にいても、能力さえあれば、A企業の仕事でも、B企業の仕事でもさっさと片付けることができるのだ。

そうなれば逆に、A企業にとっても、どんなに能力がある社員であっても、高い給料を払って彼を占有しておく理由がなくなる。自家用車と同じ理屈で、能力を発揮するのはわずかな時間に限られるはずだから、それ以外は、駐車場に待機している時間に賃金を払うのと同じになってしまうからである。

その結果、オフィスも机も今までほど要らなくなる。机はシェアデスクで十分だし、複数階使用していたオフィスもワンフロアーで十分だということになる。これは、コロナ禍だからそうなるのではない。情報化が進めば、働き手のシェアも必然的に進むという理屈からそうなるのだ。

市場支配力は消費者へ

こうして猛烈なスピードで情報化が進むことによって、さらに大きな変化が起こる。市場支配力が生産者から消費者へと急速に移っていくことだ。私たちは気がつかないでいるが、自分がAという商品を購入するということは、A以外の商品を購入しないという意思表示でもある。そして、商品購入のための情報コストが下がれば、消費者の商品選択の幅はぐっと広がる。Aのライバル商品が一気に増えることになるのだ。たんにライバルが増えるだけでない。同類の商品価格の序列から、それぞれのスペックについての評価、最近の売れ筋商品や専門家の意見、さらにはすでに購入した人の感想など、消費者が得る情報は膨大なものとなる。

かつて消費者が入手できた情報は、広告やカタログ、そして売り場の店員のアドバイスなど、ほんのわずかなものに限られていた。市場を支配したのはモノそのもの、つまり商品の質そのものの力だった。「良いものを作れば売れる」とは、消費者にとってみれば、買ってみてはじめてわかるという意味で、市場は「良いものづくり」に邁進する生産者によって牛耳られていたのだ。

消費者が手にする情報量はムーアの法則に従う。法則によればチップ（集積回路）の計算能力は一年半ごとに二倍の進化をとげる。一年半経てば、消費者は同じコストで倍の情報量を得られるようになるのだ。たとえば、昔は液晶画面に貼り付けられていたバナー広告の多くが、今や動画広告に取って替わられつつある。それはスマホ上だけの進化ではなく、気がつけば街角のポスターも、いつの間にかデジタルサイネージ（電子看板）へと変わっている。さらには、GPS機能を備えたスマートフォンがどこまでも消費者を追いかけてきて、地点ごとで必要な商品・サービス情報を届け続ける。すべての消費者が常時ライバル商品情報を背負って街を歩いているのと同じだ。

経済学の世界で仮定されている自由競争市場では、ものの値段は売り手の利益がゼロになるまで、とめどなく下がっていく。そして、そうした自由競争市場が実現されるための条件はいくつかあるが、そのひとつに、売り手と買い手が商品についての情報を熟知している、という条件がある。実際にはそんなことはありえないのだが、デジタル情報技術の進展によって、これまで理論上の仮定にすぎなかったことが、現実のものになりつつあるというのが今日だ。

知られているとおり、日本の消費者物価はここ十年以上ほとんど上昇が見られない。生産コスト変化の影響を除いて考えた場合、消費者の商品情報収集能力のアップは、消費市場の競争をおし進め、物価の下落を加速する。２０００年前後からのデジタルネットワークの進展が、わが国の消費者物価の不気味なほどの下方圧力に一役かった可能性も否定できない。

進む消費の情報化

私たちは、モノと情報が交錯する中に生きている。そして、進む消費の情報化とは、オセロの盤上の駒がひっくり返るように、今までモノと信じていた駒が、次々と情報の駒へとひっくり返っている現象だと考えればよい。

つい最近まで、大学とは広大なキャンパスがあって、教室があって、教員がいて、学生がいて……と考えていたものが、２０２０年のほんの数か月で、それらは常識でなくなってしまった。キャンパスも教室も存在感が薄れ、優れたコンテンツが教員にとって替わり、学生もユーチューブやズームのクラウドに録画されたコンテンツを好きな時間に好きな場所で見るだけでこと足りるようになった。

こんなことはほんの一例にすぎない。今まで絶対にモノだと信じていたものがどうなってしまったか。手元のハサミはどうだろう。検索サイトで調べてみると、やはり３Ｄプリンターでこしらえた人がいて、「たいへんよく切れる」というコメントが添えられている。イスやテーブルになると、もっと本格的なデザイン性の高いものが作られて売られている。欧米ではすでに、３Ｄプリンター製の住宅が数十万から百万円くらいの建設コストで造られているようだ。

立体で素材があるのだからモノだと言ってよいのかもしれないが、３Ｄプリンターという名前からして、二次元平面に印字された液晶文字とそんなに変わりはなく、むしろ立体になった情報と言った方がふさわしいだろう。

その意味から言えば、もはや私たちは、情報を消費しているのか、モノを消費しているのかほとんどわからない世界に生きていると言ってよい。

たとえば、２０２０年のヒット商品（日経クロストレンド調べ）を見てみると、それらの多くが情報そのもの、そうでなくとも情報がらみの商品が席巻していることがわかる。[3] ちなみに、ベスト二十位までをざっと眺めてみると（表1）、一位の「鬼滅の刃」をはじめとして、アニメやゲーム、映画などのコンテンツ商品がいくつも並んでいることがわかる（「鬼滅の刃」「あつまれどうぶつの森」「今日から俺は!!」「愛の不時着」「リングフィットアドベンチャー」）。また、二十位の「ＪＯ１」は人気の男性アイドルグループだし、「Ｚｏｏｍ」「ｎｏｔｅ」は情報システムツールやプラットフォーム、「ＡｉｒＰｏｄｓ」「ｐｏｐｉｎ Ａｌａｄｄｉｎ」はそれらを支える情報機器、「モバイルオーダー」「食べチョク」「スマホ証券」「オンライン診療」は情報システムを生かしたサービス商品だ。

表1　2020年ヒット商品ベスト30（「日経クロストレンド」2020年11月3日「2020年ヒット商品ランキング　日経トレンディが選んだベスト30」より）

順位	製品などの名称	概要
1	鬼滅の刃	“異能” のヒット作が累計発行部数1億部突破。食品から衣服まで全部売れる前代未聞のブーム
2	マスク消費	国民総マスクで5000億円市場に急成長。異業種が続々参入し、関連商品もヒット
3	あつまれ どうぶつの森	約3カ月で500万本を売り上げた異例のヒット。無限に成長し続ける “あつ森経済圏” を確立
4	Zoom	テレワークの象徴が売り上げ100億円へ。会議用ツールが習い事や飲み会に波及
5	檸檬堂	レサワ界に現れた「超新星」が突然トップの座に。“ちょい高” でもうれる新市場を作り上げた
6	AirPods Pro	密閉型に豹変し消音性能で他を圧倒。テレワークでも活躍し首位を堅持した
7	モバイルオーダー	注文から決済まで非接触でスムーズ。新様式がコロナ禍の飲食店を救った
8	Shupatto	シリーズ累計で700万個を突破。レジ袋有料化でたためるバッグが躍進
9	今日から俺は!! 劇場版	“3世代仕様” 設定と総力宣伝で興収50億突破。ヤンキーが映画館ににぎわいを取り戻した
10	ゴキブリムエンダー	くん煙剤に上積みしてシェア約3割に到達。ものぐさなゴキブリ嫌いの “救世主” に
11	サントリー緑茶 伊右衛門	「緑の液色」映えの戦略が大当たり。年間5500万ケースのV字回復
12	愛の不時着	Netflix有料会員500万人に貢献。第4次韓流ブーム呼んだ王道ドラマ
13	リングフィット アドベンチャー	フィットネスとゲームの融合に成功。通年品薄で争奪戦も160万本突破
14	食べチョク／ ポケットマルシェ	厳選農家が売りの産直ECが躍進。リピーター続出で流通総額40倍も
15	popIn Aladdin 2	天井からつる新発想で累計6万台超。より障害物に強い2代目が絶好調
16	スマホ証券	初心者・若年層の投資意欲を増進。ネット大手に劣らぬ年30万口座ペース
17	ファブリーズW消臭 トイレ用消臭剤＋抗菌	匂いの悩みを「抗菌」追加で解決。時代のニーズに合致しシェア30％超
18	note	利用者急増で6300万人突破。サロン化現象も生まれる新基盤
19	オンライン診療	「初診解禁」で新規利用者が9倍増。コロナ下での通院自粛を解消した
20	JO1	韓流オーディション番組発の新星。計6500万票を集め、社会現象に

残りの「檸檬堂」「Ｓｈｕｐａｔｔｏ」「伊右衛門」「ゴキブリムエンダー」なども、優れた商品機能や中身の良さに加えて、デザイン性の良さや斬新なネーミングなどの情報価値が、そのヒットに一役買っている。

こうして見ると、まさにヒット商品の上位を占めるのは、音楽や動画といった情報コンテンツそのもの、そしてそれらを手助けする情報機器やソフト、あるいは、アミューズメント性、デザイン性の高いモノや、情報デジタルシステムを生かしたサービスなど、情報の価値と密接に関連したり、情報の価値をうまく付加したものが売れていることに気づく。まさに、現代では、情報社会に沿ったマネジメントなくして、ビジネスを語ることはできないとさえ言ってよい。

社会化する消費原理

モノから情報へと価値の中心が移ることで、消費の仕方もこれまでと比べて大きく違ったものとなる。そのひとつが、経済学でいう消費の限界効用に関する変化だ。

モノの時代の消費の限界効用理論はこう説明された――商品の価値は、その人にとっての最後のものの価値で決定される。たとえば、ここに三つのケーキがあれば、その人にとってのケーキの価値は、一番目でも二番目でも、あるいは三つのケーキの平均でもなく、三番目のケーキの価値に決まるという理屈だ。ケーキを食べれば食べるほど、お腹がいっぱいになり、次第においしく感じられなくなるから、三番目のケーキの価値はいちばん低くなるのだが、それこそが三つある場合のケーキの価値というわけである。

こうした経済学の消費の限界効用理論は、たしかにモノの世界では十分に私たちの現実世界にあてはまるものだった。だが、情報の世界では、この原理がぴったりそのままあてはまるわけではない。いやむしろ、モノの世界の場合とは大きな違いが出てくる。そもそも情報は、ある個人にとって二つ目からは不要だ。同じ本はどんなに役立つ本でも二冊と要らない。一度聞いた話は、記憶が確かな限り、二度聞く必要はない。このことは、音楽にもマンガにもゲームにも映画にも、すべてにあてはまる。何でも一度きりで十分なのだから、それをわざわざ限界効用と呼ぶ必要もないだろう。

一方で、情報の価値もまた、たくさんあると減価していくことも確かだ。せっかく高級ファッションブランドのバックを買っても、電車の中でみんなが同じものを持っていたら台無しである。全国の町おこしで、似たようなゆるキャラがたくさん現れても、もはや何のインパクトもない。

自分が買ったハンドバッグはひとつにすぎない。町おこしのためのゆるキャラ開発も、自分の町で作ったのはたったひとつだ。つまり、情報の場合の限界効用は、他の人が持っている同じバックや、他の町がこしらえたゆるキャラが、自らが所有している情報価値に影響を与えるということだ。自身が保有する情報の数ではなく、他の人が持つ情報の数が、価値の減価に決定的な影響を与えるのだ。つまり、モノの価値が、個人の中での最終物の限界効用に等しいとすれば、情報の価値は、社会に存在する同じような最終情報の限界効用に等しくなるのである。

この法則は、本来的にすべての情報にあてはまる。いくらあなたが素晴らしい本を読んだとしても、他の人もみんな読んでいれば、その本によってあなたが何かしら抜きんでる存在になれるわけではない。「そんなことはみんな知っているよ」と言われて終わりである。株価に影響するような重要な情報でも、それを知っている人が多ければ多いほど、あなたの儲けは少なくなる。

そのため、情報消費を行う人は、対象となる情報の社会的な限界効用を測りながら、支出を行うことになる。自分自身の好みもさることながら、「もうこのミュージシャンの曲も終わりだな」とか、「こんなにたくさんお店ができたら、タピオカショップに行ってもしょうがない」と考え始めるのだ。逆に、今、何が情報消費の先端かということも、たいへん重要になる。世間に出回っている数が少なければ少ないほど、単価あたりの限界効用は高くなるからで、SNSのささいな情報に人々が目をこらすのはそのためである。こうして、人々は先を競って、他の人がまだ知らない情報に飛びつこうとするのだ。

なぜ、こんな違いが起こるのか

こうしてモノの場合の消費の限界効用は個人的に、一方、情報消費の限界効用は社会的に決定される。なぜ、こんな違いが起こるのだろうか。

その理由は、第2章で説明したように、人々にとって、モノの価値はエネルギーの量やその効率性によって決まり、情報の価値は、エネルギーの様相によって決定されるからである。

三つ目のケーキがおいしく感じられないのは、すでに二つ食べてお腹がいっぱいなり、エネルギー補給が十分に足りているからだ。二つ目のボールペンも消しゴムも、効率よく字を書いたり消したりする有用性が、ひとつ目のそれに比べて減っているからである。そしてこの場合、他の人の腹具合を気にしたり、他の人が使っているボールペンの書き心地を気にする必要はまったくない。自分の感じる効用だけを気にしていればよい。

一方、情報の方はどうだろうか。情報はエネルギーの様相による差異から生まれる。[4] 言いかえれば、情報の価値は、何かと何かの関係性から生まれる。関係性だから自他の区別はない。たとえば、どんなデザインのTシャツだとか、あるいはどんなブランドマークなのかなどの情報が、社会全体にどう点在しているか、まさにエネルギーの様相によって個々の価値が互いに影響しあうことによって価値が決定される。つまり、自分だけでなく、相手の出方次第ということになるのだ。

今日、たんなる物知り人間は社会で評価されなくなった。知識社会とは、たくさんの知識を頭につめ込んでいる人が評価される社会ではなく、その知識を社会で有効活用できる人が評価される社会のことだ。なぜなら、知識そのものは社会にあふれているし、検索サイトに二つ三つのキーワードを打ち込めば、何でもわかる時代だからだ。つまり、知識もまた情報だから、そこに何らかの差異性がなければ価値ゼロだからである。全員が上がることを知っている株価情報に価値がないのと同じである。

拡大しない消費ボリューム

では、モノの世界で語られた個人的な限界効用低減の法則が、情報の世界ではまったくあてはまらないのかと言えば、そうでもない。私たちの日常の世界でも、モノの場合と同じように、個人の中での限界効用低減の現象に出くわすことがしばしばあるからだ。

たとえば、気に入った音楽ならば、何度でも聴く人があるだろう。それは、キンドルで読む小説でも、パソコンにダウンロードした動画ソフトでも同じことだ。しかも、モノの場合と同じように、その感動の程度は、回数を追うごとに減っていく。これは、消費に関する立派な限界効用低減の法則と言ってよい。

ただ、その内容を詳しく見てみると、モノと情報とでは大きな違いが出てくる。ひとつは、モノと違って情報の場合、同じものを何個も購入する必要はないということだ。たしかに情報の場合も、回数が増していくごとに効用は減っていくが、接している情報は最初に購入した情報と同じものである。厳密に言えば、個数ではなく、回数なのだ。一方、モノであれば、最初から最後のモノまですべて購入したあげくの限界効用低減である。

二つ目の違いは、情報の場合、個人の中でどんなに限界効用が減っていこうが、そうした事実が市場の価格に影響を与えることはないということだ。モノの場合、たとえばもしあなたが独り者なら、二台目の自転車は、よほど安くなければ買う気がしないはずだ（一台目が壊れてしまったのなら別だが）。しかし、ある映画ソフトを何度も見て飽きてしまったので、次に購入する別の映画ソフトは安くなければ手を出さない、ということはない。

つまり、情報もモノと同じように、何度も接すればその回数に応じて効用は減っていくが、価格への影響は最初に買ったときのままだし、次の購入にも影響を与えないということである。

これでわかることは、ひとつは、情報社会では、同じ商品であれば消費者人数を上限として販売量に限界があるということだ。どんなヒット商品でも、100%普及したらそこで終わりだということである。また、前項で説明したように、情報価値は社会的な普及度の影響を受けるので、モノと違って、そもそも100%普及は見込めないという点も忘れてはならない。たとえばユニクロがここまで大きくなったのは、ファッション産業でありながら、デザイン性や流行に頼り切っていないという点がポイントである。フリース、ヒートテック、ウルトラライトダウン、UVカットパーカーなど、ユニクロはつねにモノとしての機能性進歩を怠らないでいる。

さらに言えば、情報社会の先頭を走る巨大企業、グーグル、フェイスブック、インスタグラム、ツイッターなどにしても、自らはけっしてコンテンツづくりに手を出していないという点に注目すべきである。彼らが提供するプラットフォームにあふれているコンテンツは、ほとんどすべてが一般大衆の作り出したものだ。その意味から言えば、彼らのビジネスの屋台骨は、これまでも、そしてこれからもプラットフォームビジネスであり続けることは間違いない。コンテンツメーカーでは、原理的にビジネスの巨大化は無理なのである。

多様化が進む情報消費

情報は、その情報がどれくらい広がっているかで価値が決まってくるが、ただ、その数や広がり具合だけによるものではない。

これまでのモノとの違いは、情報の価値の場合、人それぞれの評価次第でその価値が大きく変わってくるという、主観による価値の上下が激しいという点だ。こうした情報の価値の特徴は、あまり知られていないが、今日の人々の消費行動に大きな影響を与えている。

マーケティングの世界では今や、ターゲットセグメンテーションという考え方は、ごく一般的な手法だ。商品やサービスを提供する場合、ターゲットによって、それぞれ内容を違えなければいけないという考え方だ。また逆に、もしもこちらの商品やサービスが一種類だったら、それだけではすべての顧客を獲得することはできない、とも言ってよい。

良い製品を作れば誰にでも売れるマスマーケティングの時代が終わりを告げ、ターゲットセグメンテーション（市場の細分化）が叫ばれ始めたのは、１９６０年代のアメリカにおいてである。一方、その頃はまだ、わが国では大量生産・大量消費の時代が続いていて、消費者の個性化や多様化が言われ始めるのは、１９８０年代に入ってからのことだ[5]。

その頃は、ちょうどバブル経済のはしりにさしかかっていたので、それまでの大衆消費が小衆、分衆消費に変化し始めたとき、そうした消費傾向の変化は、人々が豊かになれば自然とそうなるものだと思われていた。その見方は、半分は当たっていたが、もう半分は別の理由からだった。半分とは、消費の情報化だった。

この時代、商品は多機能化していったと同時に、さかんにそのデザイン性が問われ始めたのである。カメラも時計も電話機も、クルマもそして街角のレストランやカフェの空間も、さまざまな色やカタチのデザインで一気に華やいだ。ポストモダンデザインが叫ばれ、世界中から著名なデザイナーが日本に呼び寄せられ、彼らの多くが大手の家電メーカーや生活用品メーカーと契約した。機能よりも見た目、つまり情報の価値が重視され始めたのだ。

こうなれば、消費の多様化、個性化は必然だった。機能進歩がとまった製品の差別化はデザインで行うしか他に術はない。それだけではなかった。大手企業をはじめ、ありとあらゆる企業がＣＩ（コーポレイト・アイデンティティ）と称して、企業のマークを変えた。多様化した消費者をとらえるために、商品だけではなく、企業自身の情報化が進められたのである。

バブル崩壊後も、商品や企業の情報化は止むことがなかった。９０年代から、そして今も引き続き経営者の関心をひきつけているのはブランドの価値だ。企業の使命は、何しろ消費者に自社の製品を手に取ってもらうことだ。価値の中心がモノの実用機能から情報に変化したおかげで、どの顧客も移り気になった。「私が好きなものは、私が決める」という時代になったのだ。そこで持ちだされた切り札がブランドだった。ブランドさえ作り上げれば顧客を魅了し、長く引き止めることができる。こうしたブランド神話を今なお牽引しているのも、また、その大きな背景となっているのも、情報化による商品の多様化、個性化である。

そして、今日、そのブランドパワーにとって替わろうとしているのが、外ならぬビッグデータマーケティングだ。情報化の進展で限りなく多様化していった消費者を企業が見失いつつあった中で、「消費者は、次はきっとここに現れる」とばかりに教えてくれたのがビッグデータだ。それは、かぎられたサンプル数のリサーチによって消費者行動を不確かに予想するのではなく、また、デザインでひきつける必要も、ブランドパワーで縛る必要もない、究極的なまでに細分化された市場に向かうには最適の方法だと信じられている。

こうしたビッグデータの効能が今後どこまで続くかわからない。ただ、個々人によって価値判断の違う情報の価値が主流になった今日、消費者の気まぐれをビッグデータがいつまでも追い続けられるのか、また、追い続けられることそのものを消費者が拒否し始めることはないのか、情報化した消費者と、デジタルパワーのイタチごっこが当分続きそうだ。

逆走する消費者

ギリシャ神話に出てくるミダス王は、触れるものすべてを黄金に変えてしまう能力を神から授かった。そして、現代の私たちが触れるものはすべて、クラウドに集められる情報として変化しつつある。たとえば、あなたがメンバーになっている音楽サブスクリプションサービスで聞いた楽曲は、あなたの知らない間に、他の同じような選択をした人たちの好みの情報と掛け合わされ、あなた好みのプレイリストとして送られてくる。もちろん、あなたの選択行為も同じように、あなたが見も知らない人たちのための情報として、どこかで活用されていることだろう。

頭をなでることで可愛い娘まで黄金に変えてしまったミダス王の話は夢物語だが、現代の私たちが置かれた状況は現実そのものだ。かつて、二十世紀のアメリカを発祥とするコマーシャリズムは、私たちの欲望が真に自発的なものなのか、そうではなく、絶えずテレビや新聞などのマスメディアから流される広告によって引き起こされたものなのか人々を当惑させた。だが、今やそのマスメディアさえもが片隅に追いやられ、コンピューターアルゴリズムがあなたの好みの世界を作り上げる。

もともと、情報の世界は多様性が本来だ。情報は差異から生まれ、他のものと異なっていればこそ、その存在価値があるからだ。ではなぜ、人々は競って同じような流行のファッションを身にまとい、同じような音楽を聴きたがるのか。

理由のひとつは、情報価値の異化作用と同化作用にある。異化作用とは、情報は差異から生まれるという言葉どおり、異なることで存在感を示そうという働きだ。まわりものと違ってさえすれば、それ自身が何であろうと価値を生む。奇抜なファッションで街を歩けば、その人のセンスにかかわらず人々の目をひく理屈だ。

一方、同じファッションの世界でも、制服、ユニフォームのような世界がある。たとえば制服で身をかためた人たちは、着ているものだけでそれぞれの人を区別することはできない。区別さえできないのだから、服装による個々人のアピール力はほぼゼロだ。ただ、団体としての力、そしてその存在感は大きなものがある。それぞれの構成員の個性はないが、ひとつのかたまりとしての価値は大きい。これを私は、情報の同化作用と名づけている。

そして、かたまりとしての力に大きなものがあれば、また他を圧倒する力があれば、当然ながら、構成員もまたその恩恵を受けることができる。結果として、できることなら自分もその仲間に入ろうという同調作用が働くことになる。自分に似合うかどうか、自分の趣味かどうか別として、幅広のボトムが流行れば、自分もぜひそれをはいてみたいという気になるのだ。

かつてのマスメディアは臆面もなく堂々と喧伝した。あらゆるメディアとプロモーションツールを動員して、こうした情報の同化作用による大きな渦をこしらえた。かたや、今日のコンピューターアルゴリズムの世界は、ある意味スマートに、ネガティブに言えば隠密裏にとも言ってよいのだが、こうした情報の同化作用をたくみに仕掛ける。たとえば、回転ずしのベルトコンベヤーから、あなたの好みのネタばかりが流れてくるのだ。あえてこちらから注文などする必要もなく、季節のネタが、そしてあなたの大好きなネタばかりが次々と目の前に現れるようにである。

とくに音楽の世界では、こうしたコンピューターアルゴリズムによる情報の同化現象が顕著だ。協調フィルタリング技術を使ったレコメンデーション・エンジン機能が、次々と好みの商品をすすめてくるからだ。『音楽が未来を連れてくる』の著者、榎本幹朗によれば、「2014年、1%の売れっ子ミュージシャンが売上げに占める割合は、CDなど物理売上げで75%、iTunesなどダウンロード売上げで77%、スポティファイなどストリーミング売上げで79%だった。ネット時代は『その他大勢』が売れるようになると語るロングテール理論がほめそやされるなか、音楽の世界でいっそう寡占状態が拡大した背景には、協調フィルタリングの普及が関わっていた」と語る[6]。

その意味から言えば、現代のコンピューターアルゴリズムによるその情報同化作用の力は、これまでのマスメディアの手法と比べて、場合によってはより強力で、また人々がそれと気づかない分、危険でさえある。奴隷が真の奴隷となるのは、自らが奴隷であることに気づかなくなったときだからだ。

モノの価値世界は絶対価値世界だから、同一的、画一的な社会を生んだ。一方、本来的に情報社会は、差異性を基本とする多様性の社会である。だが皮肉なことに、情報社会をリードしていくデジタル社会は、コンピューターアルゴリズムによるステルスな画一社会を生み出そうとしている。こうした逆走現象がどこかで止まるのか、今のところその先は見えない。

アルゴリズムの奴隷

この春、大学を卒業したA君は、自慢の料理の腕を生かして、十万を超えるフォロアー数を誇る人気ユーチューバーだ。最近では、かんたんに作れておいしいメニューを並べた料理本も何冊か出している。だが、そうしたA君に言わせれば、ユーチューバーは「アルゴリズムの奴隷」だと言う。

ユーチューブにとって好ましいと思われる動画は、「クリック率が高い」、「視聴維持率が高い」、「コメント数が多い」、「高評価が多い」などさまざまな条件がある。そのため、ユーチューバーの多くは、何とか再生回数の増加をねらう日々が果てしなく続く。結果、精神を病むユーチューバーも数知れずいると言う。当たり前のことだが、ユーチューブのアルゴリズムは優れたコンテンツを選び出すためにあるのではなく、ユーチューブの広告収益を最大化するためにある。

A君の作った料理にせよ、自称エコノミストによるビジネス予測にせよ、その料理が本当においしいかどうか、また、その経済予測が正しいかどうかは、ユーチューブのあずかり知らないところだ。ユーチューブの関心事は、広告収入と直結する、視聴者の再生回数と、また彼らがどれくらい熱心に見てくれるかどうかだけだからだ。

そのくらいのことは知って見ています、という人たちがほとんどだろうが、動画を提供している側のA君にとって、問題はそんなにかんたんではない。自らが提供している動画の内容と、アルゴリズムによる評価のズレの不合理さをもっともよく知っているのは、外ならぬA君自身だからである。

たとえば、ユーチューブ番組のクリック数はサムネイル画像（その動画がどのような内容のものであるかを表す縮小画像）に左右されることが多い。文字だけで表現するのか、自分の顔写真やコンテンツの一場面を入れるのか、文字にしても字体や色などによって反応は違ってくる。もちろん、コンテンツの中身を忠実に伝えるのか、大げさに表現するかでも反応は大きく違ってくる。

そして、ユーチューバーのほとんどがサムネイル画像を自分自身で作る。一見、当たり前のように思われるかもしれないが、ふつう、商品の作り手やサービスの担い手と、それらのプロモーション素材の作り手は別人物だ。そのため、ユーチューバーはこれまで以上に、自分が提供しているコンテンツ内容そのものと、アルゴリズムに合わせるがゆえに過度に走りやすくなるサムネイル画像とのズレを意識することになる。その分、誇大広告をしているのは、自分自身だという罪の意識にさいなまれやすい。

A君のような料理コンテンツなら、自分のおすすめの料理メニューでも意外にクリック数が伸びないこともあれば、逆にそうでもない内容であっても、サムネイル画像次第で多くの反応があることもしばしばだろう。結果として、コンテンツづくりよりも、サムネイルづくりに時間をとられることも多くなる。

もともと、アルゴリズムの役割は、すべての要素をチェックすることなく、必要とされるニアイコールの解を探し出すためにあるものだ。大量の情報の中から、もっとも簡便な手法でもって近似値を探り当てる手法なのである。

こうしたアルゴリズムによって抽出される答えと現実とのズレは、本来的に情報そのものが持つ危険性だとも言える。情報とは実体ではない。たとえて言えば、情報は実体の輪郭線なのである。私たちが五感で探り当てる情報は、実体の持つ要素のごく一部にすぎないものだ。その一部にすぎない情報でもって、私たちは実体を推測する。そのため、実体そのものにより近づくためには、実体とのズレを絶えず補正する努力が欠かせない。A君の料理で言えば、A君がこしらえた料理を実際に食べてみることだ。現実に私たちは、評判のレストランに足を運び、評判という情報と実体とのズレを補正する。ただ、こうした補正行為さえ忘れさせるような実体感を人々にいだかせるところが、アルゴリズムという手法が持つ手際の良さだと言ってよい。

そして何よりも、アルゴリズムだけで現実世界を認識しようとする今日のデジタル情報社会の危険性をいちばん良く知っているのが、アルゴリズムの奴隷たるA君のような情報の発信者自身なのである。

消費者なのか生産者なのか

私たちは自身が工場で働いていたり、オフィスで仕事をしているときは生産者で、それ以外のときは、自分のことを消費者だと信じて疑わない。モノの時代には、こうした区分けはおおよそ間違っていなかった。だが、デジタル情報社会では、このような従来までの考え方はまったく通用しなくなる。消費しているように見えても、あるいは何もしていないように見えても、実はせっせと生産しているのだ。何を生産しているのか——情報を生産しているのだ。デジタルネットワーク社会に生きる今日の私たちは、自分ではまったく意識することなく、毎分毎秒、情報の生産にたずさわっているのである。

エネルギーの様相は、時々刻々、変化する。人為的にそうなることもあれば、何もしなくても、熱力学のエントロピーの法則に従って、秩序だった状態からより乱雑な方向へと変化が進む。いずれにせよ、こうしたエネルギーの様相変化は、フットプリント――何らかの痕跡――を残さざるをえない。あったものがなくなっても、なかったものが新たに生じてもだ。

このフットプリントを別の言葉で言いかえると、「情報」ということになる。変化しうるあらゆる可能性の中から、たったひとつ選ばれた変化が、「情報」に外ならない。

これまでの私たちは、情報発信と言えば、雑誌や新聞に寄稿したり、学校で何かの発表をしたり、最近ならSNSで身近な情報をネット上にアップロードすることなどだと考えていた。だが、IOT(Internet Of Things)の時代を迎えると、自宅でくつろいでいるとき、街を歩いているとき、クルマに乗ったり何かの製品を使っているときなど、生活していること、息をしていることそのものが情報発信活動となる。

それはちょうど、広大な畑に日々、種を蒔きながら歩いているようなものだ。もちろん、そうした情報生産活動が、年々のGDPに換算されることなどほとんどない。だが、それらの情報は、ネットを通じてクラウドに送られ、そのビッグデータはAIとデジタルサイエンティストたちの手によって分析され、企業や政府、自治体などによって活用される。それらの情報は、モノ、人、カネに加えた欠くことのできない経営資源として活かされるのである。

中でも、これから劇的に変わっていくのが電力の世界だ。現在の電力需給のコントロールは、そのほとんどを電力会社が行っている。そして、現在の発電源の多くは火力や原子力などで安定した供給体制にあるが、今後、自然エネルギーの太陽光や風力にその主力が移っていくと、供給の不安定化は避けられない。そのため、需要サイドの電力消費を細かに把握する必要が出てくる。

つまり、電力のユーザー側から随時、使用データを提供する必要があるのと（この場合、電力ユーザーは使用情報の生産者ということになる）、加えて、太陽光発電など自宅での発電がさらに進んでいくことで、今までの電力のコンシューマー側から、電力のサプライヤーとしての立場に変わっていくことになる。電力の消費情報と電力サプライヤーという二重の生産消費者（プロシューマー）化が進むのだ。

もちろん私たちは、自らの生産情報を細かに日記につける必要などない。家やクルマや家電製品に付けられたスマートメーターやセンサーがすべてを処理してくれる。また、情報の生産者は人間やモノだけではない。すでに、畑の作物の形状や色あいから成長度合いを分析し、収穫時期を予測するプログラムも実用化されている。さらには、作物を育む土壌日射量、水分量、栄養分などのデータが常時収集され、自動供給される農業のスマート化も現実のものとなっている。こうして、今や変化する主体はすべてが情報生産者に組み込まれ、新たな生産活動に再利用される。

情報社会24時間の壁

情報化が資本主義をシュリンクさせている——いやむしろ、話は逆ではないか。インターネットは私たちの生活にすっかり溶け込み、デジタル化の大波は日々新たなビッグデータを生み、新しい産業やビジネスを次々に生み出していて、情報化こそが、新しい資本主義を牽引しているのではないだろうか。こうした見方は、しごく当然のようにも思える。

だが、無限に拡大していきそうな情報ビジネスも、ある部分、しっかりと拡大限界の枠がはめられていることに気づく人は少ない。

現在のネットビジネスの多くが広告に頼っていることは知られているとおりだ。広告さえうまくスポンサードできれば、個人的なブログにせよ、ユーチューブやインスタグラムのような巨大SNSサービスビジネスにせよ、資本主義ビジネスの一翼をになうスター的存在となれる。だが、一面、大繁栄をとげているように見えるこうしたネットビジネスも、それらの繁栄は、一方で大きなマイナス企業を生み出すゼロサムゲームにすぎないのだ。

情報は差異から生まれる。情報の多くは、時間的な差異を利用して価値を作り上げる。音楽も映画もそしてユーチューブやインスタグラムもラインもみんなそうだ。音楽はひとつの音と別の音の関係性から価値が生まれるし、ユーチューブの動画は別々の静止画像がいくつも時間の流れの中に並んだものだ。インスタグラムやラインは画像や文字だから一瞬で済まそうと思えばできないこともないが、現実はたくさんの文字や画像を追う時間が必要になる。情報消費とは、一面、時間消費活動に外ならない。

そのため、情報消費ビジネスの勝者とは、同時に、時間の陣取り合戦の勝者を意味する。そして、時間は誰にとっても分けへだてなく制限があるから、おのずとゼロサムゲームとなる。たとえば、テレビの世界が視聴率にこだわるのは、この時間の壁こそが原因であることはあまり知られていない。テレビ局が自社の売上げを増やすには、一日の放送時間は限られているから、一番組あたりの広告単価を上げていくしか術はない。そのためには、番組あたりの視聴者数、すなわち視聴率を上げていくしか方法はないのだ。さらに、リアルタイムの視聴者を増やすには、裏番組から他局の視聴者を奪ってくるしかなく、当然、ゼロサムゲームとなる。激しい視聴率競争の理由はここにある。

2020年のコロナ禍は人々の在宅時間を長くし、一見、ネット上のコンテンツクリエイターたちを喜ばせたかに見える。しかし、視聴者の時間の奪い合いのゼロサムゲームで悲喜こもごもというのが実態だ。たとえばユーチューブ上では、コロナによる緊急事態宣言発令後に、アスリートやタレント、女優や俳優などの著名人が一気に参入したことで、既存のユーチューバーたちとの熾烈な視聴者の可処分時間の争奪戦が始まった。

そして世界の巨大SNSも、情報をビジネスとしているかぎり、この24時間の壁からは絶対に逃れることはできない。近年になって、各社とも懸命にリアルビジネス、すなわちモノとからんだビジネスに手を広げようとしているのはこのためだ。彼らの主戦場はすでに、医療・健康、介護、AI、次世代家電、自動運転、公共交通のスマート化など、リアル市場でのIoT機器を通じたデータ収集とその支配に移りつつある。こうした世界ならば、情報消費における時間のカニバリズムはない。一見、花形に見える、コストゼロのコンテンツに広告をくっつけるビジネスモデル依存からできるかぎり早く脱すること、これがユーチューブやフェイスブックの目指す戦略なのである。

第5章 激震する生産・労働市場

パンドラの箱を開けたデジタル化

私たちの世界は可能性に満ちている。二手に分かれた道を行くのに、右を選ぶか左を選ぶか。もしもそれが三叉路なら、可能性は三つに広がる。たとえば、あなたが真ん中のまっすぐ行く道を選んだとする。それが情報である。もちろん、右を選んでも左を選んでも、それが情報となる。

ただし、あなたが三叉路のうちどの道を選んだか、あなた以外の人は知らないとしよう。私が選んだ道は「真ん中」の道です、この事実（情報）を、知らない人に知らせる、しかも機械的に確実に知らせる手法が、二進法を使うデジタル化の手法だ。二進法は二者択一方式で、選ばれた一つの情報に絞り込んでいく手法だ。一度で当たる場合もあるが、当たらない場合もあるので、三叉路の場合、一回のYES／NO質問では不十分で、最大、右ですか－NO、左ですか－NO、これで残った真ん中の道しかないということになる。

こうして二者択一方式で答えを絞り込んでいく手法は、電気的な世界にとってたいへんつごうがよかった。電流が流れるか、流れないか、あるいは電流の強弱など、とにかくＹＥＳ／ＮＯを繰り返していきさえすれば、多くの可能性の束から、たった一本の特定のくじを引き当てることができるのだ。

この単純なデジタル情報の仕組みが、今、容赦なく企業に襲いかかっている。しかも、ほとんどの業種にわたり無差別にだ。もともと情報産業、あるいは情報関連産業を専業としていた企業はもちろんのこと、モノづくりを専業としている企業や組織に対しても区別はない。

たとえば、ふだん何気なく見ているテレビだが、激震が走っている。きっかけは、ＮＨＫが２０２０年４月から開始したテレビ番組のインターネットでの同時配信だ。いずれは民放各局もこれに追随せざるをえない。だが、民放の最大の弱点は、それぞれのキー局がかかえる系列ローカル局の問題だ。現在のローカル局は、ニュースなどのわずかな自社制作番組を除いて、系列のキー局から配信される番組をそのまま流しているにすぎない。もしもキー局のネット配信が始まれば、その瞬間にローカル局の果たす役割はほぼなくなる。

加えて、地方テレビ局と地方新聞社の経営は一体のところが多い。すでに地方新聞は、消費者の新聞ばなれで厳しい経営環境にある。親会社子会社の関係にあるローカルテレビ局が倒産となれば、地方メディアすべてが壊滅状態に陥る。どこの県庁所在地でも、新聞社とテレビ局は、市街地の一等地に大きなビルを構えている。そんな見慣れた風景も今後変わっていくかもしれない。

近年、日本のメガバンクの人員削減関連の発表が相次いでいる。みずほフィナンシャルグループは１万９０００人、三菱ＵＦＪは９５００人、三井住友フィナンシャルグループは４０００人と、巨大組織が大規模なスリム化の決定を下している。背景には、低金利下で本業の利益が大幅に低下していることもあるが、デジタル化による業務量の削減がその大きな理由だ。

閉店後の銀行員の事務作業はかなりの量に上る。その日に取り扱ったお金や手形、印紙、契約書などを手作業で数える。その上でさらに課長以上の行員によって再確認が行われる。だが、現在の紙の伝票作業が電子化されれば、こうした膨大な作業は不要になる。

もともと銀行の本業は与信機能にある。お金のやりとりを正確に数えることは、付随作業にすぎない。デジタル化はそうした雑務人員を減らし、一方で主業務の与信の仕事まで効率化する勢いだ。

デジタル情報化の特徴は、もともと一体化していたモノの機能と情報の機能をはっきりと分離してしまう点だ。そして、いったん切り離されたモノは、単なる情報の付属物にすぎないポジションへと格下げされる。場合によってはまったく不要なものになってしまう。テレビ局の地上波を送る鉄塔もローカル局のオフィスも、新聞社の印刷所も配送用のトラックも、かつてはテレビ放送や新聞記事の配信に欠かせないモノだった。

ある大手デパートの社長は、「百貨店のビジネスモデルはもう消費者から受け入れられないのではないか」と危機感をあらわにしている。[1] ショーケースに並んだ商品は実は情報にすぎず、液晶画面に置き換えても同じことだと、消費者がすでに気づいてしまっているからだ。

モノから切り離されてデジタル化された情報は、その瞬間から、それまでのような時間と空間の制約から完全に解放される。クラウドに貯蔵された情報は、大掛かりなスペースやたくさんの陳列棚などを必要とすることなく、また閉店・開店時間を気にせずに、いつでもどこからでも入手可能な状態に置かれる。百貨店にかぎらず、小売店舗全体のビジネスモデルが問われているのだ。

限界費用ゼロ社会の到来

『限界費用ゼロ社会』の中で、著者のジェレミー・リフキンは、情報の限界費用がなぜゼロになるのかといった点については詳しく触れていない。もちろんそのような説明などなくても、誰しも、ネットでのメールのやりとりや好きな音楽をダウンロードするのに、最初に一定額さえ支払えばあとは使い放題が当たり前だと思っているので、そんなことは誰も気にとめなかっただけのことだ。

ただ、あらためてなぜ情報の再生産は限界費用がゼロなのだろうか。理由は、情報の価値機能はエネルギーの様相から生まれる関係性によって作り出されるからで、その関係性さえコピーしてしまえば、ほぼゼロコストでオリジナルと同様の価値機能が誕生するからだ。

私たちが価値を感じるのは、そこに何らかの機能があるからだ。重いものを軽々と持ち上げることができてもよいし（テコの機能）、それをカラダに取り入れることで元気が出てくる（食料摂取によるエネルギー補給機能）ことでもよい。あるいは道に迷ったとき、そばに立っている案内標識を頼りにすることもできる（正しい方向を教えてくれる情報提供機能）。

長い間、私たちは、モノの提供する機能、つまりエネルギーの補給や、逆にエネルギーを効率よく使い、節約する機能に価値を感じてきた。だからこそ、それが価値の中心だと思い込んできた。

今や情報は、二つの側面から、価値の中心的な役割をモノから奪いつつある。ひとつは、エネルギー補給やその効率性を上げる際の「方向性」を指し示すことだ。原始的なことを言えば、「切り出したこの丸太をどこに運べばよいのか」ということだ。それを指図するのは言葉でもよいし、紙に書かれた指示書の文字でもよい。今ならモバイルの画面をチェックすることで、丸太を運ぶべき場所がすぐにわかることだろう。

私たちは長い間、大切なのは、丸太にするための木を育てること、そして成長した木を森からうまく切り出すことだと考えてきた。その重要性は将来とも軽んじることはできないが、樹木の育成技術や伐採・運搬の技術進歩が、相対的にその重要性を軽いものにしてしまった。それよりも重要なことは、その丸太が生かされるマーケットの所在を指し示すことなのだ。それが「情報」である。

二番目は、人類が、情報そのものを前よりもいっそう楽しむようになったことだ。情報には、丸太が高値で売れるマーケットを教えてくれるような手段としての情報と、その情報に触れることそのものを価値とする目的としての情報がある。音楽やテレビ、映画、ビデオ映像、アニメ、ゲーム、そして広い意味で、スポーツや文化イベント、観光などもそれらに含まれる。

主にこうした二つの価値機能を持ち合わせる情報だが、その再生産に要する費用が基本的にゼロ、もしくは、モノに比べて格段に安く済むのだから、経済社会は大きく変わらざるをえなくなる。

まず、生産者や消費者にとってのメリットから見てみよう。言うまでもなく、生産者にとっては劇的にその生産効率が上がる。四十年ほど前に、筆者が広告代理店の新入社員時代に行っていた雑誌の広告原稿の送稿作業は、今は人がする仕事としては、そのほとんどが消え失せている。その頃は、クリエイターが制作した版下原稿（紙の上に写植文字が打たれ、写真のトリミング指示が描かれたもの）

を取りに行き、それを雑誌社に持ち込むまでが私の主な仕事だった。今は、原稿の制作段階からデジタル化され、入稿も校正作業もすべて電子送稿になっている。生産の効率化とは、わかりやすく言えば、それに必要な人手が減り時間が短縮されることだ。かつての私の仕事はなくなり、しかも作業ははるかにスピードアップされた。当時のクリエイターは、同じような表現の版下原稿を、雑誌別にサイズを変えて何枚も作り、それを雑誌社別に人の手で運び込んでいたのだが、今はわずかなキーボード操作だけで作業は終わる。一度作り上げた原稿をもとに、新たな一枚を再生産するのに必要な費用、すなわち限界費用はほぼゼロである。

また、消費者側のメリットは、日ごろ私たちが慣れ親しんでいるとおりだ。たとえば、自分のスマホにたまった写真の枚数分を、かつての写真フィルムと現像代金とに換算してみたら、そら恐ろしい金額になるはずだ。もちろん、近年の動画や音楽のサブスク料金の費用対メリットの大きさは言うまでもない。

一方で、情報が持つこうした限界費用ゼロの特性は、これまでの企業活動に深刻な影響を与えつつある。情報にかかわるすべての産業、企業、事業、仕事、作業がこの影響を受ける。とくに危ういのが、見た目はハードなインフラに固められているようだが、中身のビジネスは情報そのものの産業だ。すでに、新聞、雑誌といった既存のグラフィックメディアのビジネスモデルはほぼ消滅した。本格的にインターネット時代が始まったのが2000年以降だとして、二十年かからなかった計算になる。近年は、地上波の民放テレビもほぼ同様の道をたどり始めている。

次に控えているのが教育のビジネスモデルの崩壊である。とくに義務教育でない高等教育は危うい。

たとえば、今の大学が教育機関として存在しえている理由は二つあって、ひとつは学位の授与、もうひとつがキャンパスだ。講義は、決められた時間に決められた教室で行われる。学生は、キャンパスという物理的空間で、しかも特定の時間だけに実施される講義を聴くことを強いられ、また、そこにしか卒業に必要な単位は存在しない。だが、オンラインでの講義配信は、このすべてを解き放つ。キャンパスも時間割もまったく関係なくなる。好きな時間に好きな場所で見ればよいからだ。

そうなれば、日本全国さらには世界の講義や教育が、一部の実技指導を必要とする科目を除いて横一線に並んで競合関係となる。すでに東京大学は、2021年4月から「グローバルフェロー制度」を設け、世界トップクラスの研究者が東大の教員としてリモートで講義、単位付与、研究指導、セミナー参加などをする新制度をスタートさせた。[2] 早晩、他の国公立大や大手の私立大がこれに追随することになるだろう。

デジタル情報社会では、情報にまとわりついていた余分なハードやシステムがすべて取り払われる。写真フィルムも新聞社の印刷所も、町の本屋も大学のキャンパスも教室も、すべてが同様の運命をたどる。そして、一度作り上げれば再生産コストがゼロの限界費用ゼロ社会へと向かっていく。

一方で、経済原則から言えば、劇的に価格が低下すれば、それに見合った膨大な需要が生まれるはずだという考え方もできる。だが、価格が下がって、それに見合うだけの需要が増える商品はそんなに多くはない。たとえば、「電線の値段が二分の一になっても、需要は二倍にならない」のだ。[3] また、仮に需要増が見込めたとしても、稼ぎどころの情報コストがゼロに近づくのだから、それに見合う売上げをあげるためには、相当程度の需要増がなければ見合わないことになる。こうして、ほぼコストゼロで価値だけが増殖していくという、今まで人類が経験したことのない経済社会が始まっているのだ。

商品の情報化に振り回される生産現場

多品種少量生産と言えば、今日では、どんな企業でも当たり前のこととして受け止めている。そしてその背景にあるのは、消費の多様性や流行の移り変わりの速さくらいにとらえている。だが実際のところ、その根本にあるのは、情報の価値の性格によるものだ。

前章で説明したように、モノと違って、情報消費の効用は、社会的な影響を受ける。[4] 自分が良かれと思って購入したものでも、みんながそれを持つようになると次第に価値が減っていく。自分が同じものをたくさん買ったからではない。他のたくさんの人が買った自分と同じものによって影響を受けるのだ。こうした現象は、流行のTシャツからニューモデルのクルマのデザインまで同じことだ。

つまり、生産者側の視点から言えば、自分たちが作っている商品の情報度（第2章「避けられないモノから情報への動き」の項参照）が高まれば高まるほど、商品は売れにくくなるということを意味する。同じものを作って売れば売るほど商品の情報価値が下がって、自分で自分の首を絞めることになってしまうからだ。

しかも、情報商品の購入者は、同じものを二つ購入することはまずない。同じ内容なら、すべて一度きりの購入で終わりだ。[5] ますます、同じものは売れなくなる。その結果として、つねに新商品、新製品であることを迫られることになる。

資本主義の勃興期から最盛期までを支えてきたのは、同じモノを大量に生産することで、商品あたりのコストが下がり、そこから大きな利潤が生まれたからだ。そして企業同士の競争は、価格と実用機能面での競争が主だった。コスト削減と技術面の進歩で他社に後れをとらないこと、それが至上命題だったのだ。

こうした実用機能面と低価格競争が終わりを告げたことに、戦後まもなく気づいたのが、ある家電メーカーの経営者だった。１９５１年、松下電器産業（当時）の社長、松下幸之助が、アメリカ・マーケットの視察から帰国後の第一声で発したのが「これからはデザインやで」という言葉だったと伝えられる。デザインの世界では伝説となっているこのセリフの信ぴょう性は定かではないが、松下電器がその後すぐに日本企業としてはじめて宣伝部内に意匠課を設立し、デザインの組織化をはかったことは事実である。[6]

だが、さしもの松下も、自分たちが取り組み始める相手が、モノの実用機能とは異なる情報の価値だという点に気づいていたかどうか。ただ、そうした中、わが国においてモノ全盛の時代は、１９８０年代のバブル期を迎えるまで続くことになる。

バブル期になると、カネ余りの中、モノに体現化される情報価値は急激に増えることになった。企業は競ってそれまで使っていたマークを次々と新しいものへ変え、街では若者たちがＤＣブランドと称された個性的なファッションを身にまとって闊歩した。また、世界中から著名なデザイナーたちが集められ、カメラ、電話機、クルマ、さらには家のスリッパからタオルまで彼らのイニシャルをかたどったネームタグが付けられたのだった。
以後、バブルははじけたものの、ブランドマークや広告、商品そのもののデザイン、そして今ではSNSの口コミなどによって、ありとあらゆる角度から情報の価値が商品に付加される時代となったのである。

重厚長大から軽薄短小へと言われたように、1960年代から70年年代にかけて、世界中の製品を便利で使いやすいものへと変えたのは、日本のモノづくりの技術力だった。だが、デザインやブランド力、そして今日のデジタルの時代に見られるように、商品販売の勝負のポイントがモノから情報へと移るにつれて、日本企業の優位性は次第に薄れていった。むしろ、いつまでも細かい機能性改善に固執するあまり、日本国内でしか通用しないガラパゴス製品化していったのである。

モノが持つ実用機能価値は絶対価値だ。自然科学の物理法則に従って、演繹的に進化していく。そのため後戻りはしないし、将来の発展の方向性もほぼ予見可能だ。一方、情報の価値は、まわりの環境と評価する主体によって価値が大きく上下する相対価値だ。こうすれば、必ずこうした成果が得られるといった保証はどこにもない。企業内のデザイナーを倍に増やしても、売上げは倍にならないのだ。そこには一定の公式も勝利の方程式もない。あるとすれば、変化への対応力と試行錯誤の方法だけだ。

モノの価値づくりには完全主義が通用する。それに対して、相手の動きでこちらの価値まで影響を受ける情報の世界では、完全主義は通用しない。できるのは、どこまで成功の確率を上げることが可能かどうかだけなのである。

タテの競争、ヨコの競争

今日の企業経営者を悩ますのは、技術進歩、あるいはイノベーションというタテの競争と、一方で、情報化の進展によって、絶えず周囲とは違う何らかの差異を作り上げなければいけないという、いわばヨコの競争、この二つの熾烈な競争だ。もちろん、タテの技術競争に圧倒的に優位に立つことで、ライバル企業との競争に打ち勝つという場合もなくはない。ただ、技術的優位だけでは企業間競争に勝てなくなったのが、今日的な企業経営の特徴でもある。

なぜ、タテの競争（技術競争）だけでは勝てないのか、これも背後に急速なデジタル化の進歩がある。かつて、革新的な技術開発は別として、他社との比較優位に立つには、設計図どおり精密に製品化するための高度な技術力が要求された。部品そのものの精密さや部品と部品の細かいところでのすり合わせ技術である。家電も精密機器もクルマも、世界の中で日本が優位に立てたのは、この点で優っていたからだ。

だが、今日、メカニズムを正確に作動させるのは、パネルに貼り付けられた集積回路だ。そのため、特許さえクリヤーすれば、半年も経たないうちに、ライバルと同じ機能の製品づくりが可能になった。それどころか、追いかける企業の方が、スペックは多い上に価格も安い製品を出してくる。結果、店頭には似たような商品が多数並び、各メーカーともディスカウント合戦に巻き込まれる。

企業に残された道は、革新的な技術開発――いわゆるイノベーションか、情報価値による差異化しかない。ある意味、あらゆるメーカーがアップルになることを強いられているのだ。

わが国でも２０００年くらいから本格化した企業のブランド創造信仰が、いまだ止むことがないのはこのためである。他に差別化の方法がないのだ。そのため企業はタテ＋ヨコの総力戦で企業や商品のブランドづくりに全力をあげることになる。

ブランドの定義はいくつかあるが、ブランドがモノではなくて、情報だということは誰にでも理解できるはずだ。ブランド商品そのものはモノかもしれないが、ブランドの価値は情報の価値だ。たとえば、ブランドをここに持ってきてくださいと言われても、どうしようもない。ブランドはそこらに転がっているものではなく、消費者の心（頭）の中にあるひとつの概念にすぎないからだ。その結果、情報で食べている企業も、モノを売って食べている企業も、いずれも情報の価値であるブランドづくりに躍起となっているのが、現代の企業の姿というわけだ。

そのブランドだが、当然ながら、それは情報の価値の特性に従う。情報は差異から生まれるから、徹底した差異化が必要になる。しかもその差異は、他が絶対に追いつけない違いであることが重要だ。情報は複製がかんたんだから、表面的なイメージだけなら、他社にすぐに追随されてしまう。ブランド創造に時間がかかるのはこのためだ。たとえば「創業三百年」の老舗のれんは、そうそう真似できないのである。

三百年は無理にしても、多くの企業がこの違いづくりに失敗する。ブランドが情報の価値、別の言い方をすれば、「知覚品質」であることを忘れてしまっているからだ。情報の価値判断は、受け手次第の相対価値だから、企業側の言いたいことだけを言ってもうまくいかない。伝える相手がどうとるかがカギなのだ。長い間、誰にでも同じように伝わるモノの絶対価値世界に慣れ親しんできた人たちには、このことがすぐには理解できない。

そして、もともと情報価値勝負のヨコの競争が苦手な日本企業が、次第に技術競争のタテの競争まで勝てなくなったというのが、近年の状況なのである。

テクノロジー＋クリエイティブ

こうして激しい企業間競争にさらされるビジネス界では、当然ながら、イノベーションへの要求と、新たなビジネスの創造が求められることになる。そのカギを握っているのがテクノロジーとクリエイティブパワーだ。

アップルの創業者、スティーブ・ジョブズが「アップルは、リベラルアーツとテクノロジーの交差点にある会社だ」と語ったことはよく知られている。リベラルアーツは日本語でしばしば教養と訳されるが、ここではむしろ人間的な要素とでも訳した方がよいかもしれない。事実、アップルの製品が世界の人々に愛されているのは、技術的な革新性に加えて、人々を魅了するその優れたデザイン性にある。

ジョブズにとって、デザインは見た目ではなく、実際にそれがどう機能するかに尽きた。デザインと機能の関係について、デザイナーの佐藤可士和は、著書の中でこう語っている。少し長くなるが、一般的に語られるデザイン観よりも、ジョブズ同様、デザイン機能の本質を突いている一文だ。

以前、コラムニストの天野祐吉さんと対談した際に、「外見と中身を分けて考えている人がいるが、外見は一番外側の中身なんです」とおっしゃっていましたが、これは、デザインの本質を突いた言葉ではないでしょうか。中身の考え方を正しく表に表せているものが、デザインされたものということなのです。iPod や iPhone など、ここ数年で発売されたアップルの一連の商品は、デザイン本来の力が鮮やかに発揮されている好例です。明快なコンセプト、美しいプロダクトデザイン、機能性と操作性抜群のインターフェイス、iTunes や App Store などのサービス、パッケージデザインから広告キャンペーン、そしてブランド世界を体現するリアル店舗であるアップルストアまで、すべてクオリティの高いデザインによって一貫したフィロソフィーが表現されています。[7]

ここで語られていることは、今日の製品開発、あるいはビジネスそのものとも言ってよいのだが、そこでは、テクノロジーとデザインのようなクリエイティビティは、もはや一体不可分となって機能を発揮するということだ。

２０１８年5月、経済産業省・特許庁は「デザイン経営宣言」と題した報告書を発表した。報告書のポイントは、デザインが、ブランド創造とイノベーションの両方に寄与するとしたことだ。これまでデザインパワーによるブランド創造については、広く知られていたし実践例もたくさんあった。一方で、イノベーションとデザインが関連づけて語られることはほとんどなかったと言ってよい。デザインがイノベーションを引き起こすとはどういうことだろうか。ここでのイノベーションに対するデザインの機能として、二つのことがらが指摘されている。ひとつは、新事業なり新製品を作り上げていく上で、消費者視点を持って行うということだ。優れたデザイン作業は、つねにユーザー目線で行われるからだ。二つ目は、発明を社会実装化するには、デザインのパワーが欠かせないという点からである。もしもアップルのiPodやiPhoneが、つまらないデザインだったら、これほど人々から歓迎されたかどうか。

　イノベーションとは新技術の発明だけでなく、それを社会浸透させてはじめてイノベーションとなる。そのためには、それを使いやすく、かつ魅力的にし、さらにはそれを使う新しい意味づけも同時に行われなければならない。これらすべてを行うのがデザインだ。

「デザイン経営宣言」の作成にもたずさわったデザインエンジニアの田川欣哉は、次代のイノベーションを起こすリーダーは「Business, Technology, Creativity」の三つの能力を備えた「BTC」型の人材や組織だと語る[8]（図3参照）。

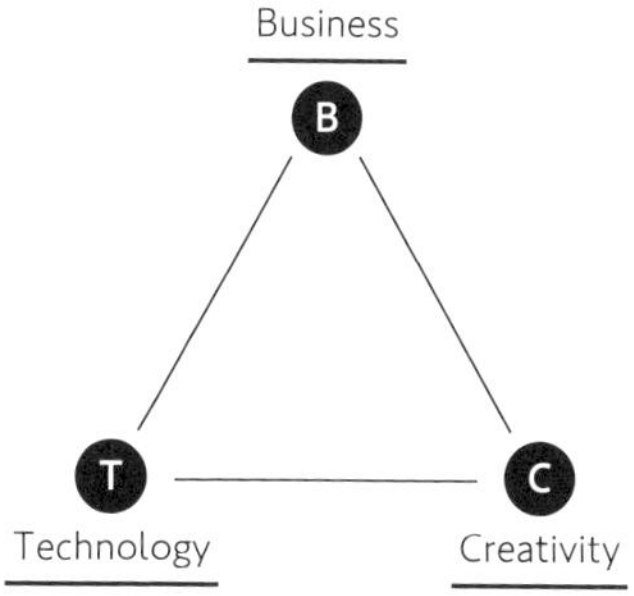

図3　イノベーションを生み出す BTCトライアングル
（田川欣哉『イノベーション・スキルセット』大和書房 2019年, 44頁）

　この三つのトライアングルを必要とするのは、たとえば、組織と人、その両方だ。研究開発部門、マーケティング部門、クリエイティブ部門の壁が取り払われてはじめて、イノベーションにつながるというわけだ。むずかしいのは、今後、個人でこの三つの能力を持ち合わせる人材が、わが国でも、もっとたくさん輩出される必要があるという点だ。スティーブ・ジョブズはまさにそれにあてはまる人物だったし、今なら、テスラのCEOイーロン・マスクもそうだろう。

すさまじいテクノロジーや情報化の進展は、もはや、従来型の文系人間、理系人間、文系組織、理系組織といった区分けを超えた、全天候型の能力発揮を企業に要求し始めているのである。

未来は過去の中にある

未来を正確に予測することは困難だ。一方で、ビジネスはすべて未来に向けた活動だから、未来予測なしには成り立たない。その予測を膨大な過去の痕跡から探ろうというのがビッグデータの試みに外ならない。

エネルギーの様相は、時々刻々、変化する。人為的にそうなることもあれば、何もしなくても、熱力学のエントロピーの法則に従って、秩序だった状態からより乱雑な方向へと変化が進む。いずれにせよ、こうしたエネルギーの様相変化は、フットプリント――何らかの痕跡を残す。あったものがなくなっても、なかったものが新たに生じてもだ。

このフットプリントを別の言葉で言いかえると、「情報」ということになる。変化しうるあらゆる可能性の中から、たったひとつ選ばれた変化が、「情報」に外ならない。それは、数千年前の浜辺を、巨大な竜脚恐竜がランダムに歩き回ったあげくに残した足跡と考えてもよい。その足跡は、シロウト目には、泥と砂でできた大きなくぼみでしかないが、恐竜研究者の目から見れば、途方もない量の情報をはらんだくぼみなのだ。

こうした恐竜の足跡ならぬ、人間の日々の営みの痕跡から、未来が見えてくる。まさに「未来は過去の中にある」――これこそがビッグデータの考え方の根幹にある思想だ。

ビジネスの未来を読む、あるいは個人でも自分の進むべき未来を読む、そのためには、自分がしてきたことや、これまでほぼ同じことをしてきた別の人の事例を見れば、自分の未来、つまり次の一歩が見えるはずだ、という理屈である。

従来のマーケティング担当者がもっとも関心を持ってきたことは、消費者やユーザーが、次の消費行動についてどう考えているかだ。それさえわかれば、先回りして網を張って待っていればよい。一方、ビッグデータの関心事は、消費者が何を考え、どう語っているかではなく、実際のところ過去に彼らが「何をしたか」である。肝心なのは、なぜ買ったのかではなくて、どこかで何かを買ったという事実だけなのだ。そこでは消費者意識など問題でなく、必要なのは、消費と次の消費をつなぐ線だけである。

2018年11月、JR国立駅の3番ホームの自動販売機から500ミリリットルペットボトルの水が消え、緑茶に代わった。定番の水を外す「常識外れ」の選択だったが、自販機の売上額は一か月で3%増えた。経済学の研究チームがJR東日本管内の自販機から得られた1億件超のデータを解析したことがきっかけだった。設備などモノを増やすことなく、データに学者の知恵を掛け合わせただけで「顧客の好みを細かにくみ取る」という価値を生んだ例だ[9]。

この場合、1億件の消費データが、たとえば一時的なものでなかったかどうか（水よりも緑茶が好まれたのは、夏と冬の気温差のせいだったかもしれない）、駅のホームという特殊事情もあるのではないか、また、各メーカーがたまたまその時期に緑茶飲料の広告キャンペーンを増やしたのかもしれないなど、考慮すべき点は多い。その上でなお、一定の事実が証明されるのなら、データから引き出された新たな消費行動の持つ意味は大きいと言えよう。

自然科学の世界では、因果関係が主役である。重力の法則は、ありとあらゆる物質と空間の中で、同じように適用可能だ。だが、社会科学の世界では、あるものごとの間に因果関係が見つかったように見えても、自然科学の世界ほど厳密に、いつでもどこでも通用するわけではない。むしろ不確定要素の方がずっと多い。理論に従えば、明日も必ずこうなるだろうとはいかないのだ。

ならば、理屈抜きで、実際に起こったことをできるだけたくさん集めて、その中で可能性のもっとも高いものを採用しようというのが、ビッグデータの基本コンセプトである。社会科学の世界の不確かな因果関係に頼るよりも、現実に起こった事象の中で、確率の高いものに頼った方がずっと効率が良いというわけだ。

こうした考え方は、知ってしまえば当たり前のことのように思えるが、因果関係に未来予測を頼り切っていたこれまでの常識から言えば、画期的な発想の転換である。

それだけではない。ビッグデータのさらなる脅威は、相乗効果を生むことだ。ビッグデータのおかげでビジネスが拡大すれば、さらに顧客データが増える。過去のデータが未来をつくり、その未来が再び膨大な過去のデータとなったとき、さらなる大きな未来をつくる。まさに雪だるま式だ。

こうしたビッグデータのデータ収集範囲を、ありとあらゆるモノにまで広げようというのが、ＩＯ

Tの世界である。人類の人類たるゆえんは道具を使うことだ。その道具すべてにネットワークを張れば、人類のありとあらゆる行動足跡が収集可能となる。そして、集められたデータはその道具自体や別の新たな道具の開発に向けられる。

こうして、消費活動だけではなく、私たちの生活ぶりすべてが記録収集される。やがて私たちは、よほどのアクシデントでもないかぎり、生まれて死ぬまで、コンピューターの予想する軌道どおりの人生を歩むことになるだろう。

生産消費者の台頭

「生産消費者（プロシューマー）」とは聞き慣れない言葉かもしれない。しかし、今や世界のほとんどの人々が生産消費者だと聞けばさらに驚くことだろう。インスタグラムやユーチューブに投稿する人たち、また、さらに広い意味で言えば、フェイスブックやライン、ツイッターなどのSNSを利用する人々は、立派な生産消費者の一員と言ってよい。

生産消費者という言葉を最初に使ったのは、未来学者として知られたアルビン・トフラーである（『第三の波』1980年）。そのトフラーが『富の未来』（2006年）の中でも引き続き、生産消費に関して次のような事例を紹介している。

たとえばパイを焼いて食べるとき、「生産消費者」として活動している。だが、生産消費は個人の活動とは限らない。パイを焼くとき、家族や友人、仲間に食べてもらうことを目的にしていて、金銭などの見返りを期待しない場合がある。現在では輸送や通信、情報技術の発展で世界が縮小しているので、「仲間」という概念は世界的なものになった。この点も基礎的条件の深部にある空間との関係が変化したことの結果だ。このため、生産消費活動では、無報酬の仕事によって価値を生み出し、世界の反対側に住む見知らぬ人に使ってもらうことすらある。[10]

トフラーは、市場を通さずに生産活動を行う生産消費者の経済的影響について、われわれが想像するよりもはるかに巨大で、「それがなくなれば十分後には、50兆ドルの金銭経済が機能しなくなる」と語る。そして、生産消費者としての私たちの日々の活動は、たんにパイを焼くようなことにとどまらず、今やデジタル情報機器を使った長時間にわたる膨大な作業に及ぶ。

また、SNS愛好者ならすぐに気づくように、今日の私たちは、他の生産消費者によって生産された情報を、逆に大量に消費する存在でもある。つまり私たちは、自身が無償で生産を行う生産消費者でもあり、また他の生産消費者によって作られた膨大な情報を間断なく消費する存在でもあるのだ。しかもトフラーが指摘するように、SNSによる生産消費活動は、まさに「世界の反対側に住む見知らぬ人」に使ってもらうことすらごく普通となっているのだ。

こうした市場を通さない無償の活動による、現代版の生産消費者による価値創造額の全貌や、その全体の消費額がいったいいくらになるのか、詳しく計算したデータはいまだ存在しない。いやむしろ、その価値がいくらか計算されたとしても、それはあまりに巨大で、また何日もしないうちに、さらにより巨大な数字へと変化してしまうに違いない。

これほど巨大なプロシューマー経済を生み出した背景には、言うまでもなく今日のデジタル情報技術の進歩がある。かつてのような自筆による文書の公開や、手紙のやりとりだったとしたら、その日、自分がしたことや考えたこと、撮った写真やつぶやきをたった一人の友人に伝えるだけで、おそらく半日やそこらを費やしたことだろう。

また、それとは反対に、私たちの生活の中に、知人や友人、そして地球の裏側に住む見も知らない人々からの数えきれないほど多くの情報が、絶えず舞い込んでくることはなかっただろう。

今や、ネットにつながった地球上のほとんどの人々が、日常のちょっとした疑問から深刻な健康状態の不安まで、まずはスマートフォンやパソコンのキーボードに触れて答えをさがし求める。そこには、懇切ていねいな生産消費者たちによる説明やアドバイスがあふれている。それらは、彼らが実際の体験から得た答えや、その道のプロたちによる専門的な解答など、ひと昔なら思いもよらなかったような有益な情報ばかりだ。こうしたプロシューマーたちの知識や知恵の値段を足し上げていけば、おそらく私たちの想像を超える天文学的な数字になるはずである。

格差社会の源泉

格差の理由はさまざまだ。もともと裕福な家庭に生まれついた人とそうでない人、受けた教育、あるいは国や地域差もあるかもしれない。そもそも持って生まれた能力や資質によっても違ってくるだろうし、また、今日指摘されているような正規雇用と非正規雇用の違いや、急激な高齢化社会の進展で、わずかな年金だけで暮らさざるを得ない高齢者の貧困問題もある。

ただ、こうした条件差や運や不運まで含めて、格差社会の根底には、工業化社会が終焉し、知識社会が到来したことが大きく影響している点は、もはや否定できない事実である。

1960年代末、すでに経営学者のドラッカーは、知識社会における生産性格差の問題についてこう語っている。

知識というものはつねに専門化されており、つねに特殊なものである。知識労働者はまた、成績が非常に良いか、それとも成績がまったくあがらないか、いずれかといった人である。凡庸な知識作業は、原則として、行うにも値しない。[11]

知識社会とは何か、それをひとことで言うと、「生産財の情報化」ということだ。つまり、それまで工場やオフィスに限定・固定されていた生産資源（資源・エネルギーや機械設備、オフィス機器など）が、人間の頭脳に置き変わったということだ。そして、現代のデジタルテクノロジーの進化は、この頭脳という生産要素をさらに強力なものにした。つまり、知識労働者自身の脳は資本家に占有されることなく、どこにでも持ち運べる上に、そしてどのような移動先でも、またどのような時間であっても、ネットワークとつなぎさえすれば、その能力をいかんなく発揮できるようになったのだ。

こうして知識が重要な生産要素となることで、個々の労働者の生産性の格差は、モノの時代に比べ飛躍的に大きくなったのだが、格差拡大の理由はそれだけにとどまらない。むしろ、それ以上に格差を広げているのは、知識によって生産された情報価値は、とめどない優勝劣敗状況を作り上げるということである。

テクノロジーと未来について描いた『ザ・セカンド・マシン・エイジ』の中に、こんな事例が出てくる。

最高に腕のいい仕事熱心な職人は、一日に一〇〇〇個のレンガを積めるとする。適切に機能する市場では、報酬は腕前に応じて払われるなり、労働時間に応じて払われるなり、するはずだ。従来型の市場では、一日に九〇〇個のレンガを積める職人は、最高に腕のいい職人の九〇%の価値を創出するので、九〇%の報酬をもらう。これが絶対評価に基づく報酬である。対照的に、他の人よりすこしでもよい(データの読み込みが速い、情報量が多い、アイコンがかわいい等々)地図製作ソフトを書けるプログラマーは、市場を独占することが可能だ。一〇番目によい地図ソフトでも性能に大差はないだろうが、まずほとんど需要がなくなってしまう。このような市場では相対評価が行われており、消費者は、一〇番目はもちろんのこと、二番目によい地図ソフトにさえ目もくれない。[12]

モノの生産の時代であれば、どんなに優れたレンガ職人でも、世界中の建物を一人でこなすわけにはいかなかった。そのため、腕の劣るレンガ職人でも、受け取る報酬は劣るものの、働き口はいくらでもあった。一方、いくらでも廉価に再生産可能な情報価値は、もっとも優れた製品が世界の需要のすべてに応えることが可能だ。スーパースター経済とも称されるこうした現象は、今や、常識となりつつある。

こうした経済現象は、今日のようなデジタル情報社会がやってくる以前から見られたことでもある。たとえば、野球やサッカーなどのプロスポーツ選手の報酬が高額になったのは、テレビの衛星放送の開始によって、世界中にその試合の様子が放映されるようになってからのことだ。テレビ放映がなければ、人気選手といえども、競技場にやって来る観客数が彼の集客人数の限界となる。ところが、世界中のファンが彼のプレーを見ることができるとなれば話は違ってくる。莫大なテレビの放映権料の収入でチームは潤うから、スター選手への報酬も一気に跳ね上ったのだ。

つまり、スーパースターのメディア放映もまた情報の限界費用ゼロ原則にのっとったものだったが、デジタル情報社会の到来によって、それと同様な現象が優れた知的生産者にも起こり始めたのが今日なのである。

そして、問題なことには、こうした格差の真の理由に、政府もメディアも個人も正面から目を向けようとしないでいることだ。世界でもっとも裕福な8人と、世界人口の半分に当たる経済的に恵まれていない36億7500万人の資産額がほぼ同じ[13]という異常な現実は、デジタル情報社会ならではの出来事だということを、しっかりと認識する必要がある。

生産に参加できない労働者群

1933年、近代建築国際会議の第四回大会の成果として、建築と都市計画に関する憲章が作成された。以降、世界の都市づくりに大きな影響を与えたこの憲章は、会議がギリシャのアテネでの会議を中心にまとめられたことにちなんで「アテネ憲章」と呼ばれている。

憲章によれば、都市の要素は、住居、余暇、勤労、交通、そして歴史遺産に分けて分析されているが、そのなかで勤労の要素として、「事務所」について次のように記されている――「工業の飛躍は、必然的に業務や、私的管理事務や商業を派生せしめる。…売ったり買ったりしなければならず、工場や工房と、供給者と顧客との間の橋渡しをしなければならぬ。この取引には、事務所が必要である」[14]。

トラクターの発明で農業を追われた人々は、トラクターを造る工場の労働者になった。また別の人々は、アテネ憲章が謳うように、トラクターの販売のために顧客と工場をつなぐ事務作業者としてオフィスで働くようになった。さらには、オフィスが林立する都市では、サラリーマンやOLを顧客としたサービス業、つまり、レストランやカフェ、娯楽施設などが増え、商業が発達していった。こうして、工場への新しい機械設備の導入は、そのために減っていく雇用を補って余りある新規の雇用機会を次々と人々に与えていったのだった。

今日、新たに始まったオフィス現場へのAI（人工知能）の導入もまたその延長上にある。これまでの流れで言えば、AIによって失われた雇用の多くは、新しく生まれるビジネス職場によって吸収

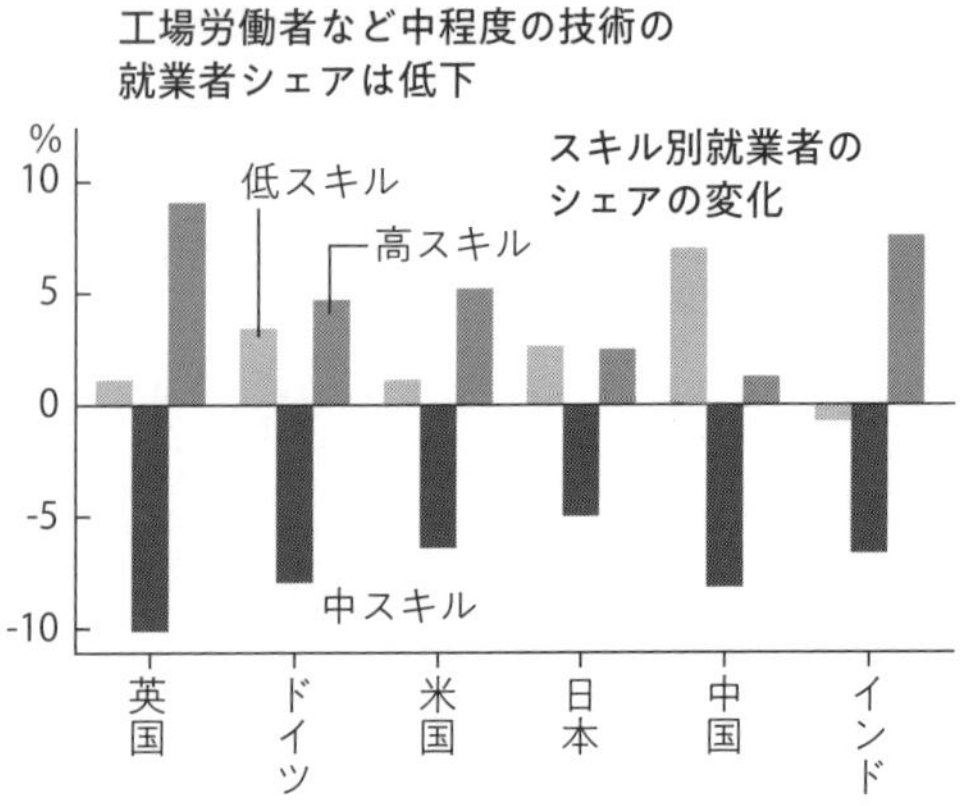

図４　スキル別就業者のシェアの変化

（日本経済新聞 2019年12月18日 朝刊）

（注）日米英独は1995～2015年、中国は2000～2010年、インドは1994～2012年

（出所）OECD

されるはずである。未来はまったく明るいとは言わないまでも、かつてと同じような経済的発展が期待できるのではないか、そう思いたいところだ。

だが、ここ数十年、先進国で起こっている事実は、そうした人々の期待とは裏腹な結果をもたらしている。そこで起こっていることは、拡大する経済格差、中産階級の没落という言葉に象徴される、中程度の技能労働者の賃金の伸び悩み、あるいは仕事の消滅に外ならない（図4参照）。

グラフで示された事実を裏づけるように、米調査機関のピュー・リサーチ・センターによると、アメリカでは、２０１５年に高・低所得層の合計数が中間層の数を上回った。過去四十年を超える調査で初めてのことで[15]、労働者の多くが、高所得者と低所得者とに二分化されつつあるということを意味する。

ものづくり中心の産業社会では、中間層向けの比較的良質な雇用が大量に生み出されてきた。しかし情報社会では、ハイスキルとロースキルの人材に分かれ、中間層の雇用が供給されにくい状況にあるのだ。[16]

世界経済フォーラムの会長、クラウス・シュワッブは、1990年のデトロイトと2014年のシリコンバレーを比較している。1990年当時、デトロイトの三大企業を合わせた時価総額は360億ドルで、収益は2500億ドル、また従業員数は120万人だった。それに対して、2014年のシリコンバレーの三大企業の時価総額は、それよりもはるかに多い1・09兆ドルで、収益はほぼ同じ2470億ドルだった。だがその一方で、従業員数については、1990年当時のデトロイトの10%程度にすぎない13万7000名だと指摘する。[17]つまり、今日のシリコンバレーのオフィスでは、かつての自動車工場とは違い、ごく少数の知識労働者の手によって、膨大な価値が生み出されているのだ。

2020年に世界を襲ったコロナ禍は、こうした傾向にさらに拍車をかけそうだ。それまで進まなかった企業や個人のリモートワークがごく普通となり、知識、情報提供能力の格差がいっそう広がったのだ。たとえば、オフィスで働いていた頃のスキルワーカーの仕事量は、ロースキルの同僚たちと比べ、多く見積もっても二倍程度だった。だが、リモートワークになることで、その差は一気に数倍にまで広がりつつある。

理由は、オフィスへの行き帰りの通勤時間やクライアント先への移動時間、昼食や休憩時間、作業を中断させる電話対応や打ち合わせのための時間、オフィスにいるときなら当然だった同僚とのムダ話の時間など、集中した作業にとっておよそ不要と思われる時間が一気に消滅したからだと言われる。そしてさらに大きかったのが、遠隔地にいる同じようなスキルワーカーとの打ち合わせやアイディア交換が、オンライン経由で飛躍的に容易になったこともあげられている。

技術革新によってそれまでの職場を追われた人たちが、副次的に生まれた新たな産業に職を得るという過去の歴史は、デジタル情報社会に関するかぎり、ほとんどあてはまらないのが現実のようだ。

経済社会のゆくえ

格差社会が世界の国々をむしばんでいる。前政権のトランプ大統領を支えた白人労働者層は、大統領の反自由貿易や反移民政策を強く支持し、イギリスの労働者もEUからの離脱を支持した。こうしたポピュリズムのリーダーたちに共通する政治手法は、問題のすり替え、つまり、格差社会の問題の本質に手をつけることではなく、原因を、メキシコからの不法移民の流入やEUの傲慢さのせいにすることだ。一方、ロシアや中国は、膨大な数の低所得者層や脱落してゆく中間層の反発を国家の強権で抑え込むことに力を注いでいる。

今日の格差社会誕生の原因の少なからずは、知識社会のさらなる深化、および急速なデジタルテクノロジーの進化と、それによって生じた労働問題の放置にある。加えて、マクロ的な経済成長をとげればすべてがうまく行くという原理資本主義に固執し続ける政策担当者たちの不作為が、さらに拍車をかけている。

MITラボで教鞭をとるセザー・ヒダルゴは著書の中で、チリの詩人ニカノール・パラの次のような言葉をひいて、現代社会の矛盾について説明する――「パンがふたつある。君がふたつ食べた。

私は食べていない。平均では、ひとりひとつ食べたことになる」[18]

２０２０年のコロナ禍ではっきりしたことのひとつは、格差がある社会は、総体として脆弱であるという事実だ。とくにアメリカやブラジルで顕著だったように、新型コロナウィルスは、貧困のために防御が脆弱になった人々を容赦なく襲った。その結果としてウィルスがさらに蔓延し、地域や国全体がマヒ状態に陥る。長い間、放置され続けていた格差が、社会全体を損なうことをはからずも証明したのだ。

ウィルスの感染拡大が深刻化した２０２０年2月末以降、米株式市場では銃器メーカーに大量のマネーが流れ込んだ。銃器製造会社のスターム・ルガー社の年初から6月2日までの株価の上昇率は五割を超え、1～3月期の売上高は前年同期比で８％増えた。ウィルスは社会不安をもたらし、自衛の必要性が高まるので銃器メーカーはもうかるという構図で、アメリカ社会ならではの不都合な真実を映し出した結果となった[19]。

経済の発展に重要なのは、好循環の仕組みだ。生産性の向上やイノベーションが企業の売上げの増加をもたらし、それによって多くの労働者の賃金が上昇し、消費が増加する。そうした消費の増加がさらなる企業の売上増につながる。この一連の鎖のどこかでも断ち切られれば、経済全体の継続的な発展は望めない。

いくら画期的なイノベーションがもたらされたとしても、その恩恵がおしなべて労働者に行き渡らなければ意味はない。明らかに、デジタル情報社会は、モノ社会と比べて、基本的に経済格差を生み出しやすい構造にある。ＡＩやロボットは、それらを導入した企業の生産性を上昇させるが、そこで生じた余剰人員の受け入れ先がなければ、社会全体としての消費は減退する。二百年前のラッダイト運動[20]の労働者の訴えが長期的には杞憂に終わったのは、いつの時代にも通用する話ではないのだ。情報化による既存経済システムに対する破壊的な側面と、より高度化する知識社会の一般労働者にとっての受け入れ難さは、私たちの想像をはるかに超えるものだ。

すでに情報化の進展と、デジタルテクノロジーの進化は、後戻りできないところまで来ている。そして、多くの労働者の均一的な生産性を前提とした、かつての経済社会運営の手法は、そこではまったく通用しない。新しい社会が模索しなければならないのは、生産の工夫ではなく、格差の歪みから生じる縮小してゆく消費をどう支えるかだ。

適材適所しかない知識社会

モノ作りが主体だった時代の労働者は、分業によって同じ仕事を分担した。クルマの製造で言えば、タイヤ部分とハンドル部分というパーツの違いこそあれ、クルマを組み立てるというほぼ同様の作業をそれぞれが分担していた。

一方、知識社会の組織は、似たような内容の仕事を分担する人々によって構成されるのではなく、互いを補完しあう異なった仕事を受け持つ人々によって構成される。さもなくば、異なった仕事を行う人々が、それぞれが担当した仕事を持ち寄ることで便宜的な組織が作られる。いずれにせよ、個人間の仕事は内容的にかなり違ったものにならざるをえない。しかも条件は適材適所だ。

今日、伝統的な終身雇用や年功序列の賃金体系が崩れ去ったのは、たんに企業間の競争激化や社員の忠誠心の希薄化といった問題からだけではなく、知識や知恵による価値創造作業は、どうしても適材適所でしか機能しえないからだ。働く側から言えば、自らの適所を求めて移動することが当然となって、企業側から見れば、必要な部署に適した人材を得ないかぎり、競争に勝ち残れないという状況からだ。

そのため、個々人は組織の中で、自分のもっとも得意な能力を発揮することを求められる。スポーツの世界で言えば、レギュラー選手になれなかった者が、マネージャーやグランドキーパーをするのではない。人の世話が得意だったり、最上のコンディションで選手に試合をしてもらうことを得意とし、そして、それを自らの誇りと思える者がその仕事に就くことになるのだ。

モノづくりに欠かせなかった身体の頑強さや身体能力、手先の器用さ、我慢強さや持続力なども、たしかに人によって違いがある。ただ、その違いから生まれる生産性の格差は、せいぜい数倍から大きくて十倍程度だ。しかも、熟練した労働者同士ならほとんどその差はなくなる。そして、こうした労働者間の生産の均一性は、工場で働く肉体労働者だけでなく、単純作業が主体のオフィスの事務職や営業職にもほぼ同じように通用する話だ。これこそが、長らく終身雇用と年功序列賃金が通用したゆえんだった。

これに対して、知識労働の生産格差は、はなはだしい。ゼロ対百、あるいは千倍、一万倍にも及ぶ。これまでのモノづくり労働と比べれば、二けた、三けたの差に及ぶのだ。今日、あらゆる企業経営者の頭を悩ませているのは、この現実的な労働者間の生産性格差と待遇の問題である。アメリカのシリコンバレーで優秀なソフト技術者を雇うには、少なくとも年収三千万円ほどの提示が必要とされる。

わが国が、情報社会、そして知識社会で決定的に世界に後れをとり、もうほとんど挽回不可能な状況にまで追い込まれた原因はまさにここにある。社員一人ひとりにふさわしい仕事と待遇を与えることなく、それぞれの生産性を無理やり均一なものと見なす、かつてのモノ社会と同じ生産スタイルに固執し続けてきたからだ。

そして、こうした時代錯誤な経営スタイルでもかろうじて命脈をつないでこられた理由のひとつに、アウトソーシングがある。企業の多くは、社内の人材で対応が困難な仕事は外部に依頼してきた。ただ、こうしたアウトソーシングの手法は効率的ではあったが、あらゆる企業、あらゆる組織において、知識社会への対応をさらに遅らせる結果となった。

第一に、外部が提供する知的な作業や仕事は、発注者によって徹底的に買いたたかれた。場合によってはほぼタダ同然で、アウトソーシング先に対して、情報や知識、アイディア、各種コンテンツなどの提供を強いた。その結果、受注者側は低賃金かつ長時間労働を強いられ、そうした企業に優秀な人材が育つことは、今も将来も見込めない。

第二に、何もかもアウトソーシングする姿勢が高じて、企業内部に知的仕事をこなすノウハウがほとんど失われてしまったことだ。アウトソーシング先に任せきりで、発注者自身が考えることはほとんどないから、企業内部でも人材が育つことはないし、そうした土壌自体も組織から失われる。いわば知の空洞化現象だ。

仮に本格的な知識社会の到来が１９８０年代に入ってからくらいだとして、日本社会全体が、約半世紀近く、それへの対応に手をこまねいていたことになる。そしていまだ手付かずでいる。

制御不能のマクロ経済政策

情報社会の到来、そして情報が生産財となった知識社会の到来は、政府や自治体のマクロな経済政策をほとんど無力な状態に陥れている。各種の世論調査で、政府に期待する項目でつねに上位にくるのは「経済対策」だ。逆に言えば、経済対策は政府の中心的仕事だということになる。

だが、その中心的仕事が、もはや政府の手にはとうてい負えない状態になっていることは、なぜかほとんど話題にものぼらない。もちろん、経済対策はひとり政府のコントロール下にあるのではなく、日銀もその役割の一端をになう。ただ、安倍政権下での日銀の超金融緩和策が功を奏しなかったように、日銀のとれる政策はもはや前に進むことも後戻りすることもできない状態にある。

こうした状況が始まったのは、表面的にはバブル崩壊以降のことのように見える。株価と土地価格の大幅な下落は、企業や金融機関、そして家計のバランスシートを大きく損なうことになった。とくに土地価格の下落は激しく、国全体でＧＤＰの二倍近くに上った資産の減価が経済に与えた影響は、とうてい政府の財政出動くらいで間に合う話ではなかった。政府の経済対策が無力に見え始めたのは、９０年代半ばのこの頃からのことだ。

ただ、ちょうど時期を同じくしてこの頃から本格化し始めたのが、情報社会と知識社会だった。経済振興策は、消極的な面での不景気時の下支え、そして積極的な意味での成長戦略に分かれる。たとえば、今となってはなつかしい「アベノミクス三本の矢」も、一本目の「大胆な金融政策」と二本目の「機動的な財政政策」が景気の下支え政策で、三本目の矢が積極策としての「民間投資を喚起する成長戦略」だ。

ここで言う一国の成長戦略とは、企業で言えば、将来に向けての新たな事業開発に匹敵する。自社の経営資源の把握から始まって、将来の市場環境や競合環境、加えて今日もっとも欠かせないのが、当該事業領域およびその周辺で将来見込まれるテクノロジーの進化具合だ。これらの予測だけでもたいへんだが、一企業のテリトリーならまだまだ何とかなる。だが、一国の新たな事業戦略構築となると、ほぼ無限大とも言える要素がからんでくる。しかも競争相手は世界各国に散らばる。

ただ、モノづくり主導の時代はこれがうまくいった。モノは絶対価値で動く世界だからだ。価値のほとんどが軽薄短小、そして機能性、あとはそれをどれくらい低価格で提供できるかが勝負である。こうした世界なら政府も予想が立てやすいし、サポートもうまく行えた。だが、やがて情報の価値が主流となり、生産の原動力が知識にとって替わり始めると、かつてのリニアな予測で済んだ時代は終わりを告げた。

ひとことで言えば、「複雑系」社会の到来である。情報の価値は相対価値だ。ひとつは主観による価値変化が激しい。ライフスタイルひとつをとっても、都心のマンション暮らしを好む人もいれば、自然に囲まれた郊外の古民家暮らしを選ぶ人もいる。かつてのように、上下水道を整備し、全国を高速道路と新幹線で結べばよい時代ではないのだ。有識者会議を開いて、日本の未来の生活はこうあるべきだと断定することなどとうていできない。しかも時代時代のトレンドや流行は目まぐるしく変わる。霞が関の報告書では、とても先を見通せないし、追いつくことも不可能である。

加えて、情報の価値を相対価値にしているのは、情報が組み合わせ次第で、価値変化を起こすからだ。東京の人は、大阪に出張するよりも京都に出張することを好む。東京と似た大阪よりも、伝統文化の息づく京都の空間に足を運ぶことの方がずっと心地良く感じるからだ。逆に言えば、日本全国を似非東京で埋め尽くしてもしょうがないし、小京都ばかりこしらえても退屈だ、ということになる。

こうした複雑系経済社会に対応する手立ては、たった一つしかない。試行錯誤、別の言い方をすれば、ヒットアンドアウェーの手法だ。消費者相手の多くの企業は、意識しているかどうかにかかわらず、この手法を用いている。新事業も新製品開発もうまくいくこともあれば、失敗する場合もある。うまくいけばそれが正解だったことになるだけで、事前に100%のヒットを予測することなどまずできない。いつまでもマーケティングの仕事がなくならないのはこのためでもある。

政府や自治体は、この試行錯誤ができない。元手が税金だからだ。1%の失敗でも血税のムダ使いだと責められる。受け手次第で評価が異なり、しかも無限の組み合わせの可能性を秘める情報価値が主流の社会で、つねに100%の成功を求められるのだ。つまりが、経済社会の発展を政府や自治体に求める時代は終わったのであって、ないモノねだりを続けるのは、壮大なムダを生むだけである。

第6章 非交換型社会の到来

さらに資本主義を揺るがすもの

私たちの社会が、経済の尺度では測れない社会、お金の尺度では測れない社会に移っているとしたらどうなるのだろうか。これは精神論でも、清貧の思想でもなく、私たちの求めている価値、また、享受している価値が、これまでとは根本的な変化をとげ始めているということを意味する。

情報化の進展は、ここまで見てきたように、消費者市場、労働・生産市場の状況を大きく変え、さらには、国や自治体の経済振興策をほとんど無力な状態にまでおとしめている。そしてその根本は、基本的に、情報の価値を入手するには、モノの世界のように交換を必要としない、というところにある。

理由は、情報の価値機能はエネルギーの様相から生まれるので、その様相から生まれる「関係性」だけをそっくりそのまま何かに写し取れば、新しく写し取られたものもオリジナルと同様の機能を発揮するからで、そこで必要なのは、写し取る技術とわずかなエネルギーだけということになるからだ。

こうした事実は、実は私たちが情報と呼ぶものに限らず、今日のデジタル社会がやって来る前から、すでに私たちの身のまわりにたくさん存在していたものだ。本書ではそれを、「関係性から生まれる価値」と呼ぶことにしたい。

2019年8月、アメリカの主要企業の経営者団体「ビジネス・ラウンドテーブル」が、これまでの「株主第一主義」を見直す宣言をまとめ、世界に大きな衝撃を与えた。リーマンショックによる金融危機後、力強い回復を見せたアメリカの企業社会だが、深まる格差や環境問題に向き合わざるをえなくなってきたのだ。

宣言では、株主利益を重視する米国型経営から、顧客や従業員、取引先、地域社会といった利害関係者に広く配慮し、長期的に企業価値を高めるという内容が謳われている。この宣言には、JPモルガン・チェース、アマゾン・ドット・コム、ゼネラルモーターズなど、アメリカを代表する181人の経営トップが声明に名を連ねた[1]。

これだけを見れば、今まで株主に集中していた配慮が、企業をとりまくいわゆるステークホルダー全体にまで広がりを見せ始めたのだととることもできる。しかし、そうした見方は、筆者に言わせればまだまだ皮相的なとらえ方だと言いたい。

それが企業であれ、またひとつの商品であれ、今日の消費者、生活者はもっと深淵ともいうべきとらえ方をし始めているのだ。たとえば、ここに一脚のイスがあったとして、それが座り心地が良いかどうかも大切だが、加えて重要なことは、そのイスを部屋の中に置いて、あるいは自分のそばに置いて、心地良く感じるかどうかという点である。イスそのものの機能なのではない。私とそのイスとの関係性が重要なのだ。

そのイスが自分のお気に入りのデザイナーがこしらえたものなのか、お気に入りのブランドのイスなのか、あるいはイス自体のデザインが、部屋の雰囲気や自分にとってしっくりくるデザインなのか。要は、イスというモノそのものの働きではなく、私とイスとの間にある関係性から生まれる価値に重きが置かれるのだ。

当然、企業の価値もこれに倣うことになる。その企業の活動が私にとってどう感じられるのか、その企業は社会とどのような関係性を築こうとしているのか、それこそが企業にとっての至上命題となりつつあるということだ。もちろんそのためには、企業の本業の活動も重要だが、それ以外の人々や社会とのあらゆるタッチポイントが目配りの対象とならなければならない。そしてこのことは、商品や企業のみにあてはまるのではなく、大きな話をすれば国家のような存在も、そうした目で見られ始めているのが今日だ。国の大きさや経済発展の度合い、さらには軍事力のようなもので、国の威信を高め、尊敬を勝ち得ようとするのは、もはや時代遅れもはなはだしい。そうではなく、世界の人々は、世界にあってその国が、他国とどういう関係を築こうとしているのか、そこをもっとも注視しているのだ。

資本主義の発展は、これまで交換の必要なモノを主軸として動いてきた。それが今、情報もそうだが、ある存在とある存在の関係性から生まれる価値によって主役の座をとって替わられようとしている。そしてそうした関係性の価値は、交換による市場経済とはモノほど強いつながりを持たない。「市場を通じた財貨の永続的な増殖活動」である資本主義は、まさに大きな脅威にさらされているのである。

関係性から生まれる価値

何かの要素が二つ以上並んだときに関係価値は生まれる。その場合、基本的なことは、それぞれの要素からは事前には予想もつかなかったような、新たな価値が生まれる可能性もあるということだ。わかりやすい例をあげれば、赤と緑の組み合わせから生まれる、あの強いイメージである。たしかに原色の赤色も緑色もくっきりとした色彩をしている。だが、赤と緑の二色を隣同士に並べたときのあの強い感じは、もともと赤色にも緑色に備わっていたものを大きく超える強さだ。

あるいは、こんな話も参考になるかもしれない。

今は違うが、筆者の教える学部のキャンパスはかつて滋賀県草津市にあった。草津市は関西で住みよい町の一番に選ばれるくらいだが、全国的な知名度はない。むしろ、草津と聞いて多くの人が思い出すのは、群馬県にある温泉地の草津の方だろう。たまに、こちらの草津に出張でやって来て、「温泉はどこですか」とたずねる人がいるらしい。駅の近くに「草津温泉」という銭湯があるから、そこを教えると、喜んで行く人もあるという罪な話もあるくらいだ。

あるとき、とにかく市のブランドを創りたいということで、案のひとつとして筆者が持っていったのは、「草津市に温泉はありません」というコピーだった。群馬県の草津は、正確には吾妻郡草津町だから、ウソではない。向こうが温泉で有名なら、こちらは温泉のない草津を売りにすればよい。これが関係性から生まれる価値の原理である。「ある」ものの反対は「ない」だから、何もなくても、そこを強調すれば価値になる理屈だ。

ただ、こうした話もたんなる私的なたとえ話にとどまらず、関係価値ならではの重要な側面を持っていることを知っておいて欲しいのだ。関係価値は、「ある」とか「ない」とかを超えた価値だという点である。一枚の紙を墨で真っ黒に塗りつぶして、ただ一点だけ針の穴くらいだけ塗り残す。そこには墨はないのだが、塗り残された白い空間は「ある」。これが、さきほどの二つの草津から生まれる関係価値だと思えばよい。そこでは、「ない」ものも「ある」し、逆に「ある」ものも「ない」ということになる。エネルギーの様相から生まれる価値とは、こういうことなのだ。

ビジネス世界での象徴例を言えば、無印良品だ。無印＝ノーブランド、無印以外の商品はやたら飾り立てたデザインで目立とうとするのに対して、無印良品はいたってシンプルなデザインに徹している。結果としてノーブランドがブランドになるという理屈である。

関係価値はこうして、文字どおり互いの関係から生まれる。もとのそれぞれの価値とは無関係に、あくまでも互いの要素の間に生まれる相対価値なのである。そして関係価値は、本来的にはエネルギーの様相から生まれる情報の価値と言ってよいが、それらはしばしば別の名前を冠した価値として私たちに認識される。

たとえば、愛や友情は私たちにとってもっとも身近な関係価値と言ってよいだろう。親子はもともと別々の人間だ。それぞれに男であったり女であったり、職業人であったり学生であったり、別の性別や人格を持った個々の人間にすぎない。ただ、親は子を産み育て、子は親によって生を受け、育てられ、そうした関係こそが、親子の愛を育む。友情もしかりだ。生まれも素性も違う人間同士の間に、あるときを境として固い友情が結ばれる。

だから愛も友情もお金で買うことはできない。ある人物にお金を払って使用人として雇うことはできるが、同じようにして、ある子供の親になることはできない。親子の愛とは、親と子の間にある関係価値だから、二人の間にあるものを別の何かによって代替することはできないからだ。

もっと原初的な例で言えば、時間がある。時間の存在についてはさまざまな説があるが、感じられる時間という意味で言えば、私たちの脳が感じる個々の事象の移り変わりを時間と考えてよい。刹那、刹那の事象ではなく、その変化の様相を時間と言っているのだから、何かと交換して時間を手に入れることなどとうていできない。空間で言えば、東があるから西があるのであって、東や西そのものを手に入れることができないのと同じ理屈だ。

交換の必要がない情報価値

以上にあげた関係性から生まれる価値、すなわち関係価値は、エネルギーそのものではなくエネルギーの様相にすぎないから、それを手に入れるのに、何か別のものと交換する必要がない価値、つまり、非交換型の価値だと言うことができる。

たとえば、コロナ禍で大きな影響を受けた観光産業を例に見てみよう。観光が売り物にしている価値の多くは、この非交換型の関係価値だ。観光産業の振興には、交通インフラや宿泊施設などいわゆるハード系の施設も必要だが、観光客が主に目当てにやって来るのは、その土地独特の自然の風景や名所旧跡、あるいは他では見られない街並みの美しさといったものだ。そこでは入場料や拝観料なども必要かもしれないが、訪れた観光客たちは支払った料金分の自然景観や庭園の風景を持ち帰るわけではない。たとえば京都の寺にたくさんの観光客が押しかけたからといって、その分だけ木々や庭石が減ってしまったということはないのである。

なぜなら、観光客たちが眺める自然の風景は、一本一本の木々や草花や、互いに連なった山々などがつくる関係性から生まれる価値だからだ。伝統的な街並みも、古い町家の紅柄格子がおりなす景観に昔ながらの情緒を感じるからだ。また、名所旧跡を訪れた人たちが感動するのは、そこを訪れたために少し賢くなったとか、身体がラクになったという物理的な効能によってではない。そうではなく、たとえば維新の志士たちが百数十年前にここで斬り合いをしたとか、明治の元勲たちが政談をした由緒ある場所だとか、時を超えてさかのぼった時間と今の時間との差異、関係性から生まれる価値に感動するからだ。

ただ、こうしてわざわざ、自然の風景や名所旧跡に人々が感動する理由を、関係性から生まれる価値などと説明するまでもなく、それは「情報の価値」だからだと言ってしまえば済む話だ。逆に言えば、観光素材もそうだが、情報の価値とは、これまでも説明してきたように、要素間の関係性から生まれる価値であって、それだからこそ、何かと交換することができないのである。

たとえば、ある好事家がやってきて、石庭に配置されている石の中のひとつを、自分の持つ高価な宝石と交換してくれないかと交渉することは可能かもしれない。けれど十いくつの石が白砂の上に絶妙なバランスで配置された美そのものを、何かと交換することなどとうていできない。理屈を言えば、石庭の素晴らしさとは、石そのものではなく、石と石との「間」にあるものだからだ。

観光を引き合いに出して、私がこうした理屈を並べるまでもなく、情報の価値は、はるか昔から私たちの身のまわりに存在していた。縄文の土器の力強いフォルムも、素焼きの埴輪の素朴な表情も、天平の仏たちの微笑みも、源氏物語もみんな情報だ。ただ、このことは忘れてはならない。このことは、人類史上初めて、このミレニアムの時代に情報が大爆発を起こしたということだ。これまでモノの陰に控えてつつましくしていた情報が、デジタルインターネットの技術によって、今まで主役だったモノを押しのけて、一気に表舞台に立ち始めたという事実である。

しかもその情報は、これまでのモノとはまったく違って、様相だけを写し取ればその価値機能を入手できるという、非交換型の価値なのだ。

モノが主役の時代だったこれまでの長い間、私たちはモノの持つ機能を至上のものとして感じ、また交換によって成り立つモノ社会の仕組みを当たり前のこととしてとらえてきた。逆に言えば、交換の必要のない存在は、情報も含めて、モノに劣る二次的な存在として見てきた。だが、情報がこうして主役になった時代を迎えて、あらためて、その二次的だったもろもろの存在に光が当たろうとしている。ただ、それらはつつましくも、本来的にはモノと同等に、場合によってはモノよりも欠くべからざる存在であったことに、今私たちは気づこうとしているのだ。

交換の必要がないもの、できないもの、すべきでないもの

市場経済に慣れきってしまうと、何かを得るためには、必ず何かを手放さなければならないと思いがちだ。また逆に、お金さえあれば何でも手に入ると思いがちである。ところが、少し考えただけで、それはとんでもない間違いだということがわかる。

よく言われるように、人の愛情はお金で買えるものか。人間の心はお金で思いどおりになるものか。あるいは、時間はどうだろう。私は大金持ちなので一日25時間ありますとか、私はここ数年、いっさい歳はとっておりませんなどという話は聞かない。

つまり、交換不可能なもの、交換によって手に入れることがむずかしいもの、また、情報のように、本来的に交換の必要のないもの、さまざまな理由から交換活動によっていないものなど、実は数限りなくある。そして、それらを筆者なりに整理してみると次のようになる。

・本来的に交換の必要がないもの――情報

情報は差異から生まれる。ということは、情報は、何かと何かの関係性から生まれる価値だということになる。そして、その関係性を複製しさえすれば、その機能および価値もまた複製される。そのため、とくに現代のデジタル情報技術によれば、原理的にほとんどコストゼロで、情報は無限に複製再生されて交換は必要なくなる。

・人々の感慨の中だけに存在し、交換できないもの――愛、友情、夢、希望、美、幸福感、時間の流れ、正義、真理、社会、人権など

愛や友情、夢や希望などはその象徴的な例だが、それらは、関係性を感じる個人の感慨の中だけにあるものだ。時間は、何かの変化によって感じられるものだから、変化自身を交換で手に入れるすべはない。だから、過去も未来も現在も、買ったり、借りたりすることはできない。また、人間に特有の概念、たとえば正義や真理、社会などの抽象的概念も、本来的には個々人の頭の中にだけ存在するもので、それらを交換によって直接的に手に入れることはできない。

これらは物質でもなく、また、お金との交換によって手に入るサービスのようなものでもない。つまり、一方的に相手方（人や社会や環境などの何らかの存在）から与えられたり、押し付けられたりするものではなく、必ずこちら側の感受性が対象との関係をくみ取ることによって成立するものだ。

もちろんのこと、怒りや失望などネガティブなものもあるが、例にあげたようなポジティブな感慨は交換によって手に入れることはできないが、真に価値あるものだと言ってよい。

・かけがえのないもの――生命のあるもの、人、自然など。他をもって替えがたいもの

人や自然に宿す生命はかけがえのないものであって、交換になじまない。かけがえがないとは、一度失えば回復不可能、あるいはかなりむずかしいということを意味する。たとえば、お金によって、他人がある人の生命を意のままにすることは許されない。意のままにできるのなら命を奪うこともできるが、命の再生は不可能だから、そうした行為は許されず、法律で禁じられる。自然もまたそうだ。自分の家の庭に生えている草なら勝手に引き抜くことはできるが、引き抜いた草とまったく同じ草を再生することはできない。人工物と自然との差はここにある。まったく同じものを用意できない以上、交換には細心の注意が必要となる。そして、そうした小さな自然の集まりが地球だから、かけがえのない自然の個々の生命を損なうことは、ひいては総体としての地球の生命をも損なうことになりかねない。

加えて、かけがえのないものに、たとえば、愛する人からの贈り物やさまざまな思い出の品など、人それぞれにあることだろう。これらはとうてい他の金品をもって替えがたいものである。ただ、こうした個人的な事例だけでなく、たとえば、歴史的な遺産などもこれにあたる。時間を過去にさかのぼることは絶対にできないから、長年の時を経て存在するものは、それが何であろうと、必ずかけがえのないものとしての価値を持つことになる。

・人々の関心がうすく、交換の対象とならないもの、あるいは供給量が膨大にあって、需要量を大きく上回るもの

空気や海の水は、その必要とされる量に比べて膨大にある。いや、一見、そう見える。そのため、空気や海の水をすくってきて、誰かとそれを交換するような者は現れない。また、それほどでないにせよ、需要量に比べて供給の量がはるかに勝るものはいくつもある。ただ、それらは交

換による市場性がないというだけで、価値がまったくないわけではない——空気の大切さについては、頭をすっぽり水に漬けてみればすぐわかることである（経済学では、これを限界効用逓減の法則で説明する——第1章「資本主義終焉の本当の理由」の項、第4章「社会化する消費原理」の項参照）。

・個人的な誰かのものに特定しにくいもの、できないもの、すべきでないもの——公共財、コモンズ

交換は誰かが所有権を持っていればこそ行われる。そのため、多くの人々が共有した方がつごうが良いもの、また性格として共有すべきものは交換になじまない。後者の代表が、公共財と言われるものだ。ハードで言えば、道路や橋、公園などで、ソフトで言えば、警察、消防、外交などだ。私だけがその橋を使いたいとか、ある人だけを警察の取締りの対象から外すなどということはできないし、してもしょうがない。

また、前者はコモンズ（共有財）と呼ばれるもので、場合によっては、特定の者が所有することもなくはないが、その性格から利用と管理を共同で行った方がつごうが良いものだ。たとえば、川や海の漁業権や、大きな世界で言えば、南極大陸や宇宙空間などである。南極大陸を力ずくで占領してしまう国があってもおかしくはないが、現実には、国際的な条約によってその利用と管理が取り決められている。

これらのものは、みんなで使ったりその有用性を享受すべきで、そのため誰かが所有して、何かと交換するなどということにはならないのである。

交換できないものは価値がない？

資本主義社会は、「財貨の永続的な増殖」を目指す社会である。そして、財貨の増殖を実現する場は外ならぬ市場だ。何かの効用を持つ財、たとえば水でもボールペンでもクルマでもかまわない。それらは、それを欲しがる人々が待つ市場に供出され、価格がついてはじめて次の財貨拡大に向けた資本主義のダイナミズムに組み込まれる。逆に言えば、交換の必要がない、また交換ができないものについては、資本主義の発展にとって不要なもの、価値のないもの、あるいは意味がないものと見なされることになってしまう。

今日、さまざまな場所で、さまざまな議論を引き起こしている問題の多くは、こうした資本主義と非交換型価値との間で起こっている軋轢がその原因だと言ってよい。

たとえば、先に例としてあげた、アメリカの経営者団体「ビジネス・ラウンドテーブル」による「株主第一主義」見直し宣言がそれにあたる。経営者にとって、自身の会社の株価がどのように評価されているかは重要な問題だ。新たに投資をつのる場合に、キャピタルゲイン（発行価額と売却価額の差によって発生する利益）が違ってくるからだ。株は証券市場での交換を通じて具体的にその価値を測ることができるわけだ。

一方で、近年、ESG投資の仕組みとして注目されている「環境（Environment）」「社会（Social）」「ガバナンス（Governance）」の三つの要素は、もともと、どれも市場での交換が容易でないものばかりだ。それゆえに、長い間ビジネスの世界では価値として認められてこなかった。たとえば「環境」は多くの場合、無主物である。大気も海の水も誰のものでもない。誰のものでもないから、逆に誰でも使えるが、誰のものにもできないものを大切にする者はいない。結果は汚し放題となる。それが高じて限界に達し、今日の地球環境保護の動きがある。

そうした中、２０２１年2月、イギリス財務省は「生物多様性の経済学」と題する報告書を発表した。そこでは、「自然がわれわれの経済の盲点になっている」と指摘され、「生物多様性の消失が続くのは、その価値が現在の社会や経済の中できちんと評価されていないからだ」と述べられている。報告書は英ケンブリッジ大のパーサ・ダスグプタ名誉教授が率いるチームがまとめたもので 同名誉教授らはこの中で、「経済成長の指標として使われる国内総生産（ＧＤＰ）では、自然の恵みの価値も、その破壊や消失による損失も評価されていない」と問題点を指摘し、さらに、国や企業の会計制度や意思決定の中に、生態系や自然の価値を評価する「自然資本」の考え方を取り入れることなどを提言している。[2]

「社会」はどうだろうか。水や大気はまだ具体的だが、「社会」となるとますますつかみどころがなくなってしまう。誰も社会の一員だが、タダ乗りも可能だ。たとえば、決められた税金さえ払っておけば、道路、橋、鉄道、上・下水道、電力・ガスなどの社会インフラ、そして、制度資本と呼ばれる教育、医療、金融、司法、文化なども、無料もしくは安い料金で使用可能となる。これらは多少なりとも手元のお金と交換可能だから、まだまだ価値がないとは思っていないが、一歩進んで「コミュニティ」のようなものになると、そんなものには価値も必要性も感じない人が出てくる。あるいは街の「景観」などもそれにあたるだろう。

さらにもっと抽象的な社会的要素である「人権」や「ダイバーシティ（多様性）」などになってくると、もちろんそれらの交換市場など存在しないし、それゆえに具体的な価値など想像もつかなくなる。大切なことはわかるが、とくに企業活動にとって何の関係があるのかということになってしまう。帳簿に載らないものは、存在しないのと同じことなのだ。

三つ目の「ガバナンス」だが、考えようによっては、企業経営者にとって身近で重要なものに見えるが、長らく無視されてきた問題である。もちろん一般大衆にとってはほとんど意味不明の言葉だ。それは「企業統治」とも訳される経営学用語のひとつだが、似た用語として「Compliance（コンプライアンス）」、日本語で法令遵守」がある。こちらは違法行為にかかわる問題だ。

コンプライアンスもガバナンスにかかわる問題だが、ガバナンスはさらに広い領域にわたる概念だ。法令遵守を超えて、その企業の存立目的、存立意味がきちんと果たされているかどうかを監視する制度と慣行である。ここまでくると、会社がもうかっているかどうかを超えて、企業が社会的な存立意義を満たせているかどうか、という問題になる。「あなたの会社は、社会の中でどんな役に立っているのか、また、立とうとしているのか」ということが問われるのだ。このことは、市場で自社の商品を売りさばくこととは別次元の問題である。

ＥＳＧ投資とは、こうしたかつては企業経営とは切り離されていた「環境」「社会」「ガバナンス」

の三つの要素を勘案した上で、投資を行おうとする動きだ。交換不能な価値であるために、市場から疎外されていた要素があらためて見直そうとされているのだ。

もちろん企業だけではない。今や、国も世界の中で、個人も社会の中で、ESG的な要素の有無を問われ始めている。今まで交換不可能で市場性のなかったものが、取り落とせない大切な価値として問い直され始めているのだ。

関係価値は相補的

仏教の世界では、互いに切り離せない関係にあることを「相即」と言う。また、そこから生まれた「相即相入」という言葉もある。互いが入り交じって影響しあう間柄のことだ。互いの関係性から生まれる関係価値は、仏教的に言えば、まさに相即相入の価値と言うことができる。

彼によりて我あり、我によりて彼あり――支えるものが、支えられる。逆に、支えられるものが、支える。まるでニワトリと卵だが、これこそが関係価値の本質だ。今風に言えば、WIN-WINの関係と言ってよい。関係価値は存在する二つ以上のものの間に生まれる価値だから、それぞれの構成要素が失われれば、雲散霧消してしまう。

一方、資本主義はこの逆を行ってきた。資本主義は、「自己利益」の追求にその基盤を置く。自身の利益を追い求めれば、社会は自然と繁栄するという考え方だ。そして、それこそが「神の手」だと教えてきた。資本主義が行き詰まった理由のひとつはここにある。自己利益の追求ということは、相手のことはかまわないということで、また、相手から見ても、こちらのことはかまわないということになる。

たとえば、「応援消費」という言葉をどこかで聞いたことがあるだろう。東大日本大震災のときに盛んに行われ、今回のコロナ禍でも、なじみのレストランにわざわざ足を運んで「応援消費」をした人も多くいたようだ。本来、商品やサービスは誰から購入してもかまわないものだ。コンビニで商品を買う場合、売り手も買い手も匿名である。普通の市場取引きは、売り手と買い手の関係性をすべて消し去ってしまったところで成立する。大切なのは、行われた交換行為が自分にとって有利なものかどうか――「利害関係」のみだ。けれど、応援消費の場合は、大切なのは互いの関係性である。A企業から買うのとB企業から買うのとでは、同じ商品でも意味が違う。困っているA企業を助けるために買うのだからだ。

経済学が想定する合理的経済人の考え方では、こうした取引きの相手との関係性はまったく無視される。合理的経済人が考慮するのは、単価あたりの効用（満足の度合い）だけだ。国の単位で言えば、石油も鉄鉱石も、品質が良くて安ければ、輸入相手国はどこでもかまわない。逆に国内の賃金の高い労働者を使うよりは、世界中でもっとも賃金の安い国に、かまうことなく工場を建てるといった具合である。

資本主義は「市場を通じた財貨の永続的な増殖活動」だから、理論的には、世の中のすべてのものが貨幣単位で換算される。なじみのAさん、Bさんではなく、「お金に直せばナンボか」ということだけだ。

当然ながら、こうした合理的世界では、私とAさんの関係は断ち切られる。また、Aさんから見ても、私はあまたいる消費者の中の一人にすぎない。むしろ、個々の関係性にこだわっていれば、損をすることも多い。安くて良いものなら、Bさんから買った方が得かもしれないからだ。

だが、資本主義社会のこうした合理性がとめどなく進んで、気がついて後ろを振り返れば、砂漠のような味気ない世界が広がっていたというのが今日だ。縁もゆかりもない人たちが、お金だけで結ばれていたという世界である。

関係性から生まれる価値は、お金では換算できない。関係性を取引きする市場がないからである。だが、カネの切れ目が縁の切れ目という親子関係がありえないように、親子の関係には、お金で換算しようのない価値がある。資本主義社会に親子関係などいらないと言うのなら別だが。

子が親を必要とするように、親もまた子供を必要とする。親も子も一人ひとり別々の人間だが、そこには分かちがたい関係性があり、また、両方が互いを必要としている。そして、これこそが普通の人間社会だ。

深刻化する孤独問題

ＥＵ離脱で揺れたイギリスだが、そのイギリス政府が２０１８年１月に作った新しい大臣ポスト「孤独問題担当国務大臣」の話題についてはあまり知られていない。この聞き慣れない大臣ポスト新設に至った経緯は、極右過激派の凶弾に倒れた前労働党党首ジョー・コックスが進めていた「孤独に関する調査」の遺志を引きついだものだ。
調査によれば、「イギリスでは、900万人以上の人々が常に、もしくはしばしば『孤独』を感じており、その三分の二が『生きづらさ』を訴えている」「月に一度も友人や家族と会話をしないという高齢者の人口は20万人に上る。週に一度は36万人になる」と言う。また、孤独は、一日にタバコを15本吸ったのと同等の害を健康に与え、雇用主には年間25億ポンド（約3700億円）、経済全体には320億ポンド（約4・7兆円）の損失を与えるとしている。[3]
もちろんこうした問題は、わが国でも、高齢化の進展とともに深刻の度合いを増している。とくに厳しいのは、むしろ大都市における高齢化だ。この先2045年の状況を見ると、65歳以上の高齢者増加率（2015年基準）は、東京都が36％、神奈川県が34％に対し、山口県はマイナス9％となっている。[4]つまり、高齢者の人口増のスピードは、これまで人口減、高齢化先進県と言われた地域よりも、大都市圏の方がずっと激しい。これからやってくる都市部での介護施設や介護サービスの極端な不足は、もっとも深刻な社会問題となることが予想される。と同時に、他人に無関心な都会であればあるほど、精神的な孤独問題が重要なテーマとなっていくはずだ。
老人の貧困、孤独問題を記述した、河合克義の『老人に冷たい国・日本』の中に紹介されている、横浜市の一人ぐらしの老人への聞き取り調査の内容は、なまなましい現実をうかがわせる。[5]

- 毎日のように外出はしているが、外出とは捉えていない。家にいると暑いので、涼むため電車に乗り、一路線を行き来し、日中を過ごしている。自転車に乗って外出もしているが、一週間、誰とも会話をしていない（男性 68歳）。
• 一か月3万5000円の木造の賃貸民間アパートに住んでいる。お風呂はない。銭湯は高い（4000円）ので、入浴は週一回のみ。夏よりは、冬場にお風呂に入れないことが辛い。それは、冬は寒くてよく眠れないので、お風呂でゆっくり暖まって寝てみたい（男性 73歳）。
• 親族としては、唯一、連絡をとっている弟が実家に住んでいる。しかし、弟は病気で弟との関係がなくなってしまえば、親族との関係はなくなってしまう。正月は毎年ひとりで過ごしている。友人は銭湯で話をする人程度。近所づきあいはない。孤独感が強く、毎日一回は泣いている（女性 83歳）

こうした孤独問題は、高齢者だけに限った問題ではない。SNSの浸透で、昔よりもはるかに孤独から解放されているように見える若者たちだが、必ずしもそうとは言えない状況にある。SNS時代だからこそ生み出される孤独だ。それは「つながり孤独[6]」とも言われ、SNSを通じて、知人や友人たちの幸福そうな生活、楽しそうな様子を見ることで引き起こされる孤独である。そこまでいかないまでも、ネットの先にいる相手に理解されているかどうかが重要で、「ただつながっている」だけでは、本当の意味での孤独解消にはならないのだと言う。

デジタル技術が進歩すれば遠隔地医療は可能になるかもしれないが、人間同士がじかに出会う機会は、肉体を持った人間同士に託すしかない。

関係性は全体として存在する

デカルト以来、長らく近代科学の基礎となってきた考え方、それが要素還元主義だ。それは、一見、複雑に見えるようなモノでも事象でも、それをできるだけ細分化し、行き着いたところのそれぞれの要素について調べ上げれば、全体についての解明もやがて進むという考え方だ。

だが、こうした考え方に疑問符がつき始めている。生命や脳、思考、生態系、経済活動、言語や文化の進化といった複雑なシステムは、結局のところそうした方法だけでは理解できない[7]。つまり、細かく腑分けされたものを、もう一度足し直しても、分解する前のものとは同じにならないという壁だ。そこには分解の仕方が間違っていたのか、足し方に不足があるのか、といった問題もあるかもしれない。だが、もっとも考えられることは、バラバラにして観察した時点で壊され、見逃されたものがあるのではないか、つまり、個々の要素の足し算以上のものが、全体には存在するのではという推測だ。

こうした個々を足し合わせたものと、全体との違いは、自然科学の世界でもいまだ解明が進んでいない究極の問題でもある。わかりやすい例をあげれば、蒸気も水も氷もすべてH_2Oという分子構造で表される。けれど、蒸気、水、氷それぞれが持つ物質的な性格はまったく違ったものだ。

要素還元主義に従えば、個と全体は別物だ。個は全体の一部にすぎない。ただ、個を一つでも損なえば全体が崩壊してしまうことはよくあることだから、個と全体が不可分な関係にあることも間違いない。ただ、損なわれた個が原因で全体が崩壊するのは、部分的な損傷が全体に及んだだけのことで、損なわれた個の周辺部分を繕えば、また全体は復活する。

だが、情報の価値のような関係性から生まれる価値は、モノにおける全体と個の関係と少し違う。たとえば、あるたいへんイメージの良い会社があって、そんな中、たまたま社員の一人が世間に顔向けできないような不始末をしてしまった。それまで素晴らしかった企業イメージは一気に下落してしまう。モノの世界であれば、当該社員をクビにして、新しい社員と入れ替えればそれで終いだが、そんなことが、それまでの企業の好イメージの回復につながらないことは誰もが知っている。

この場合、一人の社員の不始末が瞬時に全体に及び、しかも、個人の名誉回復が容易でないように、全体もまたしばらくは修復不可能な状態に陥ってしまうのだ。つまり、一部だと思っていた社員個人が全体であり、会社全体として安泰と考えていたものが、社員一個人にすぎなかったということになる。部分が全体であり、全体は部分だったのである。

この原因を、すべての個はネットワークのように互いにつながりあっていて、全体を構成しているからだと考えることもできる。また、私たちの脳内構造が、イメージとして個と全体を不可分でかつ同一なものとしてとらえるからだ、と考えることもできるだろう。また、その両方かもしれないし、別の理由があるのかもしれない。

ただ、私たち人間が、全体を細分化された個の合成ととらえずに、瞬間的に全体をひとつの個としてとらえる能力にたけていることだけは確かなようだ。そのため、一部分の変化は全体に及び、全体の変化もまた素早く部分にまで及ぶ。

このことは、関係性から生まれる価値をとらえる方の立場から代わって、それを創造する立場になったとき、かなりの労力を強いられることになる。つまり、細部にまでこだわる超ミクロの目と、空から大地を俯瞰するような全体を見渡す目の両方を要求されるからだ。

近年、ビジネス世界で「デザイン思考」という言葉が広く使われるようになっているが、その中には、こうしたミクロ的視点とマクロ的視点の両方をあわせ持つ、という考え方も含まれているように思われる。なぜなら、デザインの価値＝関係性から生まれる価値と言ってもよいからだ。その意味から言えば、演繹思考で個を積み上げて全体としてきた従来型のモノ型思考が、デザイン思考を新鮮にとらえ、また有力な価値創造の手法としてとらえているのも当然のことかもしれない。社会の価値が、確実にモノから情報へと移り変わっていることを、ビジネス世界はすでに敏感に感じてとっているのである。

関係性の世界は虚数界

私たちの現実社会の価値は、エネルギーの多寡や効率性だけでなく、エネルギーの様相から生まれる価値によっても成り立つ。前者の数的表現は実数でこと足りるが、後者の関係価値領域になると、どうしても虚数を含む複素数の世界が必要となる。

これだけの説明では、多くの読者は、何のことかよくわからないだろうから、私たちが慣れ親しんでいる電気（エレクトリック）社会と電子（エレクトロニクス）社会の違いを使って説明してみよう。

今日の情報社会がエレクトロニクス、電子社会であることは言うまでもない。それ以前は、主に冷蔵庫や洗濯機などの家電製品が使われる電気社会だったと言ってよい。そうした電気から電子の時代への変化をひとことで言えば、電気エネルギーの量、つまり電子の運動エネルギー量が重要な役割をしていた時代から、電子の「配置」が、重要な役割を持つ時代への変化だと言ってよい。たとえば、電気エネルギーの量によって列車を高速で動かす時代が電気の時代だとすれば、電子の配置によって、つまり、どこに電気が流れているかいないかによって計算をしたり複雑な画像を表現したりするコンピューターの時代へという変化だ。

エレクトロニクスの世界では、電子が流れる量よりも、電子がどこにあるのか、その所在の方が決定的な働きをする。こんな時代がやって来ることを誰が予想しただろうか。

つまり、私たちが生きるエレクトロニクスの時代は、エネルギー（ここでは量子のひとつである電子）の量よりも、むしろ、その配置、すなわちエネルギーの様相こそが価値を決定する時代なのだ。そして、エネルギーの量を実数、エネルギーの所在によって構成される様相の世界――関係性の世界――こそは虚数界であり、その二つを足し合わせたエネルギーの量と様相の世界は複素数で表されることになるのだ。

日本は、電気（エレクトリック）の時代には、世界のトップを走ることができた。続いてやってきた電子（エレクトロニクス）の時代でも、最初のうちは変わらずトップを走っていた。ところが、今やアメリカや中国の後塵を拝する状態にある。電子の運動エネルギーから、電子の配置時代への変化にうまくついて行けていないのだ。

その理由はなぜか。今でも、ＧＡＦＡのハードの部分は日本が担っている。日本は工学的性能の向上面では負けていない。その意味から言えば、おそらく答えはこうなるだろう。電子（エレクトロニクス）の配置時代、すなわち虚数を含む複素数世界では、電気（エレクトリック）の時代にくらべて、より人間的な成果を期待されていることに気づくのが遅れたのだ。実数だけで表される世界で先頭を走ることに懸命になるあまり、虚数を含んで、より人間に近づいた複素数の価値世界に変わったことに、長らく、そして今でも多くの日本人は気づかないでいるのである。

＊この項の内容について詳しくは、拙著『複素数思考とは何か[8]』をご覧いただきたい。

第7章　資本主義から価値主義へ

アダム・スミスの時代は終わった

アダム・スミスによる「個人的欲望の追求に任せておけば、社会全体が豊かになる」という資本主義の根本原理は、モノを市場で交換するというシステム下ではうまく機能した[1]。お金もうけのために生産者はできるだけ良いモノを作り、良いモノであれば市場でたくさん売れ、お金を払ってモノを購入した消費者もまた満足し、結果として社会全体が幸せになったからだ。そして、こうした市場での交換の仲介をするお金の量が、すなわち社会全体で作られた価値を意味した。

そうした中、デジタル化による情報化の急激な進展は、非交換型の価値社会を出現させた。共有が基本で、互いの交換を必然としない情報は、市場を通すことなく価値がやりとりされる。そのため、どこで価値が発生しているのか、また、全体としてどのくらいの価値が生み出され、享受されているのか、ほとんど測定不可能な社会である。そこでは、資本主義が目ざす「財貨の永続的な増殖」はむずかしくなる。

加えて、近年のデジタルネットワークによる情報量の急拡大は、マスメディア時代には画一的だった人々の意識や価値観を大きく変えつつある。その変化をひとことで言えば、価値の多様化ということになるだろう。「何が価値あるものなのか」ということを、商品やサービスの価格や、政府や中央銀行の発表する経済数字にとらわれることなく、個人が自分自身で考えるようになったのだ。人々はもはや自分の身のまわりの商品や、お金との交換で提供されるサービスによる価値からだけで、自らの幸福感を形成しているわけではない。

ポータルサイトｇｏｏによるアンケートでは、２０１３年の調査だが、人々が幸せを感じる瞬間は、一位「おいしいものを食べているとき（１４２１票）」、二位「寝ているとき（１２５０票）」、三位「恋人と一緒のとき（８１５票）」、四位「家族団らんのとき（７７６票）」、５位「趣味に没頭しているとき（５５５票）」となっていて、以下十位まであげると「子供と一緒の時間」「旅行をしているとき」「ペットと遊んでいるとき」「夫婦水入らずの時間」「お酒を飲んでいるとき」[2]と続く。

どれも共感できるものが多いが、お金がかかりそうなことは意外と少なく、一位の「おいしいものを食べているとき」、五位の「趣味に没頭しているとき」、7位の「旅行をしているとき」、十位の「お酒を飲んでいるとき」くらいがそれにあたりそうだが、それらでさえ、たいへん高価なものを飲んだり食べたり、豪華な趣味や旅行をしているようには思えない。あとは、寝ているときか、恋人や夫婦、子供たちと一緒にいるときか、ペットなどと触れあっているときが上位を占める。

これは調査ではないが、ＳＮＳに人々が投稿している写真画像などを見ても、ここにあげられたようなテーマの写真がほとんどのような気がする。一方で、それとは対照的に、テレビ画面から流れてくる広告は、相変わらず、いかにもお金のかかりそうな商品やサービスのコマーシャルであふれている。広告は商品を売るための広告だから、それで当たり前なのだが、新しいメディアの方で、人々の本音の幸福がうかがえるところがおもしろい。

マクルーハンが『メディア論』（１９８７年）の中で、「メディアとはメッセージである」と語ったように[3]、メディアの変化は、伝達手段の変化にとどまらず、伝えられる情報そのものに変化をもたらす。情報が変われば、人々にとってそれまで当たり前だったあらゆることがらの意味内容が変わってくる。意味が変われば、対象の価値もまた大きく変化していく。結果として、人々の行動も変わり、さらには社会も大きく変化することになる。

加えて、デジタル情報技術の変化は、そうしたこれまでとは違う多様な生き方を可能にし始めた。これまでの多様な生き方とは、言葉の上だけか、商業世界での変化にすぎなかった。都会のタワーマンションで暮らし、デパ地下でお惣菜を買って、サブスクで好きな映画や音楽を楽しむことが多様な生き方だったのだ。

言いかえれば、これまでは、みんなの目指す価値はそれほど大きな違いはなく、実現する手段だけがさまざまだったと言ってよい。数えきれないほどの幸福になりそうな商品やサービスの提示があって、それをもって生活や暮らし方の多様化と呼んでいたのだ。また、国や企業のかかげる目標数値があって、それを達成しさえすれば、人々の願いは必ずかなうはずだという蜃気楼のような幻想があったのだ。

だが、人々の意識も生活も根本から変わりつつある。東京のデザインハウスの仕事を辞めて、幼い頃から親しんだ島で、コーヒースタンドを開いて暮らす若者がいる。彼の生きがいは、島を訪れた観光客をおいしいコーヒーでもてなすことと、かつての仕事で磨いたデザインスキルを、島の新しいブランド作りに生かすことだ。これまで築いたネットワークで、世界からの仕事も舞い込むこともある。もしも、デジタルコミュニケーションの進化がなければ、考えられなかった生き方だ[4]。

デジタル化による情報化の進展は、今まで、自分自身の価値観で生きていこうとしてままならなかった人々のカラダに、いわば「羽」をつけたのだと言ってよい。

情報化はこのようにして、第一に、資本主義の発展にとって欠くことのできない条件だった「交換市場」を必然としない経済社会をもたらし、第二に、「何が価値あるものなのか」という根源的な方向に人々の関心を向けさせ、さらにはそうした生き方を現実に可能にし始めたのである。

企業の活動目的も価値創造に

これまで資本主義を支えてきた企業の生産活動の目的も、劇的に変化し始めている。もともと「企業の目的は、顧客の創造である」の言葉どおり[5]、顧客にとっての価値創造にある。その意味から言えば、これからも企業が消費者の求めるものから目をそらすことはない。そうした中、企業の姿勢にはっきりと変化が見え始めた背景だが、ひとつには、今日の消費者のマインドそのものが変化し始めたことを敏感に見てとっているからだ。

今日の消費者が、商品やサービスに求めるものは、提供される機能価値だけではなく、自身と商品の間に生まれる関係性の価値を重視することは前にも紹介したが、それをわかりやすく言うと、消費者が商品や企業と「世界観」を共有するのだと言ってよい。

共有するのが世界観だから、いきおいそれは抽象的な内容にならざるをえない。消費者自身の暮らし方や生き方などと、企業の姿勢や考え方が重なるのかどうか、ということだ。それをわかりやすく言えば、もはや消費者は「小手先の利便性や機能改善」を企業や商品に求めていないとも言ってよい。

今の若い人たちは、もの心ついたときから携帯電話の利便性の中で生きてきた人たちだ。モノに関するこれ以上の利便性や機能性は、おそらく彼らの想像力を超える世界である。あるとき、筆者がゼミの学生の一人に、「今、いちばん欲しいものは何か」とたずねたところ、しばらく考えこんだ後、「シャープペンシルの芯が切れたので、それくらいですかね」という返事が返ってきたことがある。

むしろ彼らが求めているのは、昔流に言えば、実存的欲求とも言うべきもので、一人の人間として、どのような生き方、暮らし方、人生を送るべきかという問題であって、それにこたえてくれる、あるいはヒントをくれる商品やサービス、企業を求めているのだ。それは目に見えて、手に触れることができるモノではなく、まさに心に触れる情報の世界に属するものだと言ってよい。

企業が変わり始めたもうひとつの理由は、消費者のマインド変化にかかわらず、これまでどおりの利益追求だけでは、自らのビジネスドメインを確立しえないと、企業自身が悟り始めたからである。

たとえば、今や航空会社が飛行機に乗ることをすすめない時代だ。2020年に創業百周年を迎えたＫＬＭオランダ航空は、そのコマーシャルビデオの中で、「飛行機の代わりに電車で移動することはできませんか」と呼びかけている。[6] ジェット機によるCO$_2$排出は、環境活動家グレタさんの影響もあって、その環境負荷の大きさがクローズアップされている。次の百年は、地球環境問題を無視しては生き残れないという決意が、KLMの新しい企業キャッチフレーズ「Fly Responsibly－責任ある航行」に表れている。

アメリカの経営学者のマイケル・ポーターらが、CSV（Creating Shared Value－共有価値の創造）の考え方を提唱したのは2011年のことだ。それは、企業による社会的価値の創造活動が同時に、経済的価値の創造に結びつくという考え方にもとづいていた。

ただ、KLMが発している強いメッセージは、ポーターらのCSVの発想よりも、さらにひとつ次元が進んだものだ。そこで語られているのは、人類の生存基盤に危害を及ぼすような活動は、それが個人によるものであれ、企業のような大組織によるものであれ、「もはや絶対に許されない」という強い自覚にもとづく。つまり、企業にとっても、そこからはずれた企業活動のドメイン（活動のための土俵）はどこにもない、というはっきりとした認識だ。

世界経済フォーラム（WEF）の創設者のクラウス・シュワブは、2021年1月の年次総会（ダボス会議）のテーマを「グレート・リセット」に設定した。そうした背景を問う質問に、シュワブはこう答えている――「世界の社会経済システムを考え直さないといけない。第二次世界大戦後から続くシステムは異なる立場のひとを包み込めず、環境破壊も引き起こしている。持続性に乏しく、もはや時代遅れとなった。人々の幸福を中心とした経済に考え直すべきだ[7]」。

毎日のテレビや新聞の報道を見ると、相変わらず資本主義は元気に振る舞っているようにも見える。

けれどよく目をこらすと、消費者が、そしてその旗降り役であった企業自身が、早々にそうした世界に「さようなら」を告げようとしているのが見てとれるはずだ。これまで資本主義を支えてきた役者も観客たちも、自分たちにとって本当に大切な価値創造の世界に向けて走り始めているのだ。

ミレニアル・Z世代の価値観

消費者意識の中でも、次代を担う若者たちの考え方は、私たちの想像以上に激変している。ある経済サイトの掲載記事によれば、「2016年のハーバード大学の調査によると、調査した18～26歳の米国人の51％が『資本主義を支持しない』と回答、三分の一は『社会主義に変わることを望んでいる』と回答し、さらに米調査会社ギャラップの2018年の調査でも、『資本主義を肯定的に捉えている』と回答したのは約45％で、2013年から23％下がっていた」と言う[8]。

調査対象の18～26歳（2016年時点）の若者と言えば、1990年から1998年くらいまでの生まれの人たちだ。いわゆるミレニアル世代（1980～1995年生まれ）の後半から、Z世代（1996～2015年生まれ）と呼ばれる最初の人たちにあたる。ちなみに、アメリカではすでにミレニアル世代が全労働者の約三分の一を、Z世代が人口の四分の一を占めると言われる。

アメリカに関して言えば、大学で学ぶためには高額の学費がかかる上に、また、その中でもMBAやロースクール卒の肩書きを持った一部エリート層だけが、資本主義の恩恵にあずかってきた。こうした社会状況に若者たちが見切りをつけても不思議はない。そんな中、問題の核心が、資本主義の生み出した経済格差にあることは確かだが、加えて、その解決策さえ見出せないでいる現在の混迷状況にあると言ってよい。

2000年前後を本格的な情報デジタル社会の到来期と考えると、ミレニアル世代にとってはちょうど社会人になる頃、Z世代はもの心つく頃にあたる。とくにZ世代は、その幼少期からスマホやSNSを使いこなすことが当たり前で育ってきた世代だ。それより以前のモノ時代に生きてきた世代と比べれば、まさに「モノから情報へ」を地で生きてきた世代ということになる。

そうしたことを考え合わせれば、ミレニアル・Z世代の考え方や価値観、そして行動様式などが、それ以前の世代とほとんど不連続なものであってもなんら不思議はない。なぜなら、モノと情報ではその性格が真反対だからだ。その意味から言えば、ミレニアル・Z世代のとらえ方を、よくありがちな「今までにない新規な消費者の登場」とする見方が、いかに狭いかがわかることだろう。デジタル情報社会が資本主義に最後の引導を渡し、そのデジタル情報社会の洗礼の真っただ中に生まれ育ったのが彼らなのだ。

そうした環境に育った彼らの特徴をいくつかあげれば、文字どおり、物質的な豊かさよりも精神的な豊かさを求めていることは間違いない。むしろ、モノの豊かさとは何か知らないで生きてきたとさえ言ってよいかもしれない。彼らにとって「豊かさ」という言葉と素直に結びつくのは、「こころ」しかないのだ。もちろん、すべての若者たちがモノに恵まれているとは思えない。しかし、身近な手の届くところにたくさんの情報があふれ、そしてそれが一時でもこころを満たしてくれるとすれば、そちらに心奪われるのは当然と言ってよいだろう。もはや、企業や国がいくらモノを積み上げても、彼らの歓心を買うことはないのである。

また、SNS世代とも言える彼らは、当然ながら、人と人、仲間と仲間との関係性から生まれる価値に非常な重きをおく。かつての時代も、そうした価値は欠くことのできない大切なものだったが、出会いの数と頻度の多さだけを比べれば、今のSNS世代にはとうてい及ばない。

モノの時代は、マスメディアによって管理された情報がほぼ均等に人々に降り注がれた。そのため、情報にはそれぞれの発信者の権威を示すタグが必ずぶら下がっていた。国・政府、中央省庁、市や町、経済団体、企業、アメリカ、EU、そして学者や知識人……。一方、現在のSNSは、各自が発した情報を互いが互いに斟酌しあう仕組みで成り立っている。新しい世代の情報のオリジンは、それが有名人であろうとなかろうと、いわば、彼らと同じ空気を吸って生活している人たちなのだ。そのため、情報は水平に広がっていき、結果として、互いの関係性はどこまで行っても友人や仲間であって、それ以上でも以下でもない。

そうしたことを考えれば、たとえば「多様性」などという言葉は、彼らにとって、わざわざ大上段に振りかざすような言葉でも何でもないことがわかる。互いがいつも連絡を取り合っている仲間同士なら、互いに見た目も考えていることも違っていることなど、ごく当たり前のことだからだ。彼らの世界は、最初から「多様性」が前提で成り立っている世界なのだ。

モノから情報への移行は、こうして社会の人々の意識や行動を大きく変えていく。頑丈な鉄骨で組み立てられた摩天楼のような国や組織に未来の自分を託すような人は、もはやごくわずかでしかない。そうではなく、資本主義でもいかめしい国家でもない、自分にとって身近な言葉で語りかけてくれる価値世界こそが、現実となり始めているのだ。

価値主義とは何か

価値主義とは、これまでの資本主義社会が、価値をものの値段で測っていたのに対して、自分なりの考えや判断に従って価値を判断する態度や生活の仕方、生き方である。

そんなことは、言われなくても昔からそうだった、という意見もあるかもしれないが、そこがモノ社会と今日の情報社会の違いである。たしかにモノの世界でも、それに価値があると認めなければそれで終いだが、その程度は情報の世界ほど激しいものではなかった。たとえば、東京から大阪に向かうのに、東海道線の普通列車を乗り継いでのんびりと旅情を楽しみながら行くこともできるが、いつもそんな悠長なことができるわけではない。誰が考えても、普通列車よりも新幹線の方が速く到着することははっきりしている。速さという物理的な視点では、新幹線の価値を認めないわけにはいかないのだ。

ただ、鈍行列車で行く東海道の車窓の風景には、新幹線で行く場合にない、驚きや楽しみがある。そして、これこそが情報の価値だと言ってよい。物質世界の持つ列車の速度のようなものは、誰にとっても価値評価が変わらないが、列車の窓から見える風景のような情報価値は、人によってその評価が変わってくる。どんなに時間がかかろうが、面倒だろうが、何としても車窓に広がる山並みや海の美しい眺めを楽しみたいという価値観もあるのだ。つまり、価値主義は、モノに替わって、情報の価値が社会の中心になり始めた今日だからこそ、はっきりとその姿を現してきたのである。

また、資本主義から価値主義へというと、同じ次元のイズム転換のようにも聞こえるが、価値主義は、資本主義のひとつ上の次元であることを認識しておくことが重要だ。つまり、価値の実現、創造のために資本主義という手段があり、その意味では、社会主義も共産主義も同様に、何らかの価値の実現のための手段にすぎない。

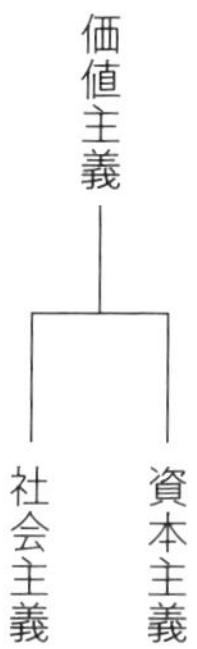

そのため、価値主義はイデオロギーを超えた存在で、誰にとっても肯定されるべきもので、資本主義 vs 社会主義に見られるような対立はありえない。
ただその一方で、価値主義？——いったいそれで食べていけるのだろうか、といった疑問や不安が読者の頭をよぎるかもしれない。なぜなら、価値主義は認めるにしても、そうした自分なりの価値観に沿った生き方、暮らし方そのものを行うのに、何らかの手段を用いてそれを行う必要があるからだ。むしろ、資本主義、社会主義とは、その手段のところでの分岐とも言ってよい。
その意味で言えば、具体的な手段なくして、自らにとっての価値や人類全体の価値目標の達成はありえないのだが、ひるがえって、私たちの毎日はそうした手段に翻弄される日々であることも確かである。また多くの人々は、目標としてきた価値をすでに手に入れているにもかかわらず、無暗にその手段に縛られていはしないだろうか。

もともと財貨の増大は、価値創造のメルクマールであったにすぎない。市場も物質的豊かさも、本来、別の豊かさを手に入れるための一手段にすぎなかったのではないか。むしろ、そうした手段であったはずのもろもろに夢中になるあまり、個人の生き方も、人類、そして地球全体の健全性を損なうことになっているのではないか。

こうした反省は、長い歴史の中で、宗教や哲学、芸術の世界などで何度も反すうされてきた。ただ、今日のそれが今までと違うのは、モノから情報へという価値大変化の中で、気がつけば満ちて来る海の潮が足元をひたすように、価値主義の波が確実に世界をおおい始めていることだ。すでにして、「あなたはいまだに資本主義のイズムで生きているのか、or 新しい価値主義のイズムで生きているのか」が問われる時代となっているのである。

価値主義と資本主義の比較

資本主義に変わる新しいイズムである価値主義は、これまでの資本主義と比べて、たとえば、どのような違いがあるのだろうか。その主な違いについて書き出してみると、表2のようになる。まず、目標は「財貨の増大」から「価値の増大」へ、価値の中心は「モノ」から「情報」へと移る。この点についてはこれまでもたびたび触れてきたので説明はいらないだろう。

そして、価値の基準は、「市場で決定された価格」から、人々の「主観的な価値評価」へ、また、

表２　価値主義と資本主義の相違

	資本主義	価値主義
目標	財貨の増大	価値の増大
価値の中心	モノ	情報
価値基準	客観的市場価格	主観的価値評価
価値の対象	市場に供出されたもの中心	市場に供出されないもの以外も対象
価値の生まれる場所	市場	個人の内面
充足内容	物質的豊かさ	物質的豊かさ＋精神的豊かさ
国家目標	経済成長率	新たな多様な指標の設定
社会システム	集中	分散
社会評価軸	文明度	文化度
エネルギーと価値創造の関係	エネルギーの量と効率の追求から価値が生まれる	エネルギーの様相と関係性から価値が生まれる
価値の特性	効率性	ゆとり度
〃	画一性	多様性
〃	合理性	情緒性
数的尺度	実数	虚数を含む複素数

価値の対象も「市場に供出されたもの中心」だったのが、「市場に供出されないもの」も多くがその対象となっていく。それらに従って、当然ながら価値の生まれる場所も「市場」から「個人の内面」へと移っていく。

もちろん、これまでも価値は、個人の内面で感じられていたことは間違いないが、資本主義社会では、まず、市場参加者による人気投票の結果とも呼ぶべき市場価格が決定され、その値札を見てから、人々の価値判断が行われていた。だが、価値主義社会では、情報をはじめ、市場を通さない非交換型の価値（第６章）が多くなる。そして、それによって充足されるのは、これまでの「物質的豊かさ」に精神的豊かさがプラスされたものとなる。

こうした価値の変化や人々の満足の内容が変わっていくにしたがって、国や社会のあり方も変わっていかざるをえない。現在のようなGDP数値だけではとうてい、国全体で創造された価値を表すことはできなくなり、「新たな多様な指標の設定」が必要となる。それらの指標については、すでにさまざまなものが指摘されているが、ジェレミー・リフキンは、経済的生産物の量ではなく、「生活の質」の指標を重視する基準として、たとえば、人々の教育水準、医療サービスの普及度、乳児の死亡率と平均余命、環境管理と持続可能な開発の程度、人権の擁護、社会における民主的参加の度合い、ボランティア活動の水準、人々がレジャーに費やせる時間数、貧困線より下の人口の割合、富の公平な分配などといった項目をあげている[9]。

そして、こうした新しい要素基準が、私たちの生活の豊かさを表すものとして本当にふさわしいかどうかということよりも、重要なことは、GDP成長率オンリーの現在の偏った状況から離れて、より多様な視点からそれを測るということだ。

また、情報は空間と時間の制約から人々を解き放つことから（第2章「情報は時空間を超越する」の項参照）、仕事や住まい、教育などが、現在の都市へ集中した状況から、もっと広い空間へと分散していくことになる。幸か不幸か、今回のコロナ禍は、集中か分散かということではなく、それぞれにメリット、ディメリットがあって、それを勘案した上でベストな選択を行うべきだということを私たちに教えてくれた。

これまでは、生産、消費の面から見て、いずれも集中の方が有利だった。モノ生産は同じ場所、同じ時間に労働者が集まることを要求したし、中央集中型のエネルギー供給システムもそうだった。だが、情報生産労働は時間と場所を問わない。また、エネルギー供給も今後は分散型が主流となる。残るのは消費面だが、デジタル情報化の進展は、流通の効率化をさらに進展させるので、大きな課題は、娯楽面も含めたサービス消費と、現実に人と人が触れあうコミュニティの側面だ。この点は人それぞれでもあるが、分散型でしか享受できない自然との触れあいやスポーツなどを考えると、どちらに軍配が上がるか一概には言えないだろう。

社会の評価軸も、資本主義時代の「文明度」から変わって、「文化度」へ移ることになる。その理由については、本章の終わりの項（「経済から文化の時代へ」の項参照）で詳しく述べるが、大きな理由は、文明がモノとの結びつきが強いのに対し、文化の方は情報との結びつきの方がより強いからだ。

エネルギーと価値創造の関係については、本書でこれまでもたびたび触れたように、モノの世界は「エネルギーの量と効率の追求」から価値が生まれ、一方、情報の方は、「エネルギーの様相と関係性」から価値が生まれる。そのため、価値の特性は、「効率性」から「ゆとり度」へ、「画一性」から「多様性」へ、「合理性」から「情緒性」へと変化する。

最後の「実数」から「虚数を含む複素数」への数的尺度変化については、やや説明がむずかしくなるが、第6章「関係性の世界は虚数界」の項を参照してもらいたい。

「共有価値」は、価値主義時代の共通目標

では、価値主義時代に私たちが求めるべき価値とは何だろうか――答えから言えば、具体的な価値は人それぞれということになる。だが、社会という枠組みがある以上、価値主義時代にも何らかの共通の目標が必要であり、またそうした目標がなければ、社会はバラバラになってしまうことだろう。

資本主義の時代はこの点について議論の余地はなかった。アダム・スミスによる宣託のとおり、個人の利益の追求が社会全体の豊かさにつながっていたからだ。大量生産されたモノの市場交換によって個人や企業に利益がもたらされ、結果としてモノ不足だった社会全体が豊かになったからである。そこでは社会の繁栄と財貨の拡大はほぼパラレルだったのだ。しかし、価値主義の時代はそうはいかない。市場で交換する必要のない、価格の付いていない価値、価格の付けようのない価値がどんどんと増えていくからだ。

では、アダム・スミスの宣託に替わって、価値主義時代に私たちをひとつに束ねるものは何だろうか。それは、人々、あるいは人類全体とも言ってよいのだが、多くの人々に共通する問題の解決である。ゼロからプラス方向に上積みする価値については人それぞれで、一様には決まらない。ただ、みんなが共通して困っている問題を解決すること、つまり、マイナスをゼロに持っていく方向ならば、それは誰にとっても合意可能な価値となる。しゃにむに経済の拡大をはかることが人類の発展につながるという、これまでの資本主義的な考え方とはそこが違うところで、そうした価値主義的な動きは

すでに始まっている。

今や世界中の国々や人々が、2015年に国連で採択された持続可能な開発目標SDGsの達成に努力を傾けている。そして、SDGsの画期的なところは、これまでのように抽象的な目標をかかげるのではなく、世界が協力して解決すべき諸課題を具体的に明示しているところだ。

SDGsがかかげる2030年までに達成を目指す17の目標については広く知られている。そして、それぞれの目標は、「誰ひとり取り残さないことを目指し、先進国と途上国が一丸となって達成すべき目標」なのだが、わが国自身も、17目標のうち14が未達成であることはあまり知られていない。達成されていると評価されたのは、今のところ、目標4の「質の高い教育をみんなに」、目標9の「産業と技術革新の基盤をつくろう」、目標16の「平和と公正をすべての人に」の三つにすぎない（ベルテルスマン財団「持続可能な開発レポート2020」[10]）。

こうしたSDGsを具体例として、今、世界で注目されているのが「共有価値」の考え方だ。「共有価値」を最初に提唱したのは経営学者のマイケル・ポーターだが、それは、企業が社会的な課題を解決することで、経済的利益と社会的利益を両立できるとしたものだった（CSV：Creating Shared Value－共有価値の創造）。それまでは、企業の営利的な活動と社会活動は相反するか、良くても、社会への貢献は付加的なものとして見なされがちだった。それに対して、CSVの考え方は、そこを両立可能、あるいは両立させるべきだという点で、さらに一歩進めた考え方だと言ってよい。

こうしたポーターのCSVの考え方は、今や、「Shared Value－共有価値」の部分が独立して、企業も含めて、人類全体が共有するさまざまな問題、課題に立ち向かおうというところまで進み始めている。

一方、国内に目を向けると、宗教学者の山折哲雄は、「障害エコノミー」という言葉を使い、次のように語っている――「『障害エコノミー』と名づけて社会を考えてはどうか。温暖化、資源の枯渇といった地球規模の障害から、高齢化社会に伴う『老病』、過労死の問題も含めた人間そのものに関わる障害に対し、どのような支援や経済の在り方が考えられるのか、という課題です。それだけで十分に世界経済は回っていくのではないか、と思うのですが[11]」。

SDGsや山折の言う「障害エコノミー」のように、経済数値の拡大一辺倒で走り続けてきた資本主義時代に取り残されてきた問題や課題は、今や山積み状態にある。その解決によって得られる「共有価値」こそが、価値主義時代の主要な価値目標となることは間違いない。

機能性とデザイン性に優れた電動車イス「WHILL」の製造で世界的に注目されている杉江理は、経済誌のインタビューの中で、こう答えている「僕は、マーケティング的な視点からターゲットを決めるのではなく、『誰を助けるのか』という視点でターゲットを決めます」と。

世にマーケティング関係の本はたくさんあるが、「誰を助けるのか」という視点から、ターゲット設定を語った本には出会ったことがない。自社の商品特徴や競争力、将来的に伸びそうな市場、そうした結果がターゲットを決めるのだと、どのマーケティング本にも書かれている。売上げの向上や利潤の獲得が目的であれば、そうならざるをえないはずだ。

昔から「靴屋が靴を作るのは、人々が歩きやすいようにするためか、それとも、人々から金を巻き上げるためか」という話がある。どちらにしても、結果は同じことかもしれない。しかし、最初の出発点が違うのだから、長い時が経てば、たどり着くところは大きく違ってくる可能性が高い。後者なら、お金にならなければ靴づくりはそこで終わってしまう。だが、前者が目的ならば、すべての人々が歩きやすくなるまで靴づくりは続く。価値主義の時代と資本主義の時代の違いはここにある。

価値主義時代の社会と個人

こうして、モノから情報へという価値の大転換によって、価格と価値の結びつきを失った私たちは、直接「価値とは何か」という問題に向き合わなければならなくなった。つまり、あなたにとって大切な価値とは何ですか、あなたは何を大切な価値として生きていくのですか、という難題に直面することになる。

加えて、そうした自分なりの価値観と、社会全体で大切とされる価値との間に整合性を保ちながら生きていくとなると、さらにむずかしくなる。資本主義時代のような、個人個人が欲望のおもむくままに生きていけば、社会も豊かになるという打ち出の小槌はもうない。

2019年5月、OECD（経済協力開発機構）は、2030年に望まれる社会のビジョンと、そのビジョンを実現する生徒像とコンピテンシーについて説明したコンセプトノート「OECDラーニング・コンパス（学びの羅針盤）2030」を発表した。そこには、個人のウェルビーイング（持続的幸福）と集団のウェルビーイングに向けた方向性がわかりやすく示されている（図5）。

図5の上の囲みには、OECDの「良い暮らし指標（Better Life Index）」があげる個人のウェルビー

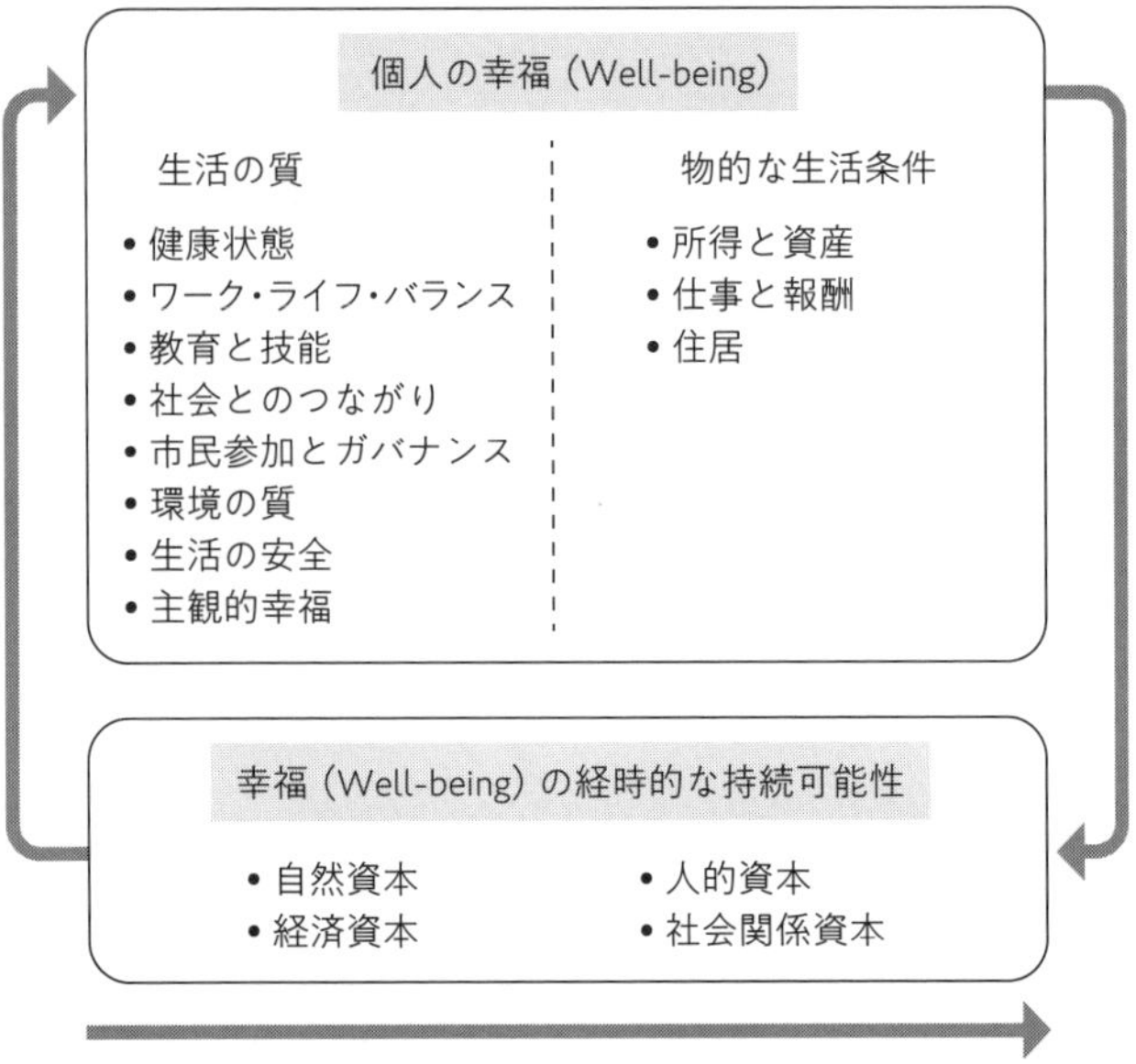

図5　ウェルビーイングと発展を評価するOECDの枠組み
（筆者の作図による。出典：OECD Future of Education and Skills 2030 プロジェクト
「OECDラーニング・コンパス（学びの羅針盤）」2030より）

イングに関する11の要因が示されている。そのうち、左側に示されているのが「生活の質」に関するもので、右側が「物的な生活条件」だ。本書の趣旨で言えば、「物的な生活条件」がこれまでの資本主義社会で重視されてきた指標で、「生活の質」の方の指標が、これからの価値主義時代の指標になるものととらえてよいだろう。

そして図の下の方の囲みにあるのが、そうした個人のウェルビーイングを長期的に支えるためのさまざまな資本（自然資本・経済資本・人的資本・社会関係資本）である。ただ一方で、矢印の向きでわかるように、個人のウェルビーイングもまた同時に、そうした基

表3　OECDのウェルビーイング項目と国連の持続可能な開発目標の関連性
（筆者作表。出典：OECD Future of Education and Skills 2030 プロジェクト「OECDラーニング・コンパス（学びの羅針盤）」2030より）

OECD Well-Being	国連SDGs
1. 仕事	8. 生きがいも経済成長も 9. 産業と技術革新の基盤をつくろう
2. 所得	1. 貧困をなくそう 2. 飢餓をゼロに 10. 人や国の不平等をなくそう
3. 住居	1. 貧困をなくそう 3. すべての人に健康と福祉を
4. ワーク・ライフ・バランス	3. すべての人に健康と福祉を 5. ジェンダー平等を実現しよう 8. 生きがいも経済成長も
5. 生活の安全	16. 平和と公正をすべての人に
6. 主観的幸福	すべての目標に関連している
7. 健康状態	3. すべての人に健康と福祉を
8. 市民参加	5. ジェンダー平等を実現しよう
9. 環境の質	6. 安全な水とトイレを世界中に 7. エネルギーをみんなにそしてクリーンに 12. つくる責任 使う責任 13. 気候変動に具体的な政策を 14. 海の豊かさを守ろう 15. 陸の豊かさも守ろう
10. 教育	3. すべての人に健康と福祉を 4. 質の高い教育をみんなに 5. ジェンダー平等を実現しよう
11. コミュニティ	11. 住み続けられるまちづくりを 17. パートナーシップで目標を達成しよう

盤となる資本を築くことに貢献する存在でもあって、両者は補完的な関係にある。

そうしたＯＥＣＤの「良い暮らし指標」と、国連による持続可能な開発目標（ＳＤＧｓ）を紐づけたものが表３だ。これを見ると、左側の個人の幸福追求が、同時に右側のＳＤＧｓの達成目標にもつながることがわかる。

こうしたミクロ（表の左）とマクロ（表の右）の関係は、資本主義の時代の個人の幸福追求と国家の発展との間に見られたものとほぼ似ていると言ってよい。ただ、重要なのは、資本主義時代の個人の幸福追求が、物的な生活条件（２所得、１仕事、３住居）に偏っていたのに対して、生活の質向上の指標も加えられているため、国連のＳＤＧｓ目標にもつながるものとなっていることだ。

また、ＯＥＣＤの「良い暮らし指標」も国連のかかげるＳＤＧｓも、人間の欲望だけにまかせるのではなく、本来的に個人や地球全体にとって大切な価値とは何かを問い直しているため、それぞれの関連性が高いことに注目すべきだろう。

これを見れば、価値主義時代の個人と社会は、資本主義時代にもまして、調和のとれたかつ持続的な発展の期待できるものとなる可能性が高いことがわかるはずだ。

社会的価値に資金が向かう社会

資本主義が終わるからといって、お金のいらない社会がやって来るわけではない。その意味で言えば、今日的な資本主義の終焉とは、お金もうけのためだけにお金がまわる経済社会の終焉と呼ぶべきである。

社会的に価値あることを志す人で、お金を必要とする人はあまたいる。資本主義は人間の欲望に火をつけるためにはたいへん良くできたシステムである。一方で、動物的ではなく、人間としてのまっとうな思いを花開かせる仕組みも当然に必要で、また、その仕組みが中心となる社会こそ次代の社会となる。

これまでも、個人や企業による私的な寄付活動、政府や自治体による補助金制度、NPOの活動、また企業によるスポンサーシップやCSR（企業の社会的責任）活動、あるいは近年のクラウドファンディングなど、社会的な活動をサポートするさまざまな援助システムが存在する。

十代の若者にプログラミング教育を提供しているライフイズテック（株）のCEO、水野雄介は、社会性の高い活動へ資金が流れる仕組みのひとつとして、「ソーシャルIPO」を提唱する。[12] たとえば、現在、企業にとって資金調達のために必要とされる指標は、売上げや利益額、企業の資産状況などだが、そこに「インパクト」という指標を新たに付け加えようという提案である。彼の言う「インパクト」とは、当該の企業活動が与える「プラスの社会的影響力」のことだ。[13]

水野は、こうしたソーシャルIPOシステムの発想の源について、自身の行っているキャンプに参加した中学生から「ライフイズテックの株が欲しい！」と言われたことがきっかけだったと言う。水野は、そうした若者たちの思いから敷衍して「企業にはミッションとかビジョンとか志とか、その企業ごとに目指す大きな軸がある。その軸をIRに任せるだけでなく、インパクトという概念を数値化することによって、広い意味でプロフィットのみを最上位とする社会構造から、SDGsをアドオンする構造に変わる一歩になるのではないか」と語る。[14]

すでによく知られた投資に関しての仕組みとして、第6章でも紹介したESG投資の指標がある。ESGとは、環境（Environment）、社会（Social）、ガバナンス（Governance）の頭文字を合わせた言葉で、ESG投資は、そうした環境（E）、社会（S）、ガバナンス（G）を重視した経営を行う企業の株式や債券などを対象とした投資方法だ。

そこでは、いわゆる企業業績だけではなく、「環境問題の改善への取り組み」「地域社会への貢献」「従業員への配慮」「法令遵守の企業活動」などのESG課題に前向きに取り組んでいる点も含めて評価され、投資先が選定される。[15]

こうした動きは、さらに今後、世界的潮流になっていく気配だ。たとえば、欧州中央銀行（ECB）の総裁に就任したラガルド（前IMF専務理事）は、環境保護をECBの所管事項のひとつとして確立する方針を打ち出した。この発言については、賛否両論あるようだが、報道によれば、ECBとして環境改善を目指す投資プロジェクトに有利な条件を設定したり、日ごろから環境保全に熱心な国の国債を積極的に買い入れるという手法などがとりざたされている。[16]

だが、今後とも社会的な価値に、世界の資金がすんなりと向かうかどうか楽観はできない。まず、短期的に見るかぎり、人間の強欲は想像以上に強いものがある。二十年後の地球のことよりも、ほとんどの人々は、今日の自分の預金残高の方が気にかかる。これをクリヤーするには、個々人の意識を変えることもさることながら、大きな資金を動かす権限を持った人物や組織自体の意識を変えることがまず必要である。その意味で、すでにいくつかの年金基金の機関投資家が動き始めているESG投資の仕組みや、ＥＣＢのラガルド総裁の発言は、今後の新しい資金の流れを占う貴重なものだと言ってよい。

資本主義の終焉と資本主義の仕組み

ここで注意しなければいけないのは、「資本主義の終わり」と、「資本主義の仕組みの終わり」との区別だ。答えから先に言えば、これから価値主義時代がやってきて、仮に資本主義が終わりを告げたとしても、同時に資本主義の仕組みが直ちに終わりを告げるわけではないという点だ。

資本主義とは、定義したように「市場を通じた財貨の永続的な増殖活動」だが、加えてそのような活動自体が目的化したところに、まずもって今日の資本主義の大きな特徴がある。資本主義にかぎらず目的と手段は混同されやすい。最初は何か別の目的があったはずなのに、いつの間にか、達成手段が目的化してしまう過ちだ。主と従がさかしまになってしまうのだ。

たとえば、最近の出来事で典型的な例をあげれば、コロナ禍によって、世界で数百万単位の死者と労働者所得の損失だけでも数百兆円とされる中、アメリカやわが国の株価が史上最高値を更新し続けたことだ。もともと資本主義の目的は、おしなべて豊かな社会づくりにあるのだが、この間、実現を見たのは、「市場を通じた財貨の永続的な増殖活動」に外ならなかった。資本主義という手段がまったくのところ目的化してしまったのだ。おそらく後世の歴史家たちは、２０２０年のウォール街の活況と、凋落した中間所得者層でもあるトランプ支持者たちによる翌年の議事堂乱入事件を、一対の出来事として描くことになるはずだ。そしてそこに記されるのは、行き過ぎた資本主義の最後の姿だ。つまり、本書で言う資本主義の終焉とは、第一に、資本主義という手段を金科玉条のものとしてまつりあげるイズムの終焉のことを指す。その意味から言えば、手段としての資本主義、具体的には、蓄えられた財貨を新たな生産のために投資し、またそこから得られた利潤を次の生産に向けるという資本主義の仕組みのいくつかについては、これからもしばらく続くだろうということだ。

もちろんのこと、そうして目的化してしまった今日の資本主義とその地位をとって替わるのが、人類の価値そのものの実現を目指す価値主義であることは言うまでもない。その場合、倒錯した資本主義は、まずは手段としての資本主義として元のさやに収まることになる。一方で、モノの生産が続くかぎり、手段としての自由競争市場や貨幣の果たす役割、企業の存在なども、その存在意義はより小さくなるものの、まったく消えてなくなることはない。いわば、今まで横綱の座にいた資本主義が現役から引退し、価値主義が新たに横綱の座にすわると考えればよい。そして、元横綱の資本主義親方には、今までの豊富な経験を生かし、必要に応じて後進の指導に当たってもらうということになる。

では、貨幣市場を経ない価値が次第に増えて、情報のようにほとんどタダ同然でやりとりされる財ばかりになって経済は本当にだいじょうぶなのかと、多くの人は心配になることだろう。もちろんのこと、こうした傾向が今後どんどん続いていった場合、現実にどんな社会が訪れるのかはっきりと予測することは困難だが、こうして経済規模が継続的にシュリンクしていく状態は、資本主義の時代でも何度か経験してきたことでもある。デフレ経済がそれだ。

では、デフレと価値主義の時代とはどう違うのか。デフレーションとは、ものの価格が下がっていき、スパイラル的に生産と消費が落ち込んでいく状態を言う。そこでは、貨幣で測ったマクロ的な生産・消費額の減少と並行して、社会全体の価値量そのものも減少していく。つまり、マクロ的な価格と価値の両方がシュリンクしていく状態がデフレである。これはさすがに歓迎すべき状況とは言えない。

一方、価値主義社会は、貨幣で測った取引額は減るが、もたらされる社会全体の価値の方は減らない。減るどころか、消費者が感じる余剰価値はずっと多くなる。減っていくのは貨幣換算した数字の方だけで、価値の方はどんどん増産されるというのが、これからやってくる価値主義時代なのである。

ＡＩは価値を決定できない

そうしたこれからの価値主義社会を語る上で、無視することができないのが、ＡＩ（人工知能）の問題である。

たとえば目の前の花でも、空を赤く染めて沈んでゆく夕陽でもよいのだが、私たちはそれが何だろうと、ある対象に対して何がしかの価値を感じる。では、その価値とは何か、またそうした価値を、私たちが感じる仕組みはどうなっているのか。

こうした素朴な疑問が、より重要性を増しているのは、価値判断を行うのが、将来的には人間だけでなくなるかもしれないという可能性からだ。その人間と別の存在が外ならぬＡＩである。

価値の判断基準となるのは、そのものが持つ意味だ。ではさらに、意味とは何かということになるが、哲学者マルクス・ガブリエル（1980〜）は、「意味とは、対象が現象する仕方のこと[17]」だと言い、その例として、自身の手を引き合いに出してこう語っている。

わたしの左手は、ひとつの手です。五本の指があり、今のところ褐色に日焼けした状態には程遠く、指先があり、手のひらにはしわがあります。しかし、わたしにたいして左手として現象している当のものは、素粒子の集積でもあります。いわば、もつれあった原子の特定の束なのです。それだけではありません。わたしの左手は、わたしにたいして芸術作品として現象することもありえますし、道具として現象することも——昼食を口に運ぶときなどに——ありえます。

つまり、意味とは、対象のあるがままだけではなく、それが置かれた状況や環境、用途、機能など、ありとあらゆる対象の立場や働きなどによって生み出されるものだと言ってよい。

カーツワイルによれば、2045年頃には、人間の知性を超えるとされるAIだが、そのAIは、今のところ「意味」を理解できない。なぜなら、その対象が置かれたありとあらゆる要素を考慮することがあまりに複雑すぎて、AIにはできないからだ。

もっとかんたんな例をあげてみよう。たとえば、みんなでお酒を飲んだあと、割り勘にする。誰かがスマホを使って金額を出し、画面に出た数字がそれぞれの負担分だ。ただ、答えを出した計算機はその数字の意味は知らない。3500という数字が飲み代の勘定なのか、それとも、そのあたりに暮らす人の数なのか知らないのである。

人間でもこうしたことはしばしばある。文字どおり、機械的に答えを出すというもので、応仁の乱はいつ始まった？　１４６７年、それでおしまい。京都に暮らす人でも、応仁の乱の意味は知らなくても生きていけるし、他県の人ならなおさらである。だから、日本史を受験科目に選んだ受験生を除いて、それは１４６８でも、１２３４でもかまうことはない。

つまり、人もＡＩと同じように、機械的に生きていこうと思えば、できないことはない。ちょうど、テニス選手が相手の放った時速２００キロを超えるサーブを打ち返すように、すべてに機械的に反応すればよいのであって、おそらく、最近のゲーム脳と言われる人たちの脳の中身はこんな具合なのだろうと想像される。

だが、人間の暮らす現実社会は、ゲームの世界よりもはるかに複雑だ。一輪の花にも、一本の鉛筆にも、書き尽くせないほどの意味があるのが普通である。そして、そこから何らかの価値が生まれる。ただ、将来的には、いっそう進化したＡＩが登場し、そのセンサー機能を駆使してありとあらゆる状況下に対応し、かなりの確率で「意味」をとらえ始めるかもしれない。たとえば、いかにも食事を終えた感じの人々の顔の表情や雰囲気を察知して、「食事代の割り勘料金はいくらいくらです」としゃべりつつ、金額表示を行う電卓が登場するかもしれない。

だが、それでもなお、ＡＩにとって解決しきれない多くの問題が残るだろうと思われる。理由は、対象に意味を与える要素が多すぎるからだ。それらは、空間的なものから、時間的なもの、また、その対象の意味を解釈しようとする主体の影響まで考慮しなければいけないからだ。そして、それらの合計は、ほぼ無限大の要素量と言ってもよいし、そうしてとらえられた対象そのものが、また別の対象の意味に影響を与えることも考慮しなければいけないからだ。

つまり、私たちが日々漠然と眺めている「世界」とは、こうした無限大の意味の可能性×無限大の意味の可能性×無限大の意味の可能性……の集積結果とも言えるわけで、冗談めいて「KY（空気が読めない）」などと笑い飛ばせるほど単純な存在ではないのである。

少し長い引用になるが、次のような一文は、私たちの意味理解の能力が、いかに深甚なものか教えてくれるだろう。


NHKで、いつだったか「こんにちは奥さん」という時間だったと思うんですが、もう大分前ですがね、こういうのを見ました。八十をすぎたおじいさんとおばあさんが、初めて二人揃って旅行をした。そういう人たちを何組かスタジオに連れて来て感想を聞くんですね。

さて、「どこへ行ったんですか」と聞いたら、「鹿児島へ行った」と言う。戦争中、自分の長男が鹿児島から飛行機で飛び発ったきり帰らないで戦死ということになっている。そこで、一度夫婦そろって息子が飛び発った所を訪ねてみたいと思っていた。

さて、現地に行ったら、雨が降っていたんです。そうしたら、自動車の運転手が、「おじいちゃん達、そういうことなら、いとわないからどこまででも行ってさがしてあげる」と言ってくれた。行ってみたらそこに飛行場なんかありゃしない。記念塔のようなものが立っていて、砂利が敷いてあった。おじいちゃんはその石が欲しかった。もしかしたら息子が最後に踏んだ石であるかも知れない。けれど公共のものだから、いただくわけにもいかないと思っていたら、運転手が、「ひとつ、坊ちゃんが踏んだかもわかりませんからお持ちになったら」と言う。「ああそう言ってくれるか、それじゃいただいていくか」というわけで、その石を持ってきた。「じゃ、ここにお持ちですか」ってアナウンサーが言ったら、おばあちゃんが、もう涙を出して、そして震える手で、ハンカチの中から石を出すんです。布きれの中からね。私は何の気なしに朝の御飯を食べながら、横目でテレビを見ていました。そうしたら、涙がワァーッと出てきました。だって、おじいちゃんとおばあちゃんにとっては、ただの石ころがもう、息子そのものになっているんです。そうしたらどうでしょう、アナウンサーの方も鼻声になっていたし、それから集まっているご婦人達もみんな泣いています。あの瞬間、日本中を泣かしたんじゃないでしょうか、なんでもない小石一つが[18]」。

こうしてわかるように、意味がわからず、結果として価値判断ができないAIに、これからの価値主義の時代を任せることができるはずなどない。おそらく、AIがこれから先どれほど進歩しようとも、AIは金ヅチの域を超えることはないだろうということだ。AIが今後どのように姿を変えようとも、それは、あくまでも道具のひとつにすぎず、いわば高度に進化した金ヅチにすぎないのである。

AIと人間の逆転現象

ただ、日々、身のまわりで起こっている現象を見ていると、AIの登場によって、あたかも人間がその主体性を失いつつあるような錯覚をおぼえることも確かである。

主体性とは、誰かが電源を入れて命令キーを押さなくても、ひとりでに動き始めるということだ。その意味から言えば、ＡＩが人間を無視して勝手に考え、勝手に行動を始め、ＡＩが人間を支配する――そんなことがあるはずがないと考えるのが普通だが、すでにその普通でないことが起こり始めているのが現代でもある。

歴史学者のユヴァル・ノア・ハラリは、日常生活の中で、私たちがすでにグーグルのアルゴリズムによってコントロールされていることについてこう語っている――「アルゴリズムは、内部の計算や組み込まれた好みに基づいて物事を選び、そうした好みがしだいに私たちの世界のゆくえを決める。グーグルの検索アルゴリズムは、アイスクリーム供給業者のランキングに関して独特の好みを持っている。世界でとりわけ大きな成功を収めるアイスクリーム供給業者は、最もおいしいアイスクリームの生産者ではなく、グーグルのアルゴリズムが上位にランキングした業者だ」[19]と。

耳の痛い話だが、問題はこうした消費行動だけではない。それ以外の私たちのものの考え方、思想や信条、そしてそれにもとづく発言や行動といったものまで、グーグルアルゴリズムや動画サイト、ＳＮＳなどに大きく左右され始めている。

最初、ネットを通じた双方向コミュニケーションは、私たちの手にする情報の多様性やその深さまで、好ましい影響を与えるものと思われていた。しかし、すでに多くの人が感じているように、事実はそのまったく逆に推移している。人々が享受する情報はきわめて狭く、浅いものへと激変している。ネットとは、自らにとって関心がない、また好みでない情報を見なくて済むことを可能にするツールだからである。

ネット愛好者にとって、彼らが日々閲覧するページは、彼らと同意見の人々、あるいは同好の士であふれ、彼らに反対意見を述べる者、忠告をする人など一人もいない。もしそんな人物や意見が現れたなら、さっさとそこから離れ、そんなサイトなど二度と訪れなければよいだけのことだからだ（そんな決心をしなくても、ユーチューブのアルゴリズムは、やがて「あなたへのおすすめ」として、好みの動画しか表示しなくなる）。

その意味では、今日の私たちは、サイバー空間にいるかぎり、現実世界の巨大な権力者に似ている。そこで私たちのまわりにいる人々や出会う人々は、みなお世辞にたけた追従者たちばかりだからだ。

こうしてサイバー空間ではまるで王様気取りの私たちだが、現実世界から見れば、それはたんなる妄想にすぎない。むしろ、私たちはコンピューターアルゴリズムの奴隷にすぎない（奴隷が言い過ぎなら、マリオネット——操り人形——とでも呼ぶべきか）。真の奴隷とは、自身の奴隷たることを自覚しないところにあるのだが、現代の私たちはまさにその状態に近づきつつある。

つまり、今起こっていることは、ＡＩが主体性を発揮しているのではなくて、人間が主体性を失いつつあるということであって、それは、主人が奴隷の上に君臨するのではなく、奴隷がすすんで主人の下部になりつつあるということを意味しているのだ。

価値命題がスタート

このように、価値主義時代が、今まで以上に自らが価値判断し、そして行動することの重要性が問われる時代となることは間違いない。

これまでの認識科学と言われる領域の研究アプローチは、「事実→仮説→検証→理論」といった順序で進められてきた。だが、私の研究領域でもあるデザインのような世界では、個人の性格や考え方、地域や文化などによっていろいろ違いが出てきて、自然科学の世界のように一律の原則があてはまるということはほとんどない。

そんな中、これまでの認識科学に替わって注目されているのが、「デザイン科学」という理論の導き方だ。その場合、最初にくるのは、「価値」ということになる。そこでは、これまでの認識科学のアプローチ手法と違って、「価値命題→最適化→実現→検証」といった手順で進められる。認識科学のように「こうである」という事実が最初ではなくて、「こうあるべきだ」という、人それぞれの価値観が出発点となって、そこから有用な手法なり、考え方が導かれていくのだ。

その場合、問題となるのは、最初にくる「価値命題」とは何かということだ。それをやさしい言葉を使って言えば、たとえば「自然は大切なもの」「企業は社会のためにある」「おもしろくなければテレビではない」といった具合の、あることがらがどうあるべきかにかかわる判断である。

たとえばこんなことを考えてみよう。誰にも悩みはあるものだが、ある人が、「昨晩、寝ずに考えたが、今日、自殺しようと思う」という結論を出したとする。こんな結論は、誰が聞いてもすぐに間違いだということがわかるはずだ。なぜなら、最初の価値命題が間違っているからだ。

悩みの解決方法を探るにあたって最初に考えるべきは、「人の命は尊いものだ」とか「生きていてのものダネだ」といった価値判断であって、自ら命を絶つという選択は最初から除いてスタートしなければいけない。最初の価値命題を間違うと、この場合のように、よく考えた末にとんでもない結論にたどり着いてしまうことになる。

議論が繰り返される憲法改正の問題もそうで、現在の九条がよくできているのは、まず「戦争をしてはいけない」というところから始まっている点なのである。七十数年前に自らも悲惨な体験をし、アジアの諸国にたいへんな迷惑をかけた末に、私たちは「戦争はしてはいけない」という価値命題を設定したのであって、そこからすべての議論がスタートしなければいけない。周囲の状況が変わったとか、国際貢献だとかは、「戦争放棄」の前にくる上位概念ではない。まずは「戦争をしてはいけない」という価値命題が最初にきて、いろいろ考えるのはそのあとからだ。

論理に偏る人は、価値判断に走る人を軽蔑するが、論理の判断もまた人間の情感の行うことだから、両者の畑は実は似たようなものなのだ。むしろ情感による確かな判断力を欠いていては、論理もまた破綻してしまう。

ただ、論理なら事実から出発するので事実さえ見誤らなければ道筋はしっかりしているように思える。その一方で、価値命題の方は、自らの価値判断が最初だから、なんとなく心もとないことも確かだ。

そこで、最初の価値命題はいったいどこから来るのかという点が問題となるが、そのひとつが「教養」ということになる。個人や社会の目的とは何か、それを導き出すのが教養である。

評論家の加藤周一（１９１９～２００８）は教養の果たす役割について、「教養の再生はなぜ必要なのか。それは、社会にとっても、個人にとっても、究極の目的は何か、が大事だからです。どういう価値を優先するか、その根拠はなぜかということを考えるために必要なのが教養です。それがないと、目的のない、能率だけの社会になってしまう」と語る[20]。

国家でも個人でも、それぞれが持つ価値観は多様なものだ。ただ、その価値観が偏狭で独断的なものであれば、何のための価値主義かということになってしまう。その意味で、時間軸でも空間軸でも鳥瞰的な視野からもたらされた価値判断こそが、価値主義時代には必要とされるのである。

時間余りの価値主義社会

価値主義社会で確実なことがひとつだけある。それは、人々が今よりはるかに多くの自由時間を持つようになり、一方で一人ひとりの所得は期待するほど増加せず、場合によっては大きく減少することさえあるだろうということだ。つまり、今日のような金余り社会ではなく、「時間余り社会」の到来である。

経済評論家の堺屋太一（1935〜2019）は、『知価革命』の中で、かつてのローマ帝国やヨーロッパ中世の時代の「時間余り社会」の様子について、このように紹介している。

ローマ帝国の最末期、四世紀以降になると、休日とされた祭日が何と年に百八十日もあったとモンタネッリは書いている。週休二日どころか、週休三日半だ。しかも、働く日の労働時間も概して短かったというから、年実働労働時間は千五百時間以下だったと推定される。今日の最も進んだ先進工業国よりもまだ三百時間ぐらい労働時間が少なかったのである。

これが本格的な中世に入るとさらに減る。ドークールによると、中世のフランスにおいてさえも、ほとんどの農民は、冬の三ヵ月はほとんど仕事をしなかったうえ、夏期もいろんな理由をつけて休日が作られていた。宗教に因む祭日も多かったし、各地各業各人ごとの守り聖人の名による休みもあった。勿論、日曜日は絶対の安息日で、仕事どころか掃除も勉強も禁じられていた。加えて、村落共同体や職能別ギルドでは労働時間を厳格に定め、抜け駆けの働きを禁止していた。中世においては、働くべき時に働かないことよりも、働くべきでない時に働くことの方が、はるかに重い罪と見なされていたのである。[21]

現在のドイツや北欧諸国の年間実労働時間は1500時間を切っているから、すでに末期のローマ帝国並みに達していると言ってよい（わが国は、主要国の平均とほぼ同じ1700時間程度）。今後、働き過ぎが重罪と見なされた中世の時代に逆戻りするかどうか別として、世界各国の労働時間がいっそう減少していくことは間違いない。

つまり、価値主義社会では、これまでのように持っているお金の多寡で人生の成果を測る時代から、ある程度食べていけて、その一方で、どれだけ自分自身の自由な時間を持てるかが、評価のメルクマールとなるということだ。

もともと、仕事が趣味の人は別として、人間の幸福感は消費局面から生まれる。しかも、消費とは、いくらお金を使うかではなく、どれくらいゆったりと時間を過ごすか、という定義もあるくらいだ。

たとえば『柔らかい個人主義の誕生』の著作で知られる劇作家の山崎正和（1934〜2020）は、「消費とは、ものの消耗と再生をその仮りの目的としながら、じつは、充実した時間の消耗こそを真の目的とする行動だ、といひなほしてもよい[22]（原文まま）」と語る。さらに山崎は、逆に、「生産とは、すべて効率主義に立つ行動であり、過程よりは目的実現を重視し、時間の消耗を節約して、最大限のものの消耗と再生を目ざす行動[23]」だとしている。

その意味から言えば、今日、国々の豊かさがGDPで測られているように、価値主義社会では、おしなべてどのくらい自由な時間を享受しているかが、豊かさの基準とされるようになることは間違いない。たとえば、近年の働き方改革の流れやワークライフバランスの考え方は、やがて来るこうした新時代のさきがけと見るべきなのである。

経済から文化の時代へ

以前から、経済の時代が終わって文化の時代がやってくると叫ばれてきた。はたして本当にそうなるのだろうか。

答えを出す前に、モノと情報の性格の違いについて今一度おさらいしておこう。そのひとつが、モノは誰にとっても価値が同じである絶対価値なのに対して、情報は相対価値だという点だ。情報が相対価値になるのは、人の主観によって価値判断が違ってくることと、相対する相手によって、情報要素同士の価値が違ってくるからでもある。白地に赤い日の丸が目立つのは、背景が白地で丸の部分が赤いからで、もしも背景も同じように赤ければ、赤い日の丸は埋没してしまう。

一方、モノ主体の資本主義の世界では、絶対価値であるモノの性格が世界を圧倒してきた。モノは場所を問わずその価値を発揮してきたから、モノが普及すればするほど世界中同じような姿になっていった。都市には同じような形のビルが林立し、高速道路が張り巡らされ、その上を無数のクルマが走る。また、同じ国でも、都会も地方も見た目はそれほど変わらず、駅前には全国同じようなロータリーができて、付近のビルには同じようなチェーン店が店をかまえる。

ただ、どこもかしこも強いてそうしているのではなく、モノは絶対価値だから、みんなが便利で機能的だと思うことはいや応なしに一致するから、自然とそうなってしまうのだ。

それに対して、情報は人によって価値評価はさまざまだし、また、東京のような現代的な都市があれば、対照的に京都や奈良のような歴史のある伝統的な町の存在感が高まってくる。ちょうど白地に赤の日の丸が目立つ理屈である。つまり、モノ主体の資本主義経済下では、何もかもが均一化されがちなのに対して、情報主体の価値主義社会では、理屈から言って多様化が進むというわけだ。

さて、話は文化に戻るが、ひと口に文化といっても、その定義や人々の理解の仕方は、けっして一律ではない[24]。

とくに文化の定義はかんたんではないが、そこには大きく二つのとらえ方がある。ひとつは、文化を狭くとらえる考え方で、文化とは、人間による精神の営みで、また、その成果が人々の精神的充足に資するものというとらえ方だ。この場合、文化と文明を対立させ、精神文化、物質文明といった具合に、対立的に言い表すことも多い。ただ、文化も物質を必要とし、物質を作り上げるのにも当然、精神の営みが必要だから、こうしたはっきりとした区分けがむずかしいことは言うまでもない。

もうひとつの文化観は、前者に比べて文化のフィールドをかなり広くとらえる考え方だ。それは、文化人類学という学問領域を思い浮かべればよいが、人間の生活様式全般を文化としてとらえる考え方である。ただ、それだけでは文化の定義としてはあまりに広すぎるから、文化と認めるための条件が付く。

それは、ある人間集団（民族や国、都市、ある地域など）によって継続的に行われていることで、個人や小人数の人たちが、一年や二年行っていることを文化とは呼ばない。ならば、百人ならよいのか、十年はどうかということになるが、そこに明確な線引きはない。少なくとも町や村の単位で、数世代にわたって行われていることが最低条件だと言ってよいだろう。

前者の、精神文化 vs 物質文明という文化観から言えば、明らかにモノ主体から情報主体の社会になれば、文化の度合いはより進むだろうと考えられる。モノは物質文明を主導してきたし、逆に情報と精神的な営みとのかかわりは深いものがあるからだ。

後者のフィールドを広くとる方の文化観から言っても、価値主義社会になれば、モノ主体の画一的な資本主義社会に比べて、いっそう多様性が進むという意味で、文化の度合いはいっそう進むことだろう。ある地域で継続的に行われる人間的営みが、よりはっきりと浮かび上がるのは、多様性を軸とするこれからの価値主義社会の方であることは明らかだ。

とはいえ、資本主義の時代にも文化はあった。それどころか、資本主義の時代だからこそ、大いに繁栄した文化があった。今日のアメリカ文化はその代表と言ってよいし、資本主義のもとでの経済行為も人間の行うことだから、それがある集団によって一定程度長く続けば文化になる。

ただ、これまでの資本主義文化は、明らかに経済主導のもとでの文化であった。これからの価値主義時代では、主従が逆転して、文化主導の時代になることは間違いない。

第8章　価値主義時代の青写真《ブループリント》

価値主義時代の青写真《ブループリント》

「価値主義の時代がやってくる」とどれほど叫んだところで、かけ声倒れになったのでは仕方ない。数百年にわたって続いてきた資本主義時代が、現実社会で長く機能したように、価値主義もまた継続的な仕組みや、少なくともその実現に向けての青写真、ブループリントを持たなければ意味がない。

そうしたブループリントを描くにあたって、まず基本とすべきは、モノから情報へと価値の中心が大移動したことだ。これまで同様、モノの発想でものごとを進めていたのでは、遠からず行き詰まってしまう。たとえば、情報の価値は、モノと違って、時間と空間の制約をほとんど受けない。つまり、社会も個人の生き方も、これからは時間と空間の概念を捨て去ったところから、未来を構想すべきだということだ。

たとえばこんなことを考えてみよう。子供時代は別として、二十歳前後から七十歳くらいまで、およそ人生の大半、人々が暮らす空間を決定づけたのは、教育と仕事だ。学びたい大学やつきたい仕事のあるところに居住地を定める。これが基本だった。だが、大学教育で言えば、特定の科目を除き、講義の大半は情報のやりとりが中心である。コロナ禍のオンライン授業はこうした事実を白日のもとにした。オンディマンドの講義が完全に時間と空間の制約から学生たちを解放したのだ。遠からず大学にとってキャンパスはその存在意義の多くを失うことになる。

仕事もそうだ。２０２０年、都心の一等地にある高層ビルの数十階を占めるフロアーに、一年間ほとんど社員が来なかった企業の事例は少なくない。仮にコロナがおさまったとしても、たとえば２０３０年に、それらのオフィスビルがサラリーマンやＯＬであふれ返っている情景を思い浮かべる人などもはや誰もいないはずだ。つまり、あと十年もしないうちに、これまで常識だった仕事場と居住地の関係はすっかり切り離されてしまうのだ。

都会と地方の区別は、住む人口の多さによってきた。そして、教育と仕事こそが人々の居住地を決め、そこに必要なインフラやサービスが発展してきた。いつでも、どこからでも、教育や仕事にアクセスできるとなれば、都会も地方もなくなる。自分の住みたいところに暮らす。これが価値主義時代の基本構図だ。

これまでのモノの時代の常識に固執して未来図を描こうとすると、情報の時代との摩擦が増えるばかりである。

時間はどうだろうか。モノの時代を支配してきたのは、同時性だ。モノは同一時間には同じ場所にしか存在しえない。量子力学の世界にかぎっては、この原則はあてはまらないが、私たちは量子世界を住み家にしていないので、こうした超ミクロ世界の利便性にあずかることは不可能だ。

そのため、同一時間、同一場所を避けられないモノの世界の製品づくりや輸送のためには、すべてがロボット作業でもないかぎり、労働者は同一行動をとることを強いられてきた。生産ラインの作業員は、決まった時間に仕事を開始し、決まった時間に休憩し、そして同時に作業を終了する。モノが相手であるかぎり、モノの原則に従わざるをえなかったのだ。大学の講義に遅刻して叱られるのは、キャンパスというモノの原則で教育が行われていたからにすぎない。情報の原則に従うオンディマンド講義なら、遅刻などありえない。

こうして、これからは何が足りない、何ができなくなる、何もかも不安だらけだと言う人は、自分がまだまだ資本主義時代のモノ社会の常識で考えをめぐらしているからではないかと、一度疑ってみることだ。子供の教育費、子育ての環境、住宅ローンの返済、親の介護、老後の資金、これらの難題や課題も、モノ中心の資本主義社会ならではの空間的、時間的な桎梏から生まれているのではないか。情報中心の価値主義時代には、もっとのびのびとして違った青写真が描けるはずである。

政治が今すぐ行うべきこと

2021年1月6日、アメリカの首都ワシントンで起きた、トランプ支持者たちによる議事堂乱入事件は、世界の人々を驚かせた。その二週間後、新しく就任したバイデン大統領は、就任演説でアメリカ社会の融和と結束を強く訴えた。

新大統領による国民の「融和と結束」の訴えは当然のことだが、問題は、何があれほど多数の人々をして連邦議会議事堂を囲む塀を越えさせたかだ。その原因の解決がなければ、何度でも同じことが起こる。そして、それは遠い太平洋の向こうの対岸の火事ではなく、やがて日本の永田町でも、遠くない将来に十分起こりうることだ。

情報社会での政治の主な役割は、豊かな人を増やすことではなくて、貧しい人を減らすことにある。しかも、この重心の移し方は、今からすぐに始めても遅すぎるくらいだ。

まずもって情報社会の流れをとめることはできない。情報社会の底流には、情報の価値を求めてやまない人々の強いニーズがあるからで、このまま放っておけば、社会の富の偏りはとめどなく拡大していく。そうした経済的格差が、政治的、社会的不安定さや国際間の紛争にまで発展していくことは、ここ数年の世界中の事例を見ればよくわかることだ。そのため、政府による施策も、モノの時代の常識から大きく変化しなければならない。

第一に、経済成長を国の中心目標から外すことだ。しかもできるだけ早急にだ。モノの時代は、経済成長が当たり前の時代だった。一方、情報の時代は、低成長、もしくはシュリンクが当たり前の時代となる。そのような状況下でいつまでも成長を追い求めることは、今日の先進国病——政府債務のとめどない増大や、中央銀行の過剰な貨幣供給、国家間の通貨の切り下げ競争、耐えがたいほどの経済的格差の増大、ひいてはそれらが引き起こす自国中心主義の広がりや国内の社会不安、国際間の紛争——へとつながっていくだけだからである。

第二に、施策の重心を、経済の成長から分配の工夫へと移すことだ。つまり、パイを大きくすることから、パイの切り分け方に重きを置くことだ。このことは、経済活動の各種規制を強化することを意味しているわけではない。また、政府や自治体の権限強化を意味しているわけでもない。むしろ、情報の価値は関係性から生まれるから、規制強化は逆方向になる。必要なのは、所得再分配の施策だ。自由な経済活動のあとの所得再分配施策である。

第三に、教育を含めて、社会全体に多様な価値観、多様な生き方をすすめていくことだ。働き手の生産性格差が、私たちが想像する以上に激しくなる知識社会では、このままの画一的な価値観の日本社会を続けていくことは困難だ。目標がひとつに絞られれば、必ず少数の勝者と膨大な数の敗者が生まれる。幸いなことに、少なからずの人々がすでに自分なりの暮らし方、人生の送り方を模索し始めている。むしろ、政府や自治体の仕事は、これらの人々の生き方を積極的に支援することである。

第四に、新たな価値を創造することばかりに目を向けるのではなく、今ある価値（資産）を活用することだ[1]。すでに全国で846万戸の空き家（2019年発表「住宅・土地統計調査」）がある中で、生涯をかけて数千万円の住宅ローンを払い続ける新規住宅を供給し続ける必要が果たしてあるのだろうか。しかも、今回のコロナ禍で、デジタル情報社会は仕事面でも教育面でも、人々の住む場所を限定しないことがはっきりした。

人々の住む場所が分散すれば、捨て置かれた町も自然もコミュニティも息を吹き返す。戦後、自分たちが苦労して作ってきたものを、もう一度見直して再利用した方が、はるかに効率的で、かつ地球環境保全にも好ましい。

第五に、出遅れた知識社会への対応をもう一度、再構築することだ。今や、知識や情報の活用いかんがすべての死命を制する。かつて列車が目的地に向かって走れたのはレールというモノがあったからで、これからの自動運転車は、情報が目的地に向かってクルマを走らせる。情報も知識も相対価値だから、誰にでもその価値がわかるわけではない。すべての人の意見がそろった後に価値判断を行うようでは出遅れてしまう。当たるか当たらないかわからないものでもまずは試してみる。そうしたヒットアンドアウェーの手法が国民全体に浸透しなければならない。ここが絶対価値のモノの時代と決定的に違うところだ。政府はまずその音頭取りと、自らその先陣を切る気概を持たなければいけない。

資本主義の健全性は、モノ社会ならではの法則によって支えられていた。モノ社会では、その占有原則からより多くの生産のためにはより多くの資源とエネルギーが必要となる。そのため、GDP数値は雪だるま式に伸びた。

それに対し、情報の価値機能の複製のたやすさ、そしてそこから生まれる情報の特性である共有性は、市場で交換される財を劇的に減らし、投資面、生産面、消費面において、GDPに大きなマイナス影響を与える（ただし、人々の享受する価値はGDP数値の縮小にかかわらず増大する）。さらには、生産財の中心がモノから情報へと移った知識社会では、人々の間の経済格差がいっそう拡大する。そうした中、現代の主流派経済学はいまだに、モノの価値機能を基盤に組み立てられている。これまでのモノの理屈にのっとった施策を繰り返すことは、たんなる弥縫策の繰り返しにすぎない。

知識社会への対応

知識社会への対応は、日本社会の今の衰退状況の大きな原因のひとつと考えられるので、ここでさらに詳しく触れておくことにしたい（ただし、ここで言う「知識社会」の知識とは、一般的に私たちの考える知、あるいは、情報、知識、知恵、叡智といったいくつかのものを含むと考えた方がよい）。

仏教徒ならぬ「物教徒」とも揶揄される日本人は、「Tangible（タンジブル）」なもの、すなわち触知できるものに最大の価値を置いてきた。理屈ではなく、作っていくらの世界なのだ。アイディアやものの考え方を徹底的に軽んじ、その後に続くモノづくりの過程に異様な情熱を注ぐ性癖、これこそが世界経済の後塵を拝するようになった根本原因だと言ってよい。

しばしば、自分の得意なことが、時代やそれをとりまく環境に適合していたときには、ものごとはうまく運ぶ。ただ、それがそぐわなくなったとき、逆回転をし始める。

歴史作家の塩野七生はＮＨＫ教育テレビ番組で、ベネチア衰亡の例を引きながらこう語っている。

一つの民族には全く一人の人間のように、その民族固有のスピリットがあると思います。それは急にできるものではないのですけれども、徐々につくり上げられて・・・その民族の興隆期には実にプラスに働くのです。ところが下降期に入りますと、同じスピリットがマイナスに働いてくるのです。ベネチアの場合ですと、ベネチア人の実に現実的な、非常に効率を重んじるスピリットが、工業に投資しはじめ、農業に投資しはじめ、そしてベネチア人は豊かであったわけですよ。……いつまでも豊かだったわけです。だけれども結果としては、それは、ベネチアを海から引き離すことにつながっていったのです。だから同じスピリットがマイナスに機能しはじめ、つまり、民族の存亡として、そして衰亡につながるという仮説を、私は立てはじめているのです。[2]

ここで塩野が例にあげるベネチアにとっての海と、日本にとっての今日の情報は似た関係にある。モノを欠いてはこの世界は成り立たないが、その価値比重は急速に落ちている。しかも情報とモノとでは、その特性は百八十度違う。ちょうど、ベネチア人にとっての海と陸ほどの違いなのである。

ドラッカーは、「知識社会とは、知識によって知識の生産性を高める社会」だとする。その意味からすれば、今日の日本の遅れは、「知識によって知識の生産性を高める」ノウハウを欠いているからで、しかも、そのノウハウは今日でもなお日本人の間に定着していない。

では、ドラッカーの言う「知識によって知識の生産性を高める社会」とは、具体的にどのような社会のことなのだろうか。

知識経営の具体的な手法として知られているのが、野中郁次郎による「暗黙知」と「形式知」の考え方だ。それは、経験によって得られた個人の内部にとどまっている知識や手法を、言語化することなどによって客観化し、他の人や組織全体が共有・活用しようというものだ。こうした手法は、日本においては以前からも存在したし、また、今ではほとんどの企業で実践されているものでもある。

だが一方で、ほとんど進展していないのが、理論的な知識と現場の実践的な知識のやりとりである。

とくに社会科学的な領域においては、欧米のそれと比べて、現実にはほとんど機能していないと言ってよい。たしかに、産学協同、産官学の連携などのかけ声だけは勇ましいものの、お互いの「お勉強」の世界にとどまっているというのが現実である。理論知と実践知のダイナミックな相互作用が見られないのだ。

知識がお勉強の世界でとどまってよい時代なら許されただろうが、すでに知識社会の到来が叫ばれて半世紀以上が経とうとしている今日、このような状況がいつまでも放置されてよいわけがない。

アメリカを筆頭として欧米の先進国では、すでに、大学の先端的な研究成果とその周囲をとりまく専門家集団との良い意味での切磋琢磨、協力関係が常識となっている。大学や研究機関の理論知は実践で試され、そこでの不備や課題が、今一度大学へフィードバックされて分析・修正され、再び実践知にかなう研究成果として現場で試される仕組みが出来上がっている。

わが国におけるこうした産学の断絶が長く続いた原因のひとつとして、アメリカ的なアカデミックキャピタリズムへの忌避感が考えられるが、本書の表題どおり、もはやキャピタリズムの時代は終わり、それに代わる社会的・全地球的な課題解決に向けた価値創造の時代——バリューイズムの時代——となろうとしていることを銘記すべきだ。その意味で、今まさに、わが国の知の仕組みの再検討が必要とされているのである。

知識・情報の力

知識、あるいは情報が、これまでの資本にとって変わったということは、資本がこれまで持っていた力を、知識（情報）が代替するということを意味する。資本はビルを建て、道路を作り、橋を架け、鉄道を敷き、ダムを造り、テレビ局やディズニーランドを作った。では、知識や情報は、そのために必要な土地やコンクリートや鉄、ガラスやタイルなど、そうしたもろもろのハードの代わりの役割をするのだろうか。

もちろん、知識や情報はそのような役割は果たさないし、できもしない。では、何をするのか――それは、価値あるものを評価し、それに適応するのだ。

知らないことはその意味がわからず、正しく価値評価ができない。また知らないことによって間違って意味を解釈した者は、間違った評価をし、間違った判断を下してしまう。そうした判断は当然ながら行動に結びつくから、結果として、知識や情報は社会を正しくも、またその逆の方向にも変えていく。知識や情報はそれ自体がエネルギーの塊でも、メカニカルな働きをするわけでもないが、ちょうど水源のある分水嶺が大河の方向を決定するように、やがて社会のカタチ、国のカタチ、世界のカタチを変えていく。

現代の情報社会に生きるほとんどの人々が勘違いをしているのは、あふれる情報の中に身を置いてさえいれば、そこから何らかの価値を得ていると思い込んでいることだ。モノの価値は誰にでも等しく価値を与える。電車に乗れば、乗った人全員が同じ時刻に目的地に到着する。パソコンのキーをでたらめに押しても、同じ押し方なら誰が押しても同じように反応する。だが、パソコン画面の同じ情報を見ても、鋭く反応する人とそうでない人がいるように、同じ情報でも、それを力に変えることができる人と、まったくムダに時を過ごしてしまう人がいるのだ。

情報社会に生きる人なら、プログラミングの手法を細かく学ぶよりも、こうした情報の性格について早いうちに知っておいた方がはるかに有益だ。丹念に情報を拾って歩く人と、見向きもせずにぼんやり生きている人とでは、日々、一刻一刻と差がついていく。

マーケッターの谷口正和は、「重要なのは、情報は人々の心理をつくるという認識である。つまり、ある情報を知り、学び、体験することで感じた『思い』によって、価値が移動し人々の行動が変わるということである」と述べる[3]。

あることがらを知っても、それを成果に結びつけられる人は少ない。人はそれを実行力の違いととらえがちだが、知識や情報の摂取と実行の間にはもう一段階ある。わかりやすく言えば、「なるほど」ということだ。それは理解とも納得とも、腑に落ちるとでも言いかえられるが、谷口の言う「思い」も同じ意味だと思われる。

「なるほど」までたどり着かない人は、知識も情報も経験も意味をなさない。もちろんのこと、成果も出ない。

では、この「なるほど力」はどうすればつくのか。一般的には理解力、頭の良さととらえられそうだが、それでは答えの半分くらいにしかならない。残りの半分の主なものをあげれば、「好奇心」「素直さ」「問題意識」の三つだ。新しい情報や知識の摂取に好奇心が欠かせないことは言うまでもないが、「素直さ」も重要である。好奇心は、こちらから取りにいく積極性の方だが、素直さは、どちらかといえば受け身で、入ってくる情報や知識をどれだけ偏見なく受け入れられるかということだ。

新しい情報や知識を採り入れるのに、先入観ほどマイナスになるものはない。人間は最初に覚えたことに固執する。時代も変わり、環境もすっかり変わってしまったのに、一度覚えたことをいつまでも正しいと信じ込む。「素直さ」とは、それらをきっぱりと在庫一掃する能力のことだ。この能力なしでは、情報社会を生き抜くことはできない。

三つ目の「問題意識」だが、これは新しい情報や知識を採り入れるための準備体操にあたるものだ。クルマに例えれば、知識や情報はガソリンにあたり、「なるほど力」はエンジンにあたる。そして、「問題意識」とは、いつでもエンジンがかかるように、エンジンを暖めておくことだと思えばよい。まったく新しい情報が飛び込んできたときに、このスタンバイがあるとないとでは大きな差が出る。

モノなら取り扱いさえ間違わなければ、万人に等しく役立つ。だが、知識や情報を力に変えるには、それを力に変える力が要ることを覚えておくべきである。

知識・情報はこちら側から取りに行くものに

知識はこれまで、待っていれば向こう側からやって来るものだった。小学校から大学まで、教室に座っていると、入れ替わり立ち代わり教師がやって来てさまざまな知識を授けてくれた。困ったことに、双方向のネット時代がきた今日でもなお、ほとんどの人々はこうした昔のままの気分でいる。

一方で、人々はすでに、知識以外の商品情報や音楽、ゲームなどもろもろのアミューズメント情報、日々の生活情報など、自分たちの好きなものや必要とする情報をこちら側から取りに行っている。こうした行動は、知識の場合でもいくらか見られるものの、知識以外の情報に比べれば雲泥の差がある。それはちょうど、マスメディア全盛の時代の情報収集がそうだったように、いまだに受け身のままなのだ。

デジタル情報社会による限界費用ゼロ社会は、消費局面でも生産局面でも働く。それは情報を消費財と見るか、生産財と見るかの違いでしかない。大人から子供まで、消費財としての情報活用は世界に冠たるほど盛んだが、生産財としての活用はまったく遅れているのがわが国の現状だ。

原因ははっきりしている。知識や情報の使い方がわからないのだ。使い方と言っても、ハウツーではない。グーグルをはじめ検索サイトの使い方は誰で知っているし、そもそも、二つ三つのキーワードさえ打ち込めば、知りたいことはすぐに出てくる。つまり、そこまでする必要性を感じていないのが、多くの人たちなのだ。

マーケティングの世界では、ニーズ、ウォンツ、ディマンズの三つを区別して考える。

まずニーズとは必要性のことで、何かが未充足の状態を言う。たとえば、のどが渇いたので何か水分を採りたいという状態のことだ。二つ目のウォンツとは欲求のことで、ニーズを満たすために具体的に何をしたいのかを言う。水を飲みたいのか、緑茶を飲みたいのか、ジュースを飲みたいのかということだ。

最後のディマンズは、それを満たすお金があるかどうかということで、貧しければニーズやウォンツはあっても、ディマンズはないということになる。ただ、情報財は限界費用がゼロだから、モノ社会と違って、ディマンズは考慮に入れなくてもよいし、また、ウォンツも今や検索サイトでほとんど用が足りるから気にしなくてもよいだろう。ここまでくればわかるように、生産財としての知識の使い方がわからないとは、知識のニーズ、必要性を感じていないということなのだ。

その場合、アミューズメント情報なら、本能のようなものがニーズ（必要性）を発生させる。楽しくておもしろいことなら人は勝手に欲しがるものだ。生活情報もしかりだ。道に迷えば、誰でもスマホの地図アプリを開く。

だが、楽しくもなく、必要性に迫られることもない情報、それを日々どう取り込んでいくかである。しかも、そうした知識、情報がこれからの生産局面で決定的な差につながるのだから、ほっておくわけにはいかない。

さてどうすればよいかだが、前向きな知識や情報ほど、モノの場合のように、最初から欠乏感があるわけではない。高尚な数学や物理の公式を知らなくても生きていけるのと同じだ。あるいは、自分の住んでいる街並みがどんな劣悪な景観だろうと、普通に暮らしていく分には不都合を感じないのと同じである。

だが、パソコンのキーボードの使い方を覚えると、格段に便利な世界が開けるように、情報はその価値がわかりさえすれば、というか、むしろそのことによってニーズ（必要性）に気づくのだ。情報の価値は、モノの場合のように自然発生的にニーズが生まれるわけではないのである。だから、欧米の美しい景観の街並みの中で暮らした人でなければ、日本の街の電柱だらけの景観のひどさには気づかない。

知識社会になって、教育の大切さが声高に叫ばれるのはこのせいでもある。知識社会だから教育だろうと考えるのは短絡的で、知ってからその価値に気づくのが、情報の世界だという点が肝心なところなのだ。これは生産的な情報にかぎらず、アミューズメント性の高い消費情報の世界でも見られることだ。映画の好きな人は映画に詳しく、小説の好きな人は小説の世界の知識が豊富だ。その世界を知れば知るほどますますその価値世界が広がっていくというわけだ。

モノの時代のように、待っていれば世の中がひとりでに便利に快適になっていく価値世界はもう終わったと考えた方がよい。情報の世界は、まずはこちらからアプローチしなければ、うまく享受できない価値世界なのである。

評価者の育成

これからの価値主義社会の発展にとって、有為な人材の育成が欠かせないことは言うまでもない。その際、人材の育成と言えば、本人たちが優れた才能を発揮する教育を施すことを想像しがちだ。だが、こうした考えは、モノ中心の時代の発想に外ならない。モノの価値は絶対価値だから、誰にでもその価値がわかるし、同じような評価が可能だ。たとえば、国や地域によってクルマの燃費が変わることはないし、スマートフォンのあらゆる機能は世界中どこでも同じ精度で発揮される。

一方、情報の価値は相対価値である。人それぞれが違う価値判断をする社会だ。そのため、情報の価値が中心となる社会では、クリエイター（創造者）と同時に、「評価者」も同時に育てる必要がある。

一年間に日本全国で開かれている、セミナーや勉強会、シンポジウム、それに類するイベントの数はおよそ16万件と推定されている（有料、無料を問わず、一般公開されているもの）[4]。ただ、何度か参加したことがある人ならわかるとおり、そこで学んだ知識やノウハウを、いざ自分の会社で利用しようとしてもほとんどうまくいかない。これは日本のビジネススクールが、海外のそれと比べてまったく不振なのと似た現象である。

その理由のひとつは、個人の仕入れた新しい考え方やアイディアがたとえどんなに優れたものであっても、周囲がそれを理解せず、評価しなければ機能しないからだ。情報は、モノと違って、それ自体に価値があるのではなく、それを評価する人があってはじめて価値を持つ。

また、クリエイター自身にしてもまったくゼロから価値を生み出すことはまれで、何かと何かの組み合わせから新しい価値を生み出す。そのためには、クリエイター自身もまた価値評価の能力が問われることになる。

では、優れた情報価値評価能力を持つにはどのようなことが必要とされるだろうか。

そのためには、まずもって幅広い知識が必要だ。教育論議でしばしば教養教育の大切さが問われるが、教養の大切さは、まずもって、「知らないことは価値がわからない」という点にある。現在、教養教育をほとんど放棄したわが国の高等教育は、ひどいしっぺ返しを受けることになるだろうし、事実、そうなっている。日本の高等教育を受けた文系の人間は、たとえば、今、世界で進んでいる先端の情報技術、遺伝子工学、医療、気候科学、宇宙や量子の世界などについて、入門程度の知識さえ持っていない。つまり、最新の情報を見極める基礎的な知識、能力がほとんどないのだ。

第二に、そうしたさまざまな知識について、それらは偏った情報でも、古ぼけた情報でも意味はない。必要なのは、生きた情報であることだ。そして、生きている情報とは、時間的に最新のものであることに加えて、いわゆる生の情報である。つまり、今そこで見てきたもの、体験してきたものを本人から聞くのが一番で、そうした情報をできるだけ多く、かつ、バランス良く集めることが大切である。

第三に、過去にその知識を実地に試した経験を持っていることが必要となる。実際に試したことのない知識はむしろ諸刃の剣で、害をもたらすことの方が多いからだ。先にあげたセミナーや勉強会で得た知識やノウハウが会社の人に評価されないのは、この面で劣っているからでもある。それをすぐに社内で振りかざさずに、自分なりにその切れ味をどこかで試してみることだ。その上でなら、まわりの人たちも関心を示すかもしれない。

長い間、年功序列の組織体制に慣れてきた日本型組織では、評価する人とされる人はたんに年齢の上下だけで決められてきた。若い人のアイディアや意見を評価し、認めるのは必ず年配者と決まっていた。こうしたことは、誰でも良いものそうでないものの評価が一致する絶対価値のモノ社会であればこそ通用していたことだ。

相対価値である情報の価値が主体となったこれからは、価値のわかる人が評価しなければ、どんな良いアイディアでも企画でもゴミくずと同じである。また、評価ができないとは、価値がわからずにその価値を低く見てしまうということもあるが、逆に、実際の価値以上に過大評価してしまうということもしばしば起こる。評価者不在によって起こるこうした混乱やちぐはぐが、今日の日本の発展にブレーキをかけている大きな原因のひとつだと言ってよい。

知財への対応

一般的に知財は保護されるべきで、侵してはならないものだと思われがちだ。たしかに法律にはそう書かれている。ただ、まわりを見てみると、人々は法律以上に柔軟に対応していることがわかる。それはもともと、情報の特性がそうだからだ。

モノは人が勝手に持っていけば手元からなくなるが、情報はそうではない。誰かに「今、何時か」とたずねても、たずねられた人の時刻が消えるわけではない。病気の治し方も、算数の掛け算のやり方も、みんなで使ってみんなが重宝している。

書いてきたように、モノ社会と情報社会とでは、発想をまったく変えなければいけない。モノは占有できるから、他の人がそれを欲しがるかぎり価格は上がっていく。たとえば、産油国はできるだけ惜しみつつ時々の最高値で原油を売り払うのが一番だ。また、需要者側も、手に入れた石油を可能なかぎり効率的に使おうとするから、そこで新たな工夫や技術が生まれて社会が進歩する。

一方、情報はいくらでも共有が可能だ。情報、あるいは知財の最初の創造者を保護することは重要だが、そのことはある意味、情報の特性を縛ることになる。つまり、情報は共有できるのだから、独占権を与えることにつながる保護の程度はよく考える必要があるということだ。加えて、情報の価値は関係性から生まれる価値だから、ある情報を孤立させておくことは、大いなる損失をもたらす。

たとえば、ユーチューブによる音楽や映像の世界の新たな広がりは、私たちが想像もしなかった展開を見せている。

あまり知られていないが、ユーチューブではすでに、第三者によってユーチューブにアップされた映像や音楽の著作権者が自動的に割り出され（Content ID技術）、権利者にその対応を求める仕組みが出来上がっている。それによって、権利者は動画をブロックすることもできるし、公開は止めずに、その動画がどこで見られているのか、いつ見られているのかなどといったマーケティング情報が得られるという選択も可能となっている。

さらには、その動画から生まれる収益を、動画のアップロード者ではなく、権利者に渡す仕組みにもなっていて、たとえば2016年に大ヒットした、ピコ太郎の「PPAP」の事例が有名だ。当時、大量の関連動画がアップロードされたが、それらのほとんどがContent IDで処理され、そのときユーチューブ上で生まれた収益が、マネジメント会社であるエイベックスを通じて、権利者であるピコ太郎に支払われたと言う[5]。

また、実際にユーチューブを見ればわかるように、バイラルでの拡散を目的としてあえて掲載を黙認しているという場合も少なくない。さらには、公式チャンネルを開設することで、二次利用の意味を無意味化させるケースもある。最近では、ジャニーズがYou Tubeチャンネルを解禁したのは画期的なことだった。

こうしてユーチューブに見られるように、今後、システムとしての著作権管理を深化させることや、一方で、コンテンツホルダーが、自社媒体やユーチューブも含めたメディア展開をすることなどによって、コンテンツの価値最大化をどのように図っていくかがポイントとなるだろう。

情報社会と自由

自由主義社会と全体主義社会のせめぎ合いが続いている。そのメリット、ディメリットはどちらにもあるはずだが、情報社会の発展は、長期的に見れば圧倒的に自由主義社会が有利である。

こんなことを考えてみよう。何かのおりに、机の上や部屋に散らばった書類や本を整理する。前の状態と比べて、ずいぶんとすっきりする。なんだか頭の中まで整理されたような気さえする。ただ、そうした何もかもが整理された状態の情報群から、新しい何かが生まれることはほとんどまれだ。

理由はかんたんで、整理するとは、自分なりの何かの基準に従って情報を並べ直したからで、本来は無限の結びつきが可能だったはずの情報同士のネットワークを自ら断ち切ってしまったからだ。整理された情報とは、枕木がきれいに並んだ一本の線路道と同じで、行き先はひとつに限られてしまう。逆に、迷路のように互いが入り組んだ状態こそが、情報の価値創造にとっては沃野なのだ。

自由な情報ネットワーク切断は、こうして情報価値の創造に大きなマイナスをもたらす。また、組み合わせの可能性の減少だけでなく、もうひとつの大きな問題は、全体主義によって、言論の自由、表現の自由などが封じられると、情報要素そのものの数が激減することだ。もの言えばくちびる寒しで、表立って世間に流通する情報は限られたものになるし、とくに反体制的なものでなくとも、前例のない新しい情報は、取締りの対象となるリスクが高いので大幅に減る。要素が減れば、組み合わせの数もいっそう減少するし、中でも新しい情報要素が少なくなれば、社会の進歩に大きな影響を与えることになる。

またさらなる問題は、価値判断する側の解釈の可能性をも制限してしまう点だ。第二次大戦中のヒトラーによる退廃芸術展[6]に象徴されるように、前衛的な思想や芸術はつねに体制からの批判にさらされてきた。スポーツが人間の肉体の可能性を追求するように、芸術は人間の精神の可能性を追求する。とぎ澄まされた精神の持ち主である一群の芸術家は、体制や時代の状況に敏感だ。そして、その鋭いアンテナによって受信した情報を、自分なりに咀嚼して絵の具や文字で新たな情報として表現し直すのである。

全体主義の弊害は、そうした人文科学の領域だけでなく、自然科学の発展の方向性についても、いびつな影響をもたらす。自然科学は価値判断と一線を画した世界である。自然科学の示す事実と価値判断は別次元の問題なのだ。たとえば、遺伝子操作ベビーを誕生させるヒトゲノム編集技術と、それが倫理的に許されるべきかどうかは別問題で、技術的に可能だからそのまま進めるべきだとはならない。

そして、価値判断の多くは人文科学に属す問題だから、そこで自由な議論や研究が保障されないとなると、当然、自然科学の発展の方向も大きな影響を受ける。たとえば、遺伝子操作ベビーは優秀な人間だけの人口増につながるはずだから、人工的な赤ん坊の誕生は、全体主義国家にとって好ましいと判断されるかもしれない。

多事論争が当たり前の自由主義国家でも、全体主義の国と同じ結論にたどり着くことも考えられるが、後者のように最初から違った意見の芽がつみとられる可能性は少ない。また、どこかで進むべき道筋を間違ったと気づけば、元に戻って修正される可能性も残っている。価値判断のスピードはゆっくりだし、行ったり来たりで、一見、非効率のようにも見えるが、長い目で見れば、自由主義の方が、科学技術の発展も含めて社会をより正しい方向へと導くシステムなのである。

正しい問いを立てる

資本主義時代の目標が経済成長だったのに対して、価値主義時代の目標のひとつは、人々に共通した課題解決へと移る。そのため、個人も国家も、また世界全体にしても、何が問題なのかという問いを正しく立てることがまず必要となる。

一見、問題の発見は、問題の解決よりもかんたんに思える。だが、実は逆だ。理由は、何を問題とすべきかというパースペクティブ（ものの見方）と、優先順位づけがむずかしいからだ。

いったん問題の立て方を誤ると、それ以降に起こることは悲惨なものになる。しかも、まじめに取り組めば取り組むほど、悲惨さは拡大する。初期動作で間違った方向に駆け出しているのだから、いつまで経っても解決すべきことがらは解決せず、事態は悪化の一途をたどることになるからだ。

評論家の加藤周一が、太平洋戦争の開戦前後に記した『青春ノート』の中に、次のような文章を書き残している。

「学生と時局」と云う三四人の学生の作文を「婦人公論」の七月号で読んだ。皆下らない。理由は課題が下らぬからである。下らぬ課題を下るように論じることはむずかしい。むずかしいと悟ったら、課題の下らなさを論じるか、だまるか、するよりテはないので、与えられた課題に答案を一応こしらえてみた所で碌なものはできないのだが、恐らく之等若干の学生の一番馬鹿な所は、あたえられた課題に答案をこしらえる練習ばかりしていて、課題を自ら発明する能力のない所に存する。[7]

ここで加藤は、「学生と時局」という課題の立て方そのものが問題だと論じる。時局とは1941年6月、開戦の半年前のことで、まさに日本がアメリカとの戦争に突き進んでいた頃だ。そんな中、加藤は「(学生という) 政治活動圏外の身分と時局との関係を論じようがない」と、問いそのものが間違いだとばっさり切り捨てる。

これと同じように、今日もまた、大学生は世界との経済戦争にいかに立ち向かうべきかといった議論が盛んだ。大学生にかぎらず、学問そのものと経済競争力についての議論はひきもきらない。それにとどまらず、全国の文社系の学部の存在意義を問うような声さえ聞こえてくる。

今日の私たちにつきつけられたもっとも大きな問題は、「人類にとって真に価値あるものとは何か」ということだ。まるで古代から盛んな哲学論議のようだが、答えが出るかどうか別として、今一度、地に足をつけて取り組まなければいけない問いであることは疑いようがない。それに対する答えとして「経済」をあげるのも、はなから間違いというわけではないが、ただ、それ以外に考えつかないというのならまったく考え不足か、問いの設定から間違っていると言うべきだろう。おそらく、最初にかかげてある問いそのものが、「経済の発展のために人類は何をすべきか」となっているからに違いない。

問いに答えることはむしろかんたんだが、問いの検証と選定には時間と労力が要る。場合によっては勇気さえ必要だ。なぜなら、答えは、足場を固めることで対応可能だが、問いは、自らがよって立つ足場を切り崩すことから始めなければならないからだ。

価値主義社会は、資本主義社会と違って、生きていく土台から問われる社会である。動物のような欲望にまかせておけば、まずまずうまく行くという社会ではなくなる。与えられた問いに気安く答えを出す前に、その問いのさらに奥の奥を探ってみることではじめて、問いの向こうに広がっている本当の価値にたどり着くことができる社会なのだ。

価値主義を支える教育

モノから情報へと価値のメガチェンジが進む中、新社会を発展させ、安定させていく上で決定的な役割を果たすのが教育だ。

現在、西側先進国で行われている教育論議のほとんどは、現在の資本主義システムを永続的なものと見なして行われている。それは、価値の多くが貨幣市場で交換されることを前提とし、資本による拡大再生産こそが社会の発展につながるという信念のもとになされている。

しかし、貨幣市場から価値を入手する割合は、今後、格段に少なくなり、そのため貨幣価値に換算された経済発展は望めなくなる。だとすれば、教育によって育てるべき人間もまた、これまでと劇的に変わらなければならない。

これらから始まる価値主義社会を支える教育のポイントは二つある。ひとつは、人間の本能的な強欲（神の見えざる手）に任せて財貨を拡大させる代わりに、価値あるものへ人材や資金が流れる社会づくりのための教育をするということ、そしてもうひとつは、一人ひとりが、市場を通さない価値を享受するにあたって、それが自己実現につながるようにすることだ。

まず後者の、市場を通さない価値と自己実現の視点から考えてみたい。

価値主義の時代は、価値の多くを自分自身で見出すことになる。価値は、まわりの人や企業の提供する商品やサービスから与えられるものではなく、自分の力で見出すのが価値主義の時代だ。そのためには、人が価値を見出さないものでも、また、他の人たちがどんなに重宝がっているものであっても、それらにとらわれず、自分なりの価値を見出すことが大切になる。

これまでの教育は、これと正反対のことを行ってきた。価値はすでに存在するもので、その価値がわからないことは人よりも劣っていると教えてきたのだ。これが成り立ったのは、誰でも価値評価が一致するモノ社会であればこそだった。

情報の価値はすべて相対価値で、その人の主観、感じ方によって価値が上下する。だから、いちばん良いのは、何を見ても何を聞いても、興味深く、楽しく、感動的にものごとに接することができる人間を育てることだ。教養教育とはそのためにある。教養があるとは、たんなる物知りだということではなく、どんなものの価値でもわかること、評価できること、楽しめることだ。

教育基本法の第一条、教育の目的にはこう書かれている――「教育は、人格の完成を目指し、平和で民主的な国家及び社会の形成者として必要な資質を備えた心身ともに健康な国民の育成を期して行われなければならない[8]」。

第一条の最初に、「教育の目的は人格の完成を目指すこと」にあると書かれているのは、近年の教育論議からすると、やや意外な感じさえ受けるが、考え方としては正しい。そして、ここで言う人格とは、たんなる人柄やパーソナリティ以上のことを言っていることは間違いない。

では、その「人格」の意味だが、私はそれを「他を理解する能力」ととらえている。そして、その理解を「自らの喜びにつなげることのできる能力」のことだ。他とは他人のこともあれば、そこらに転がっている石ころでもかまわない。自分をとりまく森羅万象を深く理解できるということだ。もちろん、そんなことは、神様でもないかぎり無理なので、「人格の完成を目指す」と書かれているわけだ。その意味から言えば、今後さらに情報化が進むにあたって、教育基本法の冒頭文は、ますます輝きを増してくると言ってよい。

価値主義時代の教育のポイントの二つ目だが、そうして養われた「人格」の能力をもって、価値ある社会づくりに資する能力を培うことだ。そして、その努力はこれまでのように、人間が本来的に持つ「強欲」にもとづくものであってはならない。「強欲」の力には目ざましいものがあることは確かだが、それには限界があり、また実にアンバランスだということはすでに証明済みとなった。

問題は、「価値ある社会づくり」の価値あるとは何か、ということだが、最終的にそれを決めるのは、個々人の「人格」ということになる。話は堂々めぐりだが、結局は、「他を理解することのできる『人格』の完成を目指す教育」こそが根本だということになる。

大学の未来

十年後の2030年くらいには、おそらく個々の大学というイメージはなくなっていることだろう。それは、個別の大学がまったく消えてなくなるという話ではなく、今ある大学同士がネットワークでつながり、夜空にある星座のような大学群が、日本にも世界にもいくつかできて、そこで先端的な高等教育や研究が行われるようになるだろうという意味からだ。

そうした星座群の構成メンバーは大学だけにとどまらない。大学がその中心的存在になることはもちろんだが、専門学校や企業、研究所、自治体、NPO、またそれぞれの構成メンバー同士が必要とする組織や個人の研究者、企業人、経営者、優れた能力や専門性を有する一般の人々までを含む幅広いものとなる。[9]

その頃までには、さらに進化した言語ソフトが世界の言葉の障壁をすっかり取り払っているはずだから、それらが国や地域の壁を超えた星座群となることも間違いない。そして、それぞれの星座群は得意な分野で強みを発揮する。それはちょうど、自分たちの得意領域をブラックホールの渦のようにして、それぞれに関係の深い組織や個人を飲み込んでいく。たとえば、もしもあなたがどこかの大学の教員か職員だとしたら、あなたの関心事は、自らの大学が、どれくらい優れた星座群ネットワークに属するのかということになるに違いない。

どうしてこんなことになるのか——今のところ、知の生産性の向上には、二つの手法しかない。ひとつは、卓越した知の創造者をできるだけたくさん獲得することだ。この手法は今日でも、大学にとどまらず、先端科学技術やソフト開発の世界で競争を繰り広げている企業や研究所で行われている、優秀な人材のスカウト合戦を見ればわかる。ただ、この手法には限りがある。人材の限界性と獲得に要するそのための多大なコストの問題である。

もうひとつは、知のネットワーク構築とその活用だ。知もまた情報の一種だから、互いの関係性によって新たな価値を作り上げる。そしてその関係性は、モノの場合のように一対一の組み合わせではなく、無限の組み合わせの可能性を秘めるから、ネットワークの力こそが最大の力を発揮する。

こうしたネットワークユニバーシティのメリットは、研究だけにとどまらない。教育の面でも、格段の力を発揮することになるはずだ。

ひとことで言えば、大学教育は、今よりはるかに開かれたものとなるだろう。たしかに今の大学には、他の組織に比べて知の集積は多くなされているが、それらはほとんど、一人ひとりの教員の個人研究室の中に閉じ込められたままの状態にある。どこの大学の教員でもいい、彼らは今、自分の隣の研究室の同僚教員が、どんな論文を仕上げようとしているかほとんど知らないし、関心もうすい。

今現在、日本の大学教育、および研究は、こうしたタコつぼ化した組織の手によって行われている。

その意味では、今後、研究と教育は不可分というよりも、まったくその壁が取り払われたものとなるだろう。これまで教員と学生を区分けしていたのは、互いの情報格差にあった。「君たちは、これを知らないだろう」という事実だけが、学生に対して教員を優位に立たせていた。だが、今や知識は、そして知識と知識を結びつけるノウハウまで含めて、教員の頭脳の中よりもはるかに多くのものがクラウドの中に存在する。今後さらにそれが進めば、優れた学生は、学部の段階においてさえ、教員と互角の研究者となれる可能性が十二分にある。

こうした師弟関係のフラット化や逆転現象は、すでに企業の上下関係においては日常化していることでもある。むしろ、大学は企業に比べてコンピテンシー面での能力をそれほど問われることはないため、これまでのアカデミックな壁は急速に取り払われることになるに違いない。そして知は、今のような物理的なキャンパスの中ではなく、世界に張り巡らされたネットワークユニバーシティのサイバー空間上で創造されることになる。

価値主義とイズム

本書では、資本主義に代わる新たなイズムとして価値主義を唱えた。ただ、これまでの話と少し矛盾して聞こえるかもしれないが、そうしたイズムの危険性について、最後に触れておかなければならない。

○○主義とは、何かを考えたり、何かことを起こす際の指針あるいは原則となるものだが、その欠点は、○○主義を高くかかげればかかげるほど、硬直的、排他的になってしまうことだ。主義の内容がどうであれ、それにそぐわないもの、従わないものは除けものにされてしまうのである。

ただ、そうであればこそ、みんなで団結して何かをなそうという○○主義の意味があるのかもしれないが、価値主義に関するかぎり、それでは、価値主義そのものを否定することになりかねない。これでは本末転倒だ。価値主義は多様性を信条とするのだから、価値主義を押し付けることで、その多様性を否定したのでは、何のための価値主義かわからなくなる。

限りない財貨のかさ上げを目標としてきた資本主義は、そのあまりに、肝心の価値の創造を置き去りにしてしまった。主義にこだわることは、また、主義のための主義に陥りがちな側面を持つ。


ある冬の晴れた日、近くの児童公園を通りかかると、近所の保育園の十数人の園児たちが、公園の遊具を使って遊んでいた。すべり台、ブランコ、砂場などにそれぞれ何人ずつかに分かれ遊んでいた。よく見ると、その中で、仲間の輪に加わることなく、ベンチに一人座っている子どもがいる。気になってしばらく見ていたが、意外なことに、その子は実に楽しそうな表情で、他の子どもたちが遊ぶ様子やまわりの木々などを眺めているのだ。やがて一人の保育士さんが駆け寄ってきて何事か話しかけていたが、子どもは気にかけるふうでもなかった。

価値主義時代の本質はここにある。多様な考え方、多様な生き方、多様な暮らしぶりこそが尊ばれる社会なのだ。価値主義のイズムにとらわれることなく、多様な価値主義時代を作っていくことが大切である。

おわりに

以上、情報化の進展と、それゆえに資本主義が終わりを告げるというメカニズムについて説明してきたが、当然ながら情報化の進展は日々、新たな産業やビジネスを生んでいることも事実である。その意味から言えば、情報化のせいでシュリンク、あるいは消滅していく市場と、逆に誕生していく市場とこの両者を相殺したものこそ、資本主義の盛衰のゆくえを握るものになるはずだ。

たとえば、今起きている現実は、しばしば経済の交代期に見られるところの、いわゆるシュンペーターの言う「創造的破壊」過程にすぎないのかもしれない。たしかに、デジタル情報産業によって既存の産業が駆逐されてしまったが、駆逐した当人のデジタル情報産業は資本主義の時代を謳歌している。それを見れば、たんなる産業交代劇と見えなくもない。

だが、見逃してならないのは、情報化がたんなる産業交代ではなく、価値の交代という大変化であるという点だ。経済学は今日まで長らく、情報の価値について正面から取り組むことがなかった。消費者側から見れば、世の中の半分、もしくはそれ以上を占めるかもしれない、欠くべからざる価値を見逃してきたのだ。そのため、現実社会と自らがかかげる理屈とのつじつまが合わず、手をこまねいているというのが今日だと言ってよい。

その意味から言うと、経済学の世界で生きている人たちの中から、今後、理論的に情報の価値を解明する人物が現れるのを期待したい。その場合、文中でも書いたが、情報世界は、実数だけでは説明しきれないかもしれない（第6章「関係性の世界は虚数界」の項を参照）。情報の価値は、エネルギーの様相から生まれる関係性の価値だ。それを人間の感覚がとらえて価値として仕上げている。そこに関係性を説明する数字である虚数を取り込んだ複素数界にすれば、何とか世界が見えてくるはずだ。言いかえれば、経済学の領域ももうそろそろニュートン力学の世界から脱して、虚数を含む量子力学の世界に足を踏み入れなければ、先は見えないということだ。

次に、本論の中で、自身でも筆足らずであったと思われるいくつかの点について触れておくことにしたい。

ひとつは、今起こっている資本主義の終焉と価値主義への流れだが、そうした動きが、世界の中でも、日本や欧米のような先進国で先んじて起こっていることは間違いない。たとえば今日のアフリカ諸国にいくつか見られるような、いまだモノ主導の経済やインフラ整備の未熟な国々においては、これまでの先進国で見られたような資本主義経済のメカニズムが、これからも十分にあてはまることだろう。

二つ目は、本書の中では、議論を混乱させないために、今日の経済社会で重要なファクターを占めるサービスの問題に触れることを、筆者は意識的に避けてきたことだ。

この点については、私はサービスの価値の性格について、ほとんどモノの持つ性格と大差ないと考えている。知られているように、サービスはモノのようにタンジブルな存在ではない。その点では、むしろ情報と似ているようにも思えるかもしれない。

だが、そうしたサービスの提供する価値を、基本的にモノと同じ性格に至らしめている原因は、外ならぬモノとしての人間の存在である。何らかのサービスを提供するにあたって、人間の存在は欠くことのできない要件である。

ただ、金融サービスや種々の情報サービスのように、ほとんど人の手の介在を不要とする業種も少なくない。こういったサービス業種はもはや、モノから情報への先端を行っているとさえ言ってよい。その意味で言えば、サービスはモノと情報の両者に二股をかけた存在でもあるのだが、本書では、違いのはっきりしたモノと情報のみに話を絞ることで、話全体をわかりやすくすることに注力した。

最後に、今一度、本書のまとめとも言うべきことがらを書いておきたい。そして、これは、政府だけでなく、企業だけでもなく、本書を手にしている読者自身こそが行うべきことでもある。

まず、国全体、世界全体に言えることだが、これ以上、GDPの成長を主目標としないことだ。なぜなら、これからますます情報化は進展の度合いを速める。そして、その情報化は、市場を通じた価値をシュリンクさせる方向に働く。つまり、情報化によって社会はますます便利に快適になるが、一方で、貨幣で測ったGDPは縮小していかざるをえないからだ。そのため、市場価格を通してしか測定しえないGDP数値にとらわれているかぎり、誤った政策判断や、誤った経営判断、個人であれば誤った人生を送ることにならざるをえないからだ。

また、価値と価格の乖離現象の原因は、情報化の進展にだけよるものではない。情報化いかんにかかわらず、もともと市場を通した価値は、私たちが享受する価値全体のうちのほんの一部にすぎない。本文でも示したように（第6章「交換の必要がないもの、できないもの、すべきでないもの」の項参照）、愛、友情、家族のきずな、生きがい、安心、精神的な健康、道徳倫理、信仰、アメニティ（環境の快適性）、地域のつながり、自然や景観の美しさ、文化芸術の価値などあげればきりがない。これらは、すべて市場での交換がほとんどなされずに享受される価値である。筆者は、こうした価値が主流となる社会を「非交換型社会」と名づけて、第6章で詳しく論じた。

今後とも、社会の情報化は必然と言ってよい。モノから情報へと価値の土台が変われば、考え方、生き方の舵を大きく切り変えなければいけない。本書が、そうしたメガチェンジの時代の指南書となることを期待して筆をおきたい。

なお、拙文に目をとめていただき、出版までこぎつけてくださった新曜社社長の塩浦暲氏に、この場を借りて、心より御礼申し上げる次第である。

著者　佐藤典司

令和三年七月三日

注記

はじめに

[1] マルクス・ガブリエル、マイケル・ハート、ポール・メイソン／斎藤幸平（編）『未来への大分岐』集英社 2019年 235頁から引用。

[2] 前掲書、244~254頁において、ポール・メイソンは、①限界費用ゼロ効果、②高度なオートメーション化と労働の定義の変化、③正のネットワーク効果、④情報の民主化、について以下のように説明している。

①の限界費用ゼロ効果については、ジェレミー・リフキンが『限界費用ゼロ社会』（柴田裕之（訳）2015年）において指摘し、情報経済の特質としてすでに広く知られているものであり、ここでの説明ははぶくことにする。また、この点については、著者も『モノから情報へ』（2012年 102頁）の中で触れている。

②の意味については、スマホやタブレットのような情報技術の高度なオートメーション化によって、たとえば、労働なのか余暇の趣味の時間を過ごしているのかなど、その境界があいまいになったり、生産過程も生産物も資本主義の根幹にある私的独占とはなじまなくなっていることを指す。

③の意味は、経済学で言う「外部性」についてで、インターネットで人々のつながりが増大し、そこから新しいアイディアやサービスの可能性が次々と誕生し、市場を経由しない「正の外部性」効果が生まれていることを指す。

④の意味は、オープンソース空間では、多くの人々が管理されずに、ヒエラルキーのない水平なネットワークにおいて協同し、その結果、資本主義特有の組織もヒエラルキーも所有権も断片化・弱体化し始めていることを指す。

[3] 生産消費者（プロシューマー）とは、未来学者アルビン・トフラーが1980年に発表した著書『第三の波』（徳岡孝夫監訳 1982年）の中で示した概念で、生産者 (producer) と消費者 (consumer) とを組み合わせた造語。生産活動を行う消費者のことを指す。たとえば、自分でパイを焼いて食べるとき、その人は生産消費者である。

[4]「価値主義」という言葉の日本語での初出は、筆者の知るかぎり、佐藤航洋氏による『お金2・0』（幻冬舎 2017年）であろうと思われる。氏は著書の中で、価値主義を「資本主義上のお金というものが現実世界の価値を正しく認

識・評価できなくなっています。今後は、可視化された『資本』ではなく、お金などの資本に変換される前の『価値』を中心とした世界に変わっていくことが予想できます」と述べる（同著62頁）。

第1章

[１] 日本経済新聞 ２０１９年12月17日朝刊「東大教授渡辺努氏――デジタル化の影響捕捉を」記事から引用。

[２] 日経速報ニュースアーカイブ「ＳＮＳの利用価値３００万円？ 豊かさはＧＤＰの外に」2019/02/27 02:00 参照。

[３] 消費者余剰とは、ある財に関して、消費者が支払っても良いと考える金額（支払い許容額）からその財の価格を差し引いた金額を表す。つまり、消費者が支払っても良いと感じる金額からその商品の価格を差し引いたもので、消費者が得をしたと感じられる程度を示す。「瞬時にわかる経済学」http://wakarueconomics.com/経済学/post-442 から引用。２０２０年２月11日閲覧。

[４] 野村総合研究所は、デジタルサービス（有料・無料問わず）から生まれる日本の消費者余剰の合計を、年間１６１兆円（２０１６年）と試算している。この金額は、２０１６年の日本の実質ＧＤＰ（５２０兆円）の約30％に相当し、消費者余剰が経済活動として無視できない規模であることが明らかになったとする。なお、主要ＳＮＳ（LINE・Facebook・Twitter・Instagram）からは、日本で年間20兆円の消費者余剰が生まれていると試算している（野村総合研究所 ２０１９年10月２日 NEWS RELEASE より）

[５] アビジット・Ｖ・バナジー&エステル・デュフロ／村井章子（訳）『絶望を希望に変える経済学』日本経済新聞社 ２０２０年 ２２４頁から引用。

[６] 週刊エコノミスト「ＧＤＰ新基準　15年度名目は５３２兆円　研究費加算等で31兆円かさ上げ」2016/12/20 https://www.weekly-economist.com/2016/12/20（２０２０年12月30日閲覧）

[７] 日経速報ニュースアーカイブ 2019/02/25 02:00「見えざる資産、成長の源に　有形資産の１・５倍」記事参照。

[８] 毎日新聞 ２０２０年６月17日 朝刊「巨大ＩＴ向け政府案 追跡型広告、規制へ」参照。

[９] ジャック・アタリ／林昌宏（訳）『２０３０年 ジャック・アタリの未来予測』プレジデント社 ２０１７年 １４９頁参照。

[10] 前掲書、同頁参照。
[11] 歴史学者のブローデル（1902~1985）は、「資本主義」と「市場経済」を区別して考え、「市場経済」は明瞭で透明だが、そこでの利潤はわずかであり、むしろ「資本主義」とは、相対的に高い独占化、つまり、「反市場」の地帯であるとする（広井良典『ポスト資本主義』岩波新書 2015年 26頁参照）。
[12] 日本経済新聞 2019年12月19日 朝刊「刷新迫られる政策（下）生産性の伸び、3分の1に停滞——『人材＝国力』深化する時代」から引用。
[13] 経済学者のスティグリッツは「米国の経済格差は他国をかねて上回ってきたが、過去40年間で新たなレベルに達した。国民所得の中で最富裕層0・1％の所得が占める割合が4倍以上に増え、上位1％の所得シェアが2倍近くになったのに対し、下位90％の所得シェアは低下した。低所得層の賃金は、インフレ調整後の数値でなんと六十年前とほぼ同じだ」と述べる。『日経サイエンス』2019年5月号、J・E・スティグリッツ「仕組まれた経済格差拡大の理由」から引用。
[14] ユルゲン・コッカは『資本主義の歴史』（山井敏章（訳）人文書院 2018年）の中で、「欧州中央銀行の長年のチーフ・エコノミスト、ユルゲン・スタークは2011年に、金融部門は経済に対する補助の役割をとうに離れ、あまりに大きく、そして自己中心的になった」と記述している（同書 128頁）。
[15] カール・ポランニー／玉野井芳郎・平野健一郎（編訳）『経済の文明史』日本経済新聞社 1975年 86頁。
[16] アビジット・V・バナジー&エステル・デュフロ／村井章子（訳）『絶望を希望に変える経済学』日本経済新聞社 2020年 224頁から引用。
[17] 毎日新聞 2020年9月23日朝刊「ベーシックインカム脚光」記事参照。
[18] 日経速報ニュースアーカイブ 2020/08/01 23:00「勢いづく所得保障論　スペイン導入、米は実証実験」記事参照。
[19] エリック・ブリニョルフソン&アンドリュー・マカフィー／村井章子（訳）『ザ・セカンド・マシン・エイジ』日経BP社 373頁参照。
[20] 毎日新聞 2021年1月11日 朝刊「どう動くバイデン外交 同盟国の関係修復急務」記事から引用。
[21] フランシス・マキナニー／倉田幸信（訳）『日本企業はモノづくり至上主義で生き残れるか』ダイヤモンド社 20

１４年 31頁。

[22] アダム・スミスは、社会の各人は、自分の利益を増やすことを意図しているだけで、社会全体の利益のために努力をしているわけでないにもかかわらず、自分がまったく意図していなかった目的を達するのは、「見えざる手」に導かれているからだとし、それを「神の見えざる手」と表現しているわけではない。
アダム・スミス／山岡洋一（訳）『国富論 下』日本経済新聞出版社 ２００７年 31頁参照。

[23] テレスコープマガジンNO.19 宮田裕章「データ駆動型社会における新しいヘルスケア 時代の転換点における必須の論点」記事参照。https://www.tel.co.jp/museum/magazine/019/interview03/（2021年1月13日閲覧）

[24] 総務省自治体戦略２０４０構想研究会「自治体戦略２０４０構想研究会 第一次報告」平成三十年４月 49頁より引用。

[25] 日本経済新聞社（編）『資本主義の未来を問う』日本経済新聞社 ２００５年 伊藤元重著作箇所 １５６頁参照。

[26] 水野の資本主義限界説の骨子は、大きく二つの原因による。ひとつは、空間を拡大し続けることが困難になったこと。もうひとつは、イランのホメイニ革命などの資源ナショナリズムの勃興とオイルショックによる「エネルギーコストの不変性」の崩壊にあるとする（水野和夫『資本主義の終焉と歴史の危機』集英社 ２０１４年 20頁）。

[27] ドラッカーは、著書『ポスト資本主義社会』（上田惇生他（訳）ダイヤモンド社 １９９３年）51頁において、「第二次大戦後、知識は『知識』そのものに対して適用されるにいたった。それが『マネジメント革命』である。今や知識は、資本と労働をさしおいて、最大の生産要素となった。しかし、まだわれわれの社会を『知識社会』と呼ぶには、時期尚早である（傲慢でさえある）。われわれはいまだ、『知識経済』をもつにすぎない。とはいえ、一方において、われわれの社会が『ポスト資本主義社会』であることは間違いない」と述べる。

[28] P・F・ドラッカー／現代経営研究会（訳）『変貌する産業社会』ダイヤモンド社 １９５９年 ２１３頁。

第2章

[1] ポール・メイソンは、著書『ポスト・キャピタリズム』（佐々とも（訳）東洋経済新報社 ２０１７年）の中で、経済学者のポール・ローマーが「経済は共有できる情報商品によって構成されてしまえば、不完全競争が当たり前になる

ことを明らかにした」（同著207頁）と語る。

［2］佐藤典司『「情報消費社会」のビジネス戦略』経済産業調査会 2007年 209頁〜210頁参照。

［3］内閣府知的財産戦略推進事務局「知的財産戦略本部 第四回 検証・評価・企画委員会 模倣品・海賊版対策の現状と課題」報告書 平成二十九年4月4日資料のうち、ICC(BASCAP) and INTA「THE ECONOMIC IMPACTS OF COUNTERFEITING APIRACY」（2017年2月）による表から。

［4］日本経済新聞 2019年12月24日 朝刊「特集――次の豊かさどう生む、米ノースウエスタン大教授ロバート・ゴードン氏、無料で得られる価値多く」から引用。

［5］アルビン・トフラー&ハイジ・トフラー／山岡洋一（訳）『富の未来 上』講談社 2006年 284頁参照。

［6］藤本浩司・柴原一友『AIにできること、できないこと』日本評論社 2019年 27頁参照。

［7］細川範之『人工知能は日本経済を復活させるか』大和書房 2017年 33頁から引用。

［8］大野和基（インタビュー・編）／ユヴァル・ノア・ハラリ他『未来を読む』PHP新書 2018年 88〜89頁から引用。

［9］日本経済新聞 2019年12月24日 朝刊「特集――次の豊かさどう生む、駒沢大准教授 井上智洋 国家が大胆な再分配を」参照。

［10］藤竹暁『現代マス・コミュニケーションの理論』日本放送出版協会 1968年 143頁

［11］林雄二郎『情報化社会』講談社 1969年 51頁

［12］野口悠紀雄『情報の経済理論』東洋経済新報社 1974年 22頁

［13］梅棹忠夫『情報の文明学』中央公論新社 1999年 39頁

［14］加藤秀俊『情報行動』中央公論社 1972年 39頁。なお、拙著『モノから情報へ』（経済産業調査会 2012年）の中では、加藤秀俊の「情報とは環境からの刺激である」という定義を採用している。理由は、それが情報の広い範囲をカバーしている点と、情報の生まれる過程からその性格までを過不足なく伝えているからであった。それに対し、本書では、加藤の言う「環境からの刺激」がなぜ起こるのかについて、さらにさかのぼって説明している意味で、グレゴリー・ベイトソンの定義を採用することにした。

[15] セザー・ヒダルゴ／千葉敏生（訳）『情報と秩序』早川書房 2017年 39頁から引用。シャノンのこうした情報理論は、現代のデジタル世界のビットの概念に通じるもので、最小限の二者択一を繰り返すことによって元のメッセージを特定し、その回数をもってメッセージが持つ情報量（ビット数）とする考え方である。

[16] グレゴリー・ベイトソン／佐藤良明（訳）『精神と自然』新思索社 2001年 92頁。

[17] セザー・ヒダルゴ／千葉敏生（訳）『情報と秩序』早川書房 2017年 214頁から引用。

[18] 西垣通『基礎情報学』NTT出版 2004年 23頁から引用。

[19] マックス・テグマーク／水谷淳（訳）『LIFE3・0』紀伊國屋書店 2020年 90頁から引用。

[20] 毎日新聞 2020年11月18日朝刊「『無名モデル』大量生産可能に」記事参照。

[21] 林雄二郎『情報化社会』講談社 1969年 65頁において林は、「どんな商品でも情報性コストがゼロになることはおそらくあるまい。たとえば石炭、鉄鉱石などの場合には最終消費財のようにデザインがどうの、模様がどうの、ということはおそらく商品として問題にならない。そういう場合には、したがって情報性コストの比重はそれだけ低くなることになるが、しかしこの場合といえども銘柄という要素はやはり商品として、重要な要素である。そのことはいぜんとしてどんな商品でも情報性がゼロにならないことを物語るのである。また反対に、もっとも情報性の強い新聞などを考えてみても、この場合にはまさにその情報性が商品の身上であり、情報性コストの比重が他のものに比べて非常に高いのは事実としても、それらの情報を伝える、媒体としての紙とかインクなどの物質を必要とする。その物質を生産し、それを流通させるためのコストはやはりなにがしかの比重を占めるはずである。だから、新聞といえども情報性コスト100パーセントになることはありえない」と述べる。

[22] 日経産業新聞 2020年1月7日「トヨタ『車会社超え』具現化、オンデマンド、次世代交通予約、カーシェア、地方交通や販売店と展開（XaaSの衝撃）」参照。

[23] 林はまた、『情報化社会』の161頁で「まず第一に情報そのものの商品的価値が高まってくるから、情報を商品とする情報産業がますます盛んになるであろうということ。もう一つは、すべての産業が情報の処理を必要とし、情報化の傾向をとることを余儀なくされるであろう」と述べる。

[24] 日経速報ニュース「もうオフィスは不要　新興勢がコロナ解約、遠隔に転換」2020/04/29 02:00 参照。

［25］日本経済新聞 2020年9月2日 朝刊「伊藤園、純利益46%減、5~7月、店頭・自販機で苦戦」参照。

［26］日本経済新聞 2020年9月8日 朝刊「決算予想（9月本決算）コナカ、スーツ販売、落ち込む」参照。

［27］アルビン・トフラー／徳岡孝夫（監訳）『第三の波』中公文庫 1982年 266頁。

［28］清水博『生命システムと情報』NHK市民大学 1987年から引用。

［29］夏目漱石『三四郎』新潮文庫 1948年 24頁から要約。

［30］logmi https://logmi.jp/business/articles/322285 2020年11月16日閲覧。

［31］ブレット・キング／上野博（訳）『拡張の世紀』東洋経済新報社 2018年 119頁参照。

［32］ジャック・アタリ／林昌宏（訳）『2030年 ジャック・アタリの未来予測』プレジデント社 2017年 115頁参照。

［33］アルビン・トフラー／徳岡孝夫（監訳）『第三の波』中公文庫 1982年 269頁から引用。

第3章

［1］イマニュエル・ウォーラーステイン他／若森章孝他（訳）『資本主義に未来はあるか』唯学書房 2019年 18頁より引用。

［2］ユルゲン・コッカ／山井敏章（訳）『資本主義の歴史』人文書院 2018年 70頁参照。

［3］広井良典『ポスト資本主義』岩波新書 2015年 23頁参照。

［4］スーザン・ストレンジ／櫻井公人他（訳）『マッド・マネー』岩波書店 1999年 1頁。

［5］マックス・ウェーバーは『プロテスタンティズムの倫理と資本主義の精神』の中で、「初期のプロテスタンティズムの精神の何らかの特徴のうちに、近代の資本主義の文化と内面的な親和性が存在すると考えるとすれば、この親和性は初期のプロテスタンティズムのうちに多かれ少なかれ存在していた（いわゆる）物質主義的な側面や、反禁欲的で「現世享受的な」側面のうちに存在していたと考えるべきではなく、むしろその純粋に宗教的な特徴のうちにこそ、こうした親和性が潜んでいたと考えるべきなのである」と述べる。マックス・ウェーバー／中山元（訳）『プロテスタンティズムの倫理と資本主義の精神』日経BP社 2010年 34頁から引用。

［6］日経ビジネス「アフターコロナ資本主義」２０２０年7月13日号 31頁参照。

［7］諸富徹『資本主義の新しい形』岩波書店 43頁。

［8］マルクス・ガブリエル、マイケル・ハート&ポール・メイソン／斎藤幸平『未来への大分岐』集英社 ２０１９年 ２４２頁参照。

［9］ブレット・キング／上野博（訳）『拡張の世紀』東洋経済新報社 ２０１８年 ２９０頁参照。

［10］１９８４年、電通の藤岡和賀夫は、大衆消費時代が終わりを告げて少衆の時代の到来を予測する『さよなら大衆』（ＰＨＰ研究所）を発表し、同じく広告代理店の博報堂は、翌年の１９８５年に『分衆の誕生』（博報堂生活総合研究所編）を発表した。

［11］Ｐ・Ｆ・ドラッカー／上田惇生他（訳）『ポスト資本主義社会』ダイヤモンド社 １９９３年 ３４７頁から引用。

［12］ブレット・キング／上野博（訳）『拡張の世紀』東洋経済新報社 ２０１８年 １３７頁参照。

［13］ジェレミー・リフキン／ＮＨＫ出版（編）『スマート・ジャパンへの提言』ＮＨＫ出版 ２０１８年 61頁参照。

［14］オットー・ボルスト／永野藤夫他（訳）『中世ヨーロッパ生活誌１』白水社 １９８５年 28頁。

［15］同右 １２２頁。

第４章

［1］（株）メルカリ ホームページ「mercari」https://about.mercari.com/press/news/article/20200220_mercari_conference_2020_summary/（２０２０年6月24日閲覧）。

［2］（株）ＭＯＴＡ「ＭＯＴＡ」サイト2016/04/12コラム 桃田健史「クルマの『売り切り型』ビジネスは終わる?クルマの稼働率たったの４・２%という現実」参照。コラム中で桃田氏は、「通勤で、家から会社まで、クルマで往復1時間。週末には、家族で近所のユニクロやファミレスを巡るが、実際にクルマに乗っている時間は1時間くらい。…毎日一時間の利用とすると、1÷24＝0.042となり、稼働率は4.2%」としている。https://autoc-one.jp/special/2660574/（２０２０年12月6日閲覧）。

［3］「日経クロストレンド」２０２０年11月3日「２０２０年ヒット商品ランキング　日経トレンディが選んだベスト

30」参照。https://xtrend.nikkei.com/atcl/contents/18/00379/00001/（2021年2月15日閲覧）
［4］グレゴリー・ベイトソン／佐藤良明（訳）『精神と自然』新思索社 92頁参照。
［5］和田充夫・恩蔵直人・三浦俊彦『マーケティング戦略』有斐閣アルマ 1996年 62頁参照。
［6］榎本幹朗『音楽が未来を連れてくる』DU BOOKS 2021年 455頁から引用。

第5章

［1］日経速報ニュースアーカイブ 2021年2月26日「三越伊勢丹HD社長に細谷氏　デジタル対応急務」記事参照。

［2］YAHOOニュース「世界トップ研究者を教員に！東大がオンライン講義を海外から購入」2021年3月20日記事参照。https://news.yahoo.co.jp/articles/5f496f5ccd099f4056980 32ae447b6ff11e1518c（2021年3月20日閲覧）

［3］エリック・ブリニョルフソン&アンドリュー・マカフィー／村井章子（訳）『ザ・セカンド・マシン・エイジ』日経BP社 286頁参照。

［4］第4章「社会化する消費原理」の項参照。

［5］第4章「社会化する消費原理」の項参照。

［6］坂下清監修『デザインマネジメント』武蔵野美術大学出版局 2002年 54頁参照。

［7］佐藤可士和『佐藤可士和のクリエイティブシンキング』日本経済新聞出版社 2010年 127頁参照。

［8］田川欣哉『イノベーション・スキルセット』大和書房 2019年 44頁参照。

［9］日経速報ニュースアーカイブ 2019年2月25日「見えざる資産、成長の源に　有形資産の1・5倍」記事参照。

［10］アルビン・トフラー&ハイジ・トフラー／山岡洋一（訳）『富の未来 上』講談社 2006年 284頁から引用。

［11］P・F・ドラッカー／村上恒夫（訳）『知識時代のイメージ』ダイヤモンド社 1969年 146頁から引用。

［12］エリック・ブリニョルフソン&アンドリュー・マカフィー／村井章子（訳）『ザ・セカンド・マシン・エイジ』日経BP社 251頁から引用。

［13］日本経済新聞電子版 2017年1月16日「世界の富裕層上位8人の資産、下位50％と同額」参照。

［14］ル・コルビュジェ／吉阪隆正編（訳）『アテネ憲章』鹿島出版会 1976年 92頁から引用。

[15] 日本経済新聞 2016年 7月15日 朝刊「有権者は語る「格差が拡大」細る中間層――製造業の街、トランプ氏支持（2016米大統領選）」から引用。
[16] 日本経済新聞 2020年3月12日 朝刊「脱・株主第一主義の行方――立正大教授池尾和人氏、日本、まず低収益脱却を」から引用。
[17] クラウス・シュワッブ／世界経済フォーラム（訳）『第四次産業革命』2016年 日本経済出版社 21頁より引用。
[18] セザー・ヒダルゴ／千葉敏生（訳）『情報と秩序』早川書房 2017年 190頁から引用。
[19] 日経速報ニュースアーカイブ 2020年6月3日「マネーと暴力に揺れる米国資本主義に迫る『自滅』の危機」記事参照。
[20] ラッダイト運動とは、1811年から1817年頃、イギリス中・北部の織物工業地帯に起こった機械破壊運動のことで、産業革命による機械使用の普及で、失業のおそれを感じた手工業者・労働者が起こしたものである。ウィキペディア（Wikipedia）「ラッダイト運動」参照。

第6章

[1] 日経速報ニュースアーカイブ「米国型資本主義に転機　社会の分断に危機感」2019/08/20 13:35を参照。
[2] 京都新聞2021年3月19日 夕刊「生物多様性消失が深刻化」記事参照。
[3] 読売新聞オンライン「孤独に社会で向き合う英国、その背景とは」2018年5月16日閲覧 https://www.yomiuri.co.jp/fukayomi/20180514-OYT8T50092/
[4] 国立社会保障・人口問題研究所「日本の地域別将来推計人口 平成30年調査」2019年12月25日 49頁
[5] 河合克義『老人に冷たい国・日本』光文社新書 2015年 77頁～110頁を参照。
[6] NHK「クローズアップ現代　つながり孤独、若者の心を探って」2018年7月25日閲覧 https://www.nhk.or.jp/gendai/articles/4164/
[7] 毎日新聞 2019年6月1日 朝刊 青野由利「クォークと複雑系」コラムから引用。
[8] 佐藤典司『複素数思考とは何か』経済産業調査会 2016年

第7章

［1］ここでは、一般的にアダム・スミスの功績とされる「個人的欲望の追求に任せておけば、社会全体が豊かになる」という、いわゆる「神の見えざる手」についてのみ紹介したが、そうしたアダム・スミス観も一面的な見方でしかないことについても、付記しておかなければならない。たとえば、同じくアダム・スミスによる『道徳感情論』では、スミスは、「共感」「正義」「徳」の必要性を説いており、むしろ、むき出しの自己利益の追求を嫌悪していたとの指摘も数多い。

［2］ｇｏｏランキング「幸せを感じる瞬間」２０１３年10月21日　集計期間：２０１３年10月６日～２０１３年10月20日　ｇｏｏランキング編集部にてテーマと設問を設定し、「ＮＴＴドコモ　みんなの声」にてアンケートを行い、その結果を集計したもの。https://ranking.goo.ne.jp/ranking/38352/（２０２１年３月20日閲覧）

［3］Ｍ・マクルーハンは、『メディア論』（栗原裕・河本仲聖（訳）みすず書房　１９８７年）の中で「しかしながら、いまここで考察しているのは、既存のプロセスを拡充したり加速したりするときの、デザインあるいはパターンが、心理的および社会的にどのような結果を生むか、ということだ。なぜなら、いかなるメディア（つまり、技術）の場合でも、その『メッセージ』は、それが人間の世界に導入するスケール、ペース、パターンの変化に外ならないからである」と述べる。同書８頁引用。

［4］note「子どもたちの次の代まで残るものづくりを――森山勝心さんの眼差しの先にある西ノ島町」記事参照。https://note.com/shimane_base/n/naaa29b84d2b2（２０２１年４月26日閲覧）

［5］ドラッカーは「企業の目的は、それぞれ企業の外にある。企業は社会の機関であり、その目的は社会にある。企業の目的の定義はひとつしかない。それは、顧客を創造することである」と語る。Ｐ・Ｆ・ドラッカー／上田惇生編（訳）『マネジメント（エッセンシャル版）』ダイヤモンド社　２００１年　15頁参照。

［6］「SUSTAINABLE BLANDS」サイト　ＳＢＪコラム第19回　足立直樹「パーパスを考え直してみませんか？」記事参照。https://www.sustainablebrands.jp/article/sbjeye/detail/1195344_1535.html（２０２１年１月１日閲覧）

［7］日本経済新聞　２０２０年６月４日　朝刊「ダボス会議『リセット』議論　来年1月、戦後システム時代遅れ」記事参照。

[8]「SUSTAINABLE BLANDS」サイト ２０１９年8月20日 小松遥香「米経済団体が『株主至上主義』から脱却、人や社会を重視へ」記事参照。https://www.sustainablebrands.jp/news/os/detail/1193596_1531.html（２０２１年２月17日閲覧）

[9] ジェレミー・リフキン／柴田裕之（訳）『限界費用ゼロ社会――「モノのインターネット」と共有型経済の台頭』２０１５年 ＮＨＫ出版 41頁参照。ここでリフキンは、新しい指標が求められる背景として、金融資本や市場における財やサービスの交換から、社会関係資本や協働型コモンズにおける財やサービスの共有へという経済生活の転換を指摘している。

[10] ベルテルスマン財団「持続可能な開発レポート２０２０」２０２０年12月８日 https://www.sdgindex.org/（２０２０年12月28日閲覧）

[11] 京都新聞 ２０１９年12月27日朝刊「脱成長主義――佐伯啓思さんが宗教学者山折哲雄さんと語る」から引用。

[12] 水野雄介「10代の１人１人の可能性を最大限に伸ばす令和教育論」『一橋ビジネスレビュー』２０１９年夏号 50～61頁参照。

[13] 前掲資料の中で、水野は、現在も、大気汚染物質を排出して稼いだ一万円とCO_2を削減して稼いだ一万円はサステイナブルな社会をゴールにしたとき、当然、その価値は違ってくる。もちろん、今も技術的要素やそれに伴う市場ポテンシャルを鑑みて、ＰＥＲによってその価値は変わってくる仕組みになっているが、それはサステイナブルな世界をゴールとしているわけではない、と述べる。前掲資料58頁参照。

[14] 前掲資料59頁から引用。

[15] HEDGE GUIDE「ＥＳＧ投資とは?」参照。https://hedge.guide/feature/esg-investment-merit-demerit.html（２０２１年２月18日閲覧）

[16] 京都新聞２０１９年12月１日付朝刊 浜矩子「天眼 中央銀行緑化計画の功罪」参照。一方、浜は本文の中で、時代への対応は重要だが、緑の隠れみのに身をつつむことで、悪徳経営を営む金融機関が優遇される可能性なども指摘し、中央銀行が通貨の番人として存在する役割の重要性も指摘する。

[17] マルクス・ガブリエル／清水一浩（訳）『なぜ世界は存在しないのか』講談社 １０１頁から引用。

［18］犬養孝『万葉の人びと』ＰＨＰ研究所　１９７８年　39頁。

［19］ユヴァル・ノア・ハラリ／柴田裕之（訳）『21 Lessons』河出書房新社　60頁から引用。

［20］加藤周一『教養の再生のために』影書房　２００５年　40頁。

［21］堺屋太一『知価革命』ＰＨＰ研究所　１５８頁から引用。

［22］山崎正和『柔らかい個人主義の誕生』中央公論社　１９８４年　１４０頁から引用。

［23］前掲資料、同頁から引用。

［24］国の調査によれば、文化のイメージでもっとも多いのは、「伝統的なお祭り・行事・芸能などのこと」（41％　複数回答）で、以下、「歴史的遺産が保存されていること」（38％）、「美術・音楽などの芸術が盛んなこと」（34％）、「生活の中から生まれた知恵や工夫などのこと」（22％）、「新しいものが創造されていること」（15％）、「学問が盛んで教育水準が高いこと」（10％）、「科学や技術が発達していること」（９％）と続く（総理府世論調査「日本人と文化」平成８年11月）。

第８章

［1］フランス文学者の内田樹は著書『街場の戦争論』の中で「今の政権は経済成長のことばかりを問題にして、定常的に確保されている国民資源については何も語らない。フローの話だけして、ストックについては言及しない。でも、日本は世界でも例外的に豊かな国民資源に恵まれている。たとえば、森林資源、水源、大気、治安、医療、教育、ライフライン、交通網、通信網。そういうものが整備されているおかげで僕たちは無用の出費をせずに済んでいるわけです」と述べる（『街場の戦争論』ミシマ社　２０１４年　２４９頁）。

［2］ＮＨＫ教育テレビ　１９８５年3月12日放映「新・文明が衰亡するとき——ベネチアそして日本」における塩野七生の発言を再録した雑誌記事を参照。

［3］谷口正和『二分の一革命』ライフデザインブックス　２０２０年　15頁。

［4］イベント情報サイト「こくちーずプロ」（https://www.kokuchpro.com/）のセミナー・勉強会・イベント頁によると、一週間の催事件数が３０００件程度あり、それに52週を掛け合わせて算出（２０２０年2月12日閲覧）

[5] Ascii.jp ×デジタル「YouTube『Content ID』非権利者の動画投稿を裏で支える技術とは」２０１９年7月24日 記事参照。https://ascii.jp/elem/000/001/902/1902252/（２０２１年4月10日閲覧）

[6] 退廃芸術展とは、１９３７年、ナチズムの文化政策として国民啓蒙・宣伝省大臣ゲッベルスの主導により、国内の公立美術館から、「劣悪」かつ「非ドイツ的」という理由で押収したモダン・アート作品を、国家が「退廃芸術」と名づけ（その数1万６０００点とも言われる）、さらに選別された約６５０点を同年7月にミュンヘンで開かれた「退廃芸術展」において展示したもの。大日本印刷「artscape」現代美術用語辞典 https://artscape.jp/artword/index.php/（２０２１年4月20日閲覧）

[7] 加藤周一／鷲巣力 半田侑子（編）『加藤周一青春ノート――１９３７-１９４２』人文書院 ２０１９年 ２１３頁。

[8] 文部科学省ホームページ 教育基本法資料室 https://www.mext.go.jp/b_menu/kihon/about/mext_00003.html（２０１９年８月30日閲覧）

[9] ドラッカーは『ポスト資本主義社会』（上田惇生他（訳）ダイヤモンド社 １９９３年）の中で、「学校教育は、学校の独占であってはならない。ポスト資本主義社会における教育は、社会全体に広がらなければならない。企業、政府機関、非営利組織などあらゆる種類の雇用機関が、教え学ぶための機関となる。学校は、それらの雇用機関と連携しなければならない」（同書３２７頁）と述べる。

参考文献

アダム・スミス／山岡洋一（訳）『国富論 上下』日本経済新聞出版社 2007年
アビジット・V・バナジー&エステル・デュフロ／村井章子（訳）『絶望を希望に変える経済学――社会の重大問題をどう解決するか』日本経済新聞社 2020年
甘利俊一『情報理論』ちくま学芸文庫 2011年
アルビン・トフラー／徳岡孝夫（監訳）『第三の波』中公文庫 1982年
アルビン・トフラー&ハイジ・トフラー／山岡洋一（訳）『富の未来 上下』講談社 2006年
犬養孝『万葉の人びと』新潮文庫 1981年
井上智洋『人工知能と経済の未来――2030年雇用大崩壊』文春新書 2016年
イマニュエル・ウォーラーステイン／川北稔（訳）『史的システムとしての資本主義』岩波現代選書 1985年
イマニュエル・ウォーラーステイン、ランドル・コリンズ、マイケル・マン、ゲオルギ・デルルギアン&グレイグ・カルフーン／若森章孝・若森文子（訳）『資本主義に未来はあるか――歴史社会学からのアプローチ』唯学書房 2019年
内田樹『街場の戦争論』ミシマ社 2014年
梅棹忠夫『情報の文明学』中央公論新社 1999年
榎本幹朗『音楽が未来を連れてくる――時代を創った音楽ビジネス百年の革新者たち』DU BOOKS 2021年
エリック・ブリニョルフソン&アンドリュー・マカフィー／村井章子（訳）『ザ・セカンド・マシン・エイジ』日経BP社 2015年
大野和基（インタビュー・編）／ユヴァル・ノア・ハラリ他『未来を読む――AIと格差は世界を滅ぼすか』PHP新書 2018年
オットー・ボルスト／永野藤夫他（訳）『中世ヨーロッパ生活誌1』白水社 1985年
角井亮一『すごい物流戦略――アマゾン、ニトリ、ZARA…』PHP研究所 2018年

加藤周一『教養の再生のために――危機の時代の想像力：東京経済大学21世紀教養プログラム発足記念講演会』影書房　2005年
加藤周一／鷲巣力 半田侑子（編）『加藤周一青春ノート――1937-1942』人文書院　2019年
加藤秀俊『情報行動』中央公論社　1972年
刈谷剛彦・吉見俊哉『大学はもう死んでいる？――トップユニバーシティーからの問題提起』集英社新書　2020年
カール・ポランニー／玉野井芳郎・平野健一郎（編訳）『経済の文明史――ポランニー経済学のエッセンス』日本経済新聞社　1975年
河合克義『老人に冷たい国・日本――「貧困と社会的孤立」の現実』光文社新書　2015年
クラウス・シュワッブ／世界経済フォーラム（訳）『第四次産業革命――ダボス会議が予測する未来』日本経済出版社　2016年
クリス・アンダーソン／高橋則明（訳）『フリー――「無料」からお金を生みだす新戦略』NHK出版　2009年
グレゴリー・ベイトソン／佐藤良明（訳）『精神と自然――生きた世界の認識論』新思索社　2001年
堺屋太一『知価革命――工業社会が終わる 知価社会が始まる』PHP研究所　1985年
坂下清（監修）『デザインマネジメント』武蔵野美術大学出版局　2002年
佐藤可士和『佐藤可士和のクリエイティブシンキング』日本経済新聞出版社　2010年
佐藤航洋『お金2・0――新しい経済のルールと生き方』幻冬舎　2017年
佐藤典司『「情報消費社会」のビジネス戦略――モノビジネスから、情報ビジネスの時代へ』経済産業調査会　2007年
佐藤典司『モノから情報へ――価値大転換社会の到来』経済産業調査会　2012年
ジェレミー・リフキン／柴田裕之（訳）『限界費用ゼロ社会――「モノのインターネット」と共有型経済の台頭』NHK出版　2015年
ジェレミー・リフキン／NHK出版（編）『スマート・ジャパンへの提言――日本は限界費用ゼロ社会へ備えよ』NHK出版　2018年
ジャック・アタリ／林昌宏（訳）『2030年 ジャック・アタリの未来予測――不確実な世の中をサバイブせよ！』プレ

ジデント社 ２０１７年
ジョナサン・ハスケル＆スティアン・ウェストレイク／山形浩生（訳）『無形資産が経済を支配する――資本のない資本主義の正体』東洋経済新報社 ２０２０年
スーザン・ストレンジ／櫻井公人他（訳）『マッド・マネー――世紀末のカジノ資本主義』岩波書店 １９９９年
セザー・ヒダルゴ／千葉敏生（訳）『情報と秩序――原子から経済までを動かす根本原理を求めて』早川書房 ２０１７年
田川欣哉『イノベーション・スキルセット――世界が求めるＢＴＣ型人材とその手引き』大和書房 ２０１９年
谷口正和『二分の一革命』ライフデザインブックス ２０２０年
ダニエル・ベル／山崎正和他（訳）『知識社会の衝撃』ＴＢＳブリタニカ １９９５年
西垣通『基礎情報学』ＮＴＴ出版 ２００４年
日本経済新聞社（編）『資本主義の未来を問う――変貌する市場・企業・政府の関係』日本経済新聞社 ２００５年
野口悠紀雄『情報の経済理論』東洋経済新報社 １９７４年
野村直之『人工知能が変える仕事の未来』日本経済新聞出版社 ２０１６年
林雄二郎『情報化社会――ハードな社会からソフトな社会へ』講談社 １９６９年
ピーター・Ｆ・ドラッカー／現代経営研究会（訳）『変貌する産業社会』ダイヤモンド社 １９５９年
ピーター・Ｆ・ドラッカー／村上恒夫（訳）『知識時代のイメージ――人間主体社会を考える』ダイヤモンド社 １９６９年
ピーター・Ｆ・ドラッカー／上田惇生他（訳）『ポスト資本主義社会――21世紀の組織と人間はどう変わるか』ダイヤモンド社 １９９３年
ピーター・Ｆ・ドラッカー／上田惇生他（訳）『断絶の時代――いま起こっていることの本質』ダイヤモンド社 １９９９年
ピーター・Ｆ・ドラッカー／上田惇生（編訳）『マネジメント――基本と原則（エッセンシャル版）』ダイヤモンド社 ２００１年
広井良典『ポスト資本主義――科学・人間・社会の未来』岩波新書 ２０１５年

藤竹暁『現代マス・コミュニケーションの理論』日本放送出版協会 １９６８年
藤本浩司・柴原一友『ＡＩにできること、できないこと』日本評論社 ２０１９年
フランシス・マキナニー／倉田幸信（訳）『日本企業はモノづくり至上主義で生き残れるか――「スーパー現場」が顧客情報をキャッシュに変える』ダイヤモンド社 ２０１４年
ブレット・キング／上野博（訳）『拡張の世紀――テクノロジーによる破壊と創造』東洋経済新報社 ２０１８年
細川範之『人工知能は日本経済を復活させるか』大和書房 ２０１７年
堀和世『オンライン授業で大学が変わる――コロナ禍で生まれた「教育」インフレーション』大空出版 ２０２１年
ポール・メイソン／佐々とも（訳）『ポストキャピタリズム――資本主義以後の世界』東洋経済新報社 ２０１７年
マーシャル・マクルーハン／栗原裕・河本仲聖（訳）『メディア論――人間の拡張の諸相』みすず書房 １９８７年
マックス・テグマーク／水谷淳（訳）『ＬＩＦＥ３・０――人工知能時代に人間であるということ』紀伊國屋書店 ２０２０年
マルクス・ガブリエル、マイケル・ハート、ポール・メイソン／斎藤幸平（編）『未来への大分岐――資本主義の終わりか、人間の終焉か？』集英社 ２０１９年
マルクス・ガブリエル／清水一浩（訳）『なぜ世界は存在しないのか』講談社 ２０１８年
水野和夫『資本主義の終焉と歴史の危機』集英社 ２０１４年
水野雄介「10代の1人1人の可能性を最大限に伸ばす令和教育論」『一橋ビジネスレビュー』２０１９年夏号
宮田裕章『共鳴する未来――データ革命で生み出すこれからの世界』河出新書 ２０２０年
諸富徹『資本主義の新しい形』岩波書店 ２０２０年
山崎正和『柔らかい個人主義の誕生』中央公論社 １９８４年
ユヴァル・ノア・ハラリ／柴田裕之（訳）『21 Lessons――21世紀の人類のための21の思考』河出書房新社 ２０１９年
ユルゲン・コッカ／山井敏章（訳）『資本主義の歴史――起源・拡大・現在』人文書院 ２０１８年
ル・コルビュジェ／吉阪隆正編（訳）『アテネ憲章』鹿島出版会 １９７６年
レベッカ・ヘンダーソン／高遠裕子（訳）『資本主義の再構築――公正で持続可能な世界をどう実現するか』日経ＢＰ日

本経済新聞出版本部　２０２０年
和田充夫・恩藏直人・三浦俊彦『マーケティング戦略』有斐閣アルマ　１９９６年
ＯＥＣＤラーニングコンパス（学びの羅針盤）２０３０（『OECD Future of Education and Skills 2030 Conceptual learning framework Concept note: OECD Learning Compass 2030』仮訳）
京都新聞　２０１９年12月１日　朝刊　浜矩子「天眼　中央銀行緑化計画の功罪」
京都新聞　２０１９年12月27日　朝刊「脱成長主義――佐伯啓思さんが宗教学者山折哲雄さんと語る」
京都新聞　２０２１年３月19日　夕刊「生物多様性消失が深刻化」
日本経済新聞　２０１６年７月15日　朝刊「『格差が拡大』細る中間層――製造業の街、トランプ氏支持」
日本経済新聞電子版　２０１７年１月16日「世界の富裕層上位８人の資産、下位50％と同額」
日本経済新聞　２０１９年12月17日　朝刊「東大教授渡辺努氏――デジタル化の影響捕捉を」
日本経済新聞　２０１９年12月18日　朝刊「刷新迫られる政策（中）再分配の網、こぼれる40億人――『賢い支出』論より証拠へ」
日本経済新聞　２０１９年12月19日　朝刊「刷新迫られる政策（下）生産性の伸び、３分の１に停滞――『人材＝国力』深化する時代」
日本経済新聞　２０１９年12月24日　朝刊「特集――Neo economy 次の豊かさどう生む」
日本経済新聞　２０２０年１月９日　朝刊「私はこう見る――多摩大学大学院名誉教授田坂広志氏、ミレニアル世代、新たな経済推進（逆境の資本主義）」
日本経済新聞　２０２０年２月27日　朝刊「あー、やはり的外れ（大機小機）」
日本経済新聞　２０２０年３月12日　朝刊「脱株主第一主義の行方――立正大教授池尾和人氏、日本、まず低収益脱却を」
日本経済新聞　２０２０年６月４日　朝刊「ダボス会議『リセット』議論　来年一月、戦後システム時代遅れ」
日本経済新聞　２０２０年９月２日　朝刊「伊藤園、純利益46％減、５～７月、店頭自販機で苦戦」
日本経済新聞　２０２０年９月８日　朝刊「決算予想（９月本決算）コナカ、スーツ販売、落ち込む」

日経産業新聞　２０２０年１月７日「トヨタ『車会社超え』具現化、オンデマンド、次世代交通予約、カーシェア、地方交通や販売店と展開（ＸａａＳの衝撃）」
毎日新聞　２０２０年６月17日　朝刊「巨大ＩＴ向け政府案 追跡型広告、規制へ」
毎日新聞　２０２０年９月23日　朝刊「ベーシックインカム脚光」
毎日新聞　２０２０年11月18日　朝刊「『無名モデル』大量生産可能に」
毎日新聞　２０２１年１月11日　朝刊「どう動くバイデン外交 同盟国の関係修復急務」
『日経サイエンス』２０１９年５月号 ＪＥスティグリッツ「仕組まれた経済 格差拡大の理由」
日経速報ニュースアーカイブ「見えざる資産、成長の源に　有形資産の15倍」2019/02/25 02:00
日経速報ニュースアーカイブ「ＳＮＳの利用価値３００万円？　豊かさはＧＤＰの外に」2019/02/27 02:00
日経速報ニュースアーカイブ「米国型資本主義に転機　社会の分断に危機感」2019/08/20 13:35
日経速報ニュースアーカイブ「マネーと暴力に揺れる米国資本主義に迫る『自滅』の危機」2020/06/03 07:50
日経速報ニュースアーカイブ「資本主義の『リセット』議論を　ＷＥＦのシュワブ氏」2020/06/03 23:43
日経速報ニュースアーカイブ「勢いづく所得保障論　スペイン導入、米は実証実験」2020/08/01 23:00
日経速報ニュースアーカイブ「三越伊勢丹ＨＤ社長に細谷氏　デジタル対応急務」2021/02/26 22:34
日経速報ニュース「もうオフィスは不要　新興勢がコロナ解約、遠隔に転換」2020/04/29 02:00
大日本印刷『artscape』現代美術用語辞典 https://artscape.jp/artword/index.php/
『日経クロストレンド』２０２０年11月３日「２０２０年ヒット商品ランキング　日経トレンディが選んだベスト30」https://xtrend.nikkei.com/atcl/contents/18/00379/00001/（２０２１年２月15日閲覧）
テレスコープマガジンNO.19 宮田裕章「データ駆動型社会における新しいヘルスケア時代の転換点における必須の論点」https://www.tel.co.jp/museum/magazine/019/interview03/（２０２１年１月13日閲覧）
nipponcom サイト「人口過密で孤独な大都会東京：23区は単身世帯が過半数」https://www.nippon.com/ja/features/h00355（２０２１年２月10日閲覧）
「SUSTAINABLE BLANDS」サイト　ＳＢＪコラム第19回　足立直樹「パーパスを考え直してみませんか?」https://

www.sustainablebrands.jp/article/sbjeye/detail/1195344_1535.html（２０２１年１月１日閲覧）
株式会社メルカリ ホームページ「mercari」https://about.mercari.com/press/news/article/20200220_mercari_conference_2020_summary/（２０２０年６月24日閲覧）
「瞬時にわかる経済学」http://wakarueconomics.com/ 経済学/post-442（２０２０年２月11日閲覧）
『週刊エコノミスト』「ＧＤＰ新基準　15年度名目は５３２兆円　研究費加算等で31兆円かさ上げ」2016/12/20 https://www.weekly-economist.com/2016/12/20（２０２０年12月30日閲覧）
東洋経済ＯＮＬＩＮＥ「『機械に大半の仕事を奪われる』説の大きな誤解」2019/04/08 https://toyokeizai.net/articles/-/275351?page=3（２０２０年２月23日閲覧）
総務省『情報通信白書 平成三十年版』「第１部 特集 人口減少時代のＩＣＴによる持続的成長 第５節 ＩＣＴの進化によるこれからのしごと」https://www.soumu.go.jp/johotsusintokei/whitepaper/ja/h30/html/nd145210.html（２０２０年２月23日閲覧）
文部科学省ホームページ 教育基本法資料室 https://www.mext.go.jp/b_menu/kihon/about/mext_00003.html（２０１９年８月30日閲覧）
Ascii.jp ×デジタル「YouTube『Content ID』非権利者の動画投稿を裏で支える技術とは」２０１９年７月24日 https://ascii.jp/elem/000/001/902/1902252/（２０２１年４月10日閲覧）
logmi https://logmi.jp/business/articles/322285（２０２０年11月16日閲覧）
note「子どもたちの次の代まで残るものづくりを――森山勝心さんの眼差しの先にある西ノ島町」記事 https://note.com/shimane_base/n/naaa29b84d2b2（２０２１年４月26日閲覧）
ＮＴＴレゾナントｇｏｏランキング「幸せを感じる瞬間」２０１３年10月21日 https://ranking.goo.ne.jp/ranking/38352/（２０２１年３月20日閲覧）
ＹＡＨＯＯニュース「世界トップ研究者を教員に！東大がオンライン講義を海外から購入」２０２１年３月20日記事 https://news.yahoo.co.jp/articles/5f496f5ccd099f405698032ae447b6ff11e1518c（２０２１年３月24日閲覧）

著者紹介

佐藤典司（さとう　のりじ）

立命館大学経営学部特任教授。

1955年山口県生まれ。早稲田大学政治経済学部経済学科卒。1980年（株）電通入社の後、（社）ソフト化経済センター出向などを経て、1998年電通を退社し現職に。デザインマネジメントおよび、情報知識価値マネジメントを中心に研究。

主な著書に『「デザイン」に向かって時代は流れる』（PHP研究所）、『「デザイン」の経済学』（PHP研究所）、『「文化の時代」を生きるために』（PHP研究所）、『情報消費社会を勝ち抜くデザインマネジメント戦略』（NTT出版）、『経済成長は、もういらない』（PHP研究所）、『「情報消費社会」のビジネス戦略』（経済産業調査会）、『モノから情報へ』（経済産業調査会）、『複素数思考とは何か』（経済産業調査会）など。

新曜社

資本主義から価値主義へ

情報化の進展による新しいイズムの誕生

初版第1刷発行　2021年8月20日

著　者　佐藤典司

発行者　塩浦　暲

発行所　株式会社　新曜社

101－0051　東京都千代田区神田神保町3－9

電話（03）3264－4973（代）・FAX（03）3239－2958

e-mail : info@shin-yo-sha.co.jp

URL : https://www.shin-yo-sha.co.jp

組　版　Katzen House

印　刷　新日本印刷

製　本　積信堂

ISBN978-4-7885-1740-0 C1030

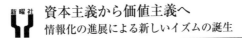